クリエイターのための
幻想類語辞典

新紀元社

まえがき

　本書は「創作ファンタジーでよく見る言葉で似たような意味の言葉がいろいろあるよね？　どう違うの？　この場合この言葉でいいの？　ほかに使える言葉はあるかな？」という、言葉を駆使して何かを作り出したい人たちのための類語辞典です。

　例えば「運命」は、日本語にした際、最も一般的に知られている訳語では「ディスティニー」です。しかし、アニメやゲームで一時代を築いた作品のタイトルである「フェイト」も日本語訳をつけると「運命」です。同じ運命でも、「ディスティニー」は神の導きのようなイメージであり、どちらかといえばいい結果を指す言葉ですが、「フェイト」は悲運を指す言葉です。

　とすると、「運命の歯車」というスキル名を英語風に付けたかったとして、「ギア・オブ・ディスティニー」ならばおそらくいい結果が返ってくるでしょう。「ギア・オブ・フェイト」ならば相手が破滅するようなスキル、「ギア・オブ・カルマ」とすればこれまでの経験に応じてこちらもリスクを負うような、またちょっと違う味わいになるのではないでしょうか？

　類語辞典は言葉をグループに分ける辞典ですが、本書では「日本の」「アニメやゲームや小説や漫画で出会うことが多い」言葉を集めて『幻想類語辞典』としました。この「出会うことが多い」の基準は編集部の主観です。「よく見るわ」と思う言葉を整理しつつ、1割ぐらいは「こんな言葉もあったんだ」と発見があればいいなと思い、ちょっとマイナーな表現も拾ったりしています。

　日本語の類語辞典はそれはもういろいろな種類があり、図書館でも書店でも手軽に手に入りますから、日本語は「とってもよく見る」言葉だけに絞り、外国語由来の表現を中心に選びました。その結果、英語由来の単語がかなり多くなったのは、英語を禁止にしたら日常会話もままならないほど英語が浸透している日本人としては、当然なのかもしれません。

　また、収録した言葉についての説明はほんのさわりだけ載せました。単語の意味の一部、キャラクターの役割の一部です。面白いな、使いたいな、と思った方は、ぜひいろいろ調べてみてください。

　この本が、あなたの創作の一助となれば幸いです。

幻想類語辞典編集部

本書の見方

第1部

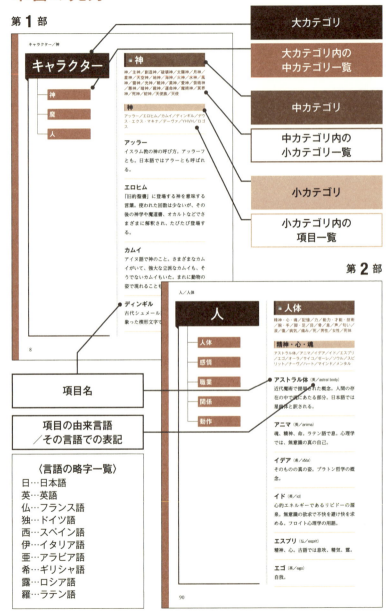

〈言語の略字一覧〉
日…日本語
英…英語
仏…フランス語
独…ドイツ語
西…スペイン語
伊…イタリア語
亜…アラビア語
希…ギリシャ語
露…ロシア語
羅…ラテン語

目次

第1部 固有名詞編 —— 7

キャラクター —— 8
- ■神　8　　■魔　30　　■人　34

幻獣 —— 39
- ■妖精　39　　■亜人　43　　■龍　46　　■動物　51
- ■植物　57　　■モンスター　58

アイテム —— 63
- ■魔法・宗教　63　　■武器　67　　■その他　71

土地 —— 80
- ■架空　80　　■実在　87

第2部 一般用語編 —— 89

人 —— 90
- ■人体　90　　■感情　100　　■職業　106
- ■関係　119　　■動作　125

形容 —— 152
- ■形状　152　　■性質　160　　■宗教　179

ものの名前 —— 183
- ■建築物　183　　■服飾品　190　　■日用品　194　　■文学　199
- ■音楽　203　　■文化　206　　■武器　214　　■乗り物　222

自然 —— 225
- ■色　225　　■地形　234　　■現象　239　　■動植物　248
- ■宇宙　256

第 **1** 部

固有名詞編

キャラクター

幻獣

アイテム

土地

キャラクター

- 神
- 魔
- 人

■神

神／主神／創造神／破壊神／太陽神／月神／星神／天空神／地神／海神／火神／水神／風神／雷神／光神／戦神／美神／愛神／芸術神／悪神／暗神／裁神／運命神／魔術神／冥界神／死神／蛇神／天使族／天使

神

アッラー／エロヒム／カムイ／ディンギル／デウス・エクス・マキナ／デーヴァ／YHVH／ロゴス

アッラー
イスラム教の神の呼び方。アッラーフとも。日本語ではアラーとも呼ばれる。

エロヒム
『旧約聖書』に登場する神を意味する言葉。使われた回数は少ないが、その後の神学や魔道書、オカルトなどでさまざまに解釈され、たびたび登場する。

カムイ
アイヌ語で神のこと。さまざまなカムイがいて、強大な立派なカムイも、そうでないカムイもいた。まれに動物の姿で現れることもある。

ディンギル
古代シュメール語で神のこと。星を象った楔形文字で記される。

デウス・エクス・マキナ

古代ギリシアの演劇で舞台装置として使われた神。機械仕掛けの神の意。終幕に使われ、神の言葉によって話がまとまることから、誰かの意思によって作られた大団円も指す。

デーヴァ

インド神話の神の一族。アスラ族と対立している。ゾロアスター教ではダエーワとなり、悪魔の一族とされる。

YHVH

ユダヤ教で唯一神を表す4つの文字。この4つの文字を「聖四文字（テトラグラマトン）」という。発音できないよう子音のみで表記されており、通説では「イェホヴァ」という。

ロゴス

古代ギリシアの哲学で神と同一視される概念。言葉や理由、統一などさまざまな意味を持つ。『新約聖書』の「ヨハネによる福音書」では冒頭の「はじめに言葉があった。言葉は神とともにあった」の「言葉」がロゴスとなっている。

主神

アブラクサス／アフラ・マズダ／アマテラス／ヴィシュヌ／オーディン／ジュピター／ゼウス／バアル／マルドゥーク／ラー

アブラクサス

グノーシス派の神。雄鶏の頭部と蛇の足を持ち、盾を構えて戦車に乗る。キリスト教のもとでは邪神とされた。

アフラ・マズダ

ゾロアスター教の主神。悪と暗黒の神アンラ・マンユと対立する善と光の神。

アマテラス

日本神話の主神。『古事記』での表記は天照大御神。創世の男神イザナギの禊（みそぎ）によって生まれた三貴子のひとり。神々の国高天原（たかまがはら）を治めている。

ヴィシュヌ

インド神話の主神。インド神話はヴィシュヌ、ブラフマー、シヴァの3柱の神が中心となる。ヴィシュヌはさまざまな化身として現れ、世界を救う。美の神ラクシュミーを妻とし、神鳥ガルーダや竜王アナンタに乗る。

オーディン

北欧神話の主神。隻眼で帽子をかぶった老人の姿で描かれる。魔術を使い、魔槍グングニルを武器とする。

キャラクター／神

ジュピター
ローマ神話の主神。ジュピターは英語読みで、ラテン語ではユピテル。ギリシア神話のゼウスと同一視される。

ゼウス
ギリシア神話の主神。時空神クロノスと地母神レアの子。父クロノスに飲み込まれた兄弟を救い、父とティターン族を倒して王の座に就いた。オリンポス山に住み、雷を武器とする。好色で、女神、ニンフ、人間たちとの間に多数の子をなした。

バアル
ウガリト神話の主神。豊穣や天候を司る。妹アナトを妻とする。冥界神モトに殺されたが、アナトの助けにより復活した。

マルドゥーク
オリエント神話の主神。母神でもあり神々の敵となったティアマトを倒し、世界を治めた。多くの権能を持ち、4つの目と4つの耳がある。古代都市バビロンの守護神。

ラー
エジプト神話の主神。太陽神でもあり、エジプト全域で広く崇拝された。古代エジプトの王ファラオはラーの化身、現世の代理人とされた。

創造神

アフラ・マズダ／イザナギ／イザナミ／オーディン／オメテオトル／デミウルゴス／ブラフマー／マルドゥーク

アフラ・マズダ
ゾロアスター教の主神であり創造神。神々や精霊、天地をはじめとする物質世界をつくり出した。

イザナギ
日本神話に登場する創造の男神。『古事記』での表記は伊邪那岐神。7柱の神が生まれた後に生まれ、同時に生まれた女神イザナミと共に国土とその他世界の神々を生み出した。

イザナミ
日本神話に登場する創造の女神。『古事記』での表記は伊邪那美神。7柱の神が生まれた後に生まれ、同時に生まれた男神イザナギと共に国土とその他世界の神々を生み出した。自ら生んだ火の神カグツチに焼かれて死に、冥界神になった。

オーディン
北欧神話の主神であり創造神。原初の巨人ユミルを殺してその体から世界を創造し、人間をつくった。

オメテオトル

アステカ神話に登場する神。宇宙と神々を創造した至高の存在。二重の神の意味で、光と闇、秩序と混沌といった対立する概念を統一する存在。

デミウルゴス

グノーシス主義の一派が提唱する創造主。神々の世界を模倣して物質界をつくった。

ブラフマー

インド神話の創造神。宇宙の原理を擬人化した神で、概念的。仏教では梵天となる。

マルドゥーク

オリエント神話の主神にして創造神。原初の女神ティアマトを倒し、その体から世界をつくった。

破壊神

カーリー／シヴァ／スサノオ／テスカトリポカ

カーリー

インド神話の破壊の女神。戦いの女神ドゥルガーの怒りの部分。ドゥルガーは破壊神シヴァの妃パールヴァティの分身でもある。武器と生首を持ち、頭蓋骨の首飾りを下げ、死者の手で作られた腰蓑をまとう。

シヴァ

インド神話の破壊神。宇宙はブラフマーが創造し、ヴィシュヌが維持し、シヴァが破壊する。アスラ族の3つの都市を一矢で焼き尽くすなど、武力に長けている。

スサノオ

日本神話に登場する神。『古事記』での表記は建速須佐之男命。太陽神アマテラスの兄弟だが、泣き叫んで海を荒らしたり、高天原の田や建物を荒らすなど粗暴な行いをして、最終的には高天原から追放されている。

テスカトリポカ

アステカ神話の神。生命と豊穣、農耕の神ケツァルコアトルの対となる存在で、軍事と混沌、不和の神。

太陽神

アポロン／アマテラス／インティ／ウトゥ／キニチ・アハウ／シャマシュ／スーリヤ／ソル／ヘリオス／ミトラ／ラー

アポロン

ギリシァ神話の太陽神。予言、芸術、医術の神でもある。主神ゼウスの子で、月の女神アルテミスと双子の兄妹。

アマテラス

日本神話の主神にして太陽神。弟のス

サノオの暴挙に怒り、天岩戸に閉じこもった際は、世界が闇に包まれた。

インティ
インカ帝国で崇拝された太陽神。人々に文化と恵みをもたらす。インカ王はインティの子孫、地上のインティ神として崇められた。

ウトゥ
オリエントの古い地域であるシュメールの神話の太陽神。のちにアッカドの太陽神シャマシュと同一視された。

キニチ・アハウ
マヤ神話の太陽神。月の女神イシュチェルを妻とする。夜の間はジャガーに変身する。マヤ各地の都市国家で崇拝され、パレンケにはキニチ・アハウの神殿「太陽の神殿」が建造された。

シャマシュ
オリエント神話の太陽神。月の神シンの子で、美の女神イシュタルの兄弟。正義と審判の神でもあり、ハンムラビ法典にもその名がある。

スーリヤ
インド神話の太陽神。7頭の金色の馬に引かせた車で空を駆ける。恋人は暁の女神ウシャス。

ソル
ローマ神話の太陽神。ギリシア神話のヘリオスと同一視される。

ヘリオス
ギリシア神話の太陽神。ティターン族のひとりで、月の女神セレネ、暁の女神エオスとは兄弟。夜明けに4頭立ての黄金の馬車に乗り、東の宮殿から空に昇り、西の果てに沈む。

ミトラ
古代インド、イランで信仰された太陽神。ペルシアや小アジアの国家の守護神として祀られた。これらの地域がローマ帝国に組み入れられると、「ミトラスの密儀」と呼ばれる儀式を経て入信する秘密結社的な宗教組織になった。

ラー
エジプト神話の太陽神。エジプトで最も力を持つ神であり、ファラオはラーの化身として崇められた。日の出とともに女神ヌトから生まれ、邪龍アポピスと闘いながら世界をまわり、日没にはヌトの体内に帰る。

月神

アルテミス／イシュチェル／嫦娥／シン／セレネ／ダイアナ／ツクヨミ／トート／ナンナ／ルナ

アルテミス
ギリシア神話の月の女神。狩猟の神でもある。主神ゼウスの子で太陽神アポロンとは双子の兄妹。処女神であり、プライドが高く、軽んじられると手痛い仕返しをする。

イシュチェル
マヤ神話の月の女神。太陽神キニチ・アハウの妻であり、安産と豊穣の神でもある。

嫦娥（じょうが）
中国神話の月の女神。太陽を射落とした弓の名手羿の妻で、不老不死の薬を独り占めして月に逃れ住んでいる。

シン
オリエント神話の月の神。妻である豊穣神ニンガルとの間に太陽神シャマシュや美の女神イシュタルをもうけた。青いひげを生やした老人で、三日月の船に乗り三日月を武器とした。安産や癒やし、暦の神でもある。

セレネ
ギリシア神話の月の女神。ティターン族のひとりで、太陽神ヘリオス、暁の女神エオスと兄妹。

ダイアナ
ローマ神話の月の女神。アルテミスと同一視される。ダイアナは英語読みで、ギリシア語ではディアナ。

ツクヨミ
日本神話の月神。『古事記』での表記は月讀命。創世の男神イザナギの禊によって生まれた三貴子のひとり。夜の国を統治する。『古事記』や『日本書紀』にそのエピソードは少ない。

トート
エジプト神話の学問の神。世界の法則を定め、記した神であり、月の満ち欠けを司ったことから、月の神ともされた。

ナンナ
オリエント神話の月の神。神々の指導者エンリルの子。同じ月の神シンと同一視される。

ルナ
ローマ神話の月の女神。ギリシア神話のセレネと同一視される。

キャラクター／神

星神

アストライア／ドゥルヴァ／プレアデス

アストライア

ギリシア神話の女神。名前は星の乙女の意味。武器を手にした人間に正義を説いたが、争いをやめないため悲しんで天に昇りおとめ座になった。

ドゥルヴァ

インド神話の北極星の神。厳しい修行のすえにヴィシュヌ神に認められて北極星になった。変わらぬ愛の象徴として結婚式に祭られる。

プレアデス

ギリシア神話の7人姉妹の女神。ティターン族の巨人アトラスの娘で、オリオンに追われて天に昇りプレアデス星団になった。

天空神

ウラヌス／エンリル／ゼウス／ジュピター／ディヤウス／ホルス／ヌト／ユピテル

ウラヌス

ギリシア神話の天空神。大地母神ガイアが生み出し、神々の長としてガイアとの間に巨人のティターン族をはじめ、数多くの子供をもうけた。その末子である時空神クロノスによって王座をおわれた。

エンリル

オリエント神話の天空神。大気と嵐の神。シュメールの都市ニップルを中心に祀られた。

ゼウス

ギリシア神話の主神であり天空神。父クロノスとの戦いに勝利して兄弟と世界を分け合い、ポセイドンが海、ハデスが冥界、ゼウスが天を支配した。ゼウスの怒りは雷となって天罰を下す。

ジュピター

ローマ神話の天空神。ジュピターは英語読みで、ラテン語ではユピテル。ギリシア神話のゼウスに相当する。

ディヤウス

インド神話の天空神。インド最古の賛歌集『リグ・ヴェーダ』に登場するが、あまり知られていない。

ホルス

エジプト神話の天空神。冥界神オシリスと女神イシスの息子。妻はハトホル。隼の姿をしており、父を殺した悪神セトを討ち、神々の王の座を取り戻す。

ヌト

エジプト神話の天空神。大地の神ゲブの妻でオシリスやセトの母。空そのも

のを擬人化した神で、太陽神ラーは毎日ヌトを行き来する。

ユピテル
ローマ神話の天空神。ギリシア神話のゼウスに相当する。

地神
アールマティ／ガイア／キュベレ／ゲブ／ケレス／コアトリクエ／デメテル／レア

アールマティ
ゾロアスター教の七大天使のひとりで、大地を守護する。穀物を実らせれば喜び、大地を汚すものには罰を与える。

ガイア
ギリシア神話の大地母神。原初の混沌カオスから生まれ、世界の元となる神々をつくり出した。

キュベレ
小アジア地方で信仰された地の女神。ギリシア神話ではゼウスの母レアと同一視された。キュベレの神官になる男性は去勢されたという。

ゲブ
エジプト神話の大地の神。地であるゲブと空であるヌトはぴったりとくっついていたが、大気であるシュウによって天と地に引き裂かれた。緑の模様の入った巨人の姿をしている。

ケレス
ローマ神話の大地と豊穣の女神。ギリシア神話のデメテルに相当する。

コアトリクエ
アステカ神話の地母神。絡み合う蛇のスカートをはき、人間の心臓と手首、頭蓋骨でつくられた首飾りを着けている。アステカ帝国の守護神ウィツィロポチトリの母である。

デメテル
ギリシア神話の豊穣神。各地をまわり、種を撒き、実りをもたらす。冥界神ハデスに娘ペルセポネをさらわれた際は、嘆きから地上のすべての植物が枯れ、不毛の地となった。

レア
ギリシア神話の地母神。ガイアの娘。時空神クロノスとの間に主神ゼウスをはじめ、オリンポスの主要な神を生んだ。

キャラクター／神

海神

エーギル／オケアノス／金毘羅／住吉三神／セドナ／ダゴン／タンガロア／ネプチューン／ネレウス／ポセイドン／ポントス／マナナン・マクリル／ワタツミ

エーギル

北欧神話の海神。エーギルの館は海底にあり、難破した船の財宝が集められている。水死者たちを支配し、気に入られた死者は館に招かれ歓待される。

オケアノス

ギリシア神話の海神。大地母神ガイアと天空神ウラヌスの子で、時空神クロノスとは兄弟であり、ティターン族である。ありとあらゆる河川の父であり、3000の大洋の娘たちの父でもある。

金毘羅（こんぴら）

仏教の十二神将の一柱、宮毘羅（くびら）を原型とした、日本の民間信仰の神。船乗りの守護者であり、海難除けのご利益がある。

住吉三神（すみよしさんじん）

日本神話に登場する海の神。3柱の神の総称で、『古事記』では上筒之男神（うえつつのおのかみ）、中筒之男神（つつのおのかみ）、底筒之男神（そこつつのおのかみ）。住吉神社に祀られたことから住吉三神という。オリオンの3つの星の神で、航海の目印として信仰された。軍事や外交に関する航海を守護する。

セドナ

北極圏の民族に信仰されている海神。老婆や、指や目のない姿の娘とされることが多く、水底の冥界を管理しているともされる。

ダゴン

『旧約聖書』にイスラエル人と争っていたペリシテ人の神として登場する海神。魚の頭と人間の体を持ち、『旧約聖書』内では邪神として描かれている。

タンガロア

ポリネシアで信仰されている海神。世界を創った創造神でもある。

ネプチューン

ローマ神話の海神。ギリシア神話の海神ポセイドンと同一視される。

ネレウス

ギリシア神話に登場する、海に住む神のひとり。「海の老人」とよばれる。ポントスの子であり、オケアノスの娘ドリスとの間に50人の川や海の女神をもうけた。

ポセイドン

ギリシア神話の海神。主神ゼウス、冥

界神ハデスと世界の支配を分け合い、海を統べる。三つ又の鉾トライデントを持ち、黄金のたてがみを持つ馬に引かせた黄金の馬車で駆け、嵐や雷雨、地震を引き起こす。

ポントス

ギリシア神話で最初に登場した海神。大地母神ガイアがひとりで生み出した。単独で海の老人ネレウスを生み、ガイアとの間に海に関わる子を数人もうけた。

マナナン・マクリル

ケルト神話の海神。幻の島ティル・ナ・ノーグの支配者で、炎の兜、姿を消すマント、一振りで相手を殺す剣を持つ。

ワタツミ

日本神話に登場する海の神。3柱の神の総称で、『古事記』では上綿津見神、中綿津見神、底綿津見神。海底の宮殿に住み、海を支配する。

火神
アータル／アグニ／ウルカヌス／カグツチ／バルカン／ヘスティア／ヘパイストス／ペレ

アータル

ゾロアスター教の火を司る天使。善神アフラ・マズダの子。人間に知恵と安らぎをもたらし、邪悪から守る。

アグニ

インド神話の火の神。天においては太陽、空中では雷光、地上では祭壇の火がアグニの姿とされる。悪魔を焼き払い人々を守り、人々の供物を焼いて神に届ける。

ウルカヌス

ローマ神話の火の神。英語ではバルカン。ギリシア神話のヘパイストスと同一視される。

カグツチ

日本神話の火の神。『古事記』での表記は火之夜藝速男神だが、別名の火之迦具土神の名が有名。創世の女神イザナミが最後に産んだ子で、カグツチの炎に焼かれたイザナミは死んでしまい、嘆いたイザナギによって8つにバラバラにされる。

バルカン

ローマ神話の火の神。ラテン語ではウルカヌス。ギリシア神話のヘパイストスと同一視される。

ヘスティア

ギリシア神話のかまどの女神。ローマ神話ではウェスタ。ローマの守護女神で、神殿では常に聖火が灯されてお

り、6人の巫女が火が絶えないように守っている。

ヘパイストス

ギリシア神話の火山の神。ゼウスの正妻ヘラの子で、妻は美神アフロディテ。鍛冶を得意とし、神や英雄の武具を多く作成した。

ペレ

ポリネシア神話の火山の神。ハワイのキラウエア火山に住む女神で、ペレが怒ると火山が噴火する。

水神

アナーヒター／ヴァルナ／エア／オケアノス／サラスヴァティ／トラロック

アナーヒター

ペルシア神話の水の女神。豊穣の女神でもある。豪華な衣装と装身具で着飾った美しい女性の姿で描かれる。

ヴァルナ

インド神話の水神。秩序と司法の神でもある。重要度は高いがあまり目立ったエピソードはない。

エア

オリエント神話の水神。シンボルは魚。すぐれた知性を持ち、植物や神殿、人間をつくり出した。

オケアノス

ギリシア神話の河の神。天空神ウラノスと地母神ガイアの子。大地をとりまく大河でもある。妻テテュスとの間に3000の河川の神、3000の泉の女神をもうけた。

サラスヴァティ

インド神話の水の女神。サラスヴァティ川の女神であり、楽器を持ち、蓮や孔雀に乗った姿で描かれる。仏教に取り込まれて弁財天になった。

トラロック

アステカ神話の雨の神。恵みの神でもあり、旱魃や洪水をもたらす神でもある。トラロックの支配する天界トラロカンは水と花にあふれた楽園とされる。

風神

アネモイ／ヴァーユ／エウロス／ケツァルコアトル／ゼピュロス／ノトス／風神／ボレアス

アネモイ

ギリシア神話に登場する風の神の総称。

ヴァーユ

インド神話に登場する風の神。赤と紫の2頭立ての馬車に乗る。『ラーマーヤナ』では猿の王ハヌマーンの父親と

される。

エウロス
ギリシア神話に登場する東風の神。

ケツァルコアトル
アステカ神話に登場する羽毛の生えた蛇の神。人間を創造し、火と農耕を与えた。雨を呼ぶ風の神でもある。

ゼピュロス
ギリシア神話に登場する西風の神。穏やかな性格だが恋多き神で、美少年ヒュアキントスとの物語が有名。英語ではゼファー。

ノトス
ギリシア神話に登場する南風の神。

風神 (ふうじん)
雷神とともに祀られる日本の神。中国にも風の神という概念はあり、風伯、風師と呼ばれる。雲に乗り、大きな風の袋を持つ姿で描かれる。

ボレアス
ギリシア神話に登場する北風の神。

雷神
インドラ／タケミカヅチ／トール／雷神

インドラ
インド神話の雷神。インド最古の賛歌集『リグ・ヴェーダ』では、最も多く言及されており、全賛歌の4分の1がインドラに捧げられている。暴風神マルト神群を従えて、雷霆の武器ヴァジュラで邪竜ヴリトラを打ち倒す戦士。

タケミカヅチ
日本神話に登場する雷神。『古事記』での表記は建御雷之男神。イザナギがカグツチを斬り殺した際に剣から滴った血から生まれた。軍神、剣神でもある。

トール
北欧神話の雷神。神々の中で最も強く、柄の短い槌ミョルニルをもって数々の敵を倒してきた。神々の黄昏ラグナロクでは大蛇ヨルムンガンドと相討ちとなる。

雷神 (らいじん)
雷を擬人化した日本の神。虎皮のふんどしにでんでん太鼓を背負い、雷雲の上にいる。雨を降らせて雷を落とす。

キャラクター／神

光神
ウシャス／バルドル／ミトラ／ルーグ

ウシャス
インド神話に登場する暁の女神。太陽神スーリヤの恋人で、若く魅力的。太陽に先立って現れ、闇を払い生き物を目覚めさせる。

バルドル
北欧神話の光神。主神オーディンと正妻フリッグの息子で光り輝く貴公子。悪神ロキの奸計で命を落とすが、神々の黄昏ラグナロクの後に帰還するとされる。

ミトラ
古代アーリア人の光神。インド最古の賛歌集『リグ・ヴェーダ』では太陽神でもある。ゾロアスター教の経典『アヴェスター』では光の神アフラ・マズダの分身とされた。ミトラを祀るミトラス教はキリスト教以前のローマ帝国で流行した。

ルーグ
ケルト神話の光神。邪眼の巨人バロールの孫だが、バロールを倒し神々の王となる。

戦神
アテナ／アレス／アスタルテ／イシュタル／テスカトリポカ／ドゥルガー／トール／ネイト／ネルガル／マルス／ミネルヴァ／モリガン

アテナ
ギリシア神話の戦の女神。ほかに知恵と織物や陶器などの技術の神でもある。兜と鎧を身につけ、槍と盾を持った完全武装の姿で描かれる。

アレス
ギリシア神話の戦神。戦争の暴力、残酷、流血を象徴する神。主神ゼウスとヘラの息子。

アスタルテ
ウガリト神話の戦争の女神。豊穣の女神でもある。

イシュタル
オリエント神話の戦争の女神。愛と美、豊穣の女神でもあり、広く信仰された。戦士としても称えられ、武装した姿でも描かれる。

テスカトリポカ
アステカ神話の戦神。魔術を操り戦士を守護する。命と豊穣を司るケツァルコアトルと対峙する存在で、獰猛で敵を滅ぼす性格から戦士団に崇拝された。

ドゥルガー

インド神話の戦女神。10本の腕を持ち、それぞれに神々から与えられた武器を持つ。破壊神シヴァの妻パールヴァティの一側面で、神々に敵対した悪魔を討ち滅ぼす。

トール

北欧神話の戦神。雷の神、人間の守護者であり、神々の中で最も強く、柄の短い槌ミョルニルをもって数々の敵を倒してきた。神々の黄昏ラグナロクでは大蛇ヨルムンガンドと相討ちとなる。

ネイト

エジプト神話の闘いの女神。弓や盾を持つ女性の姿で描かれる。ファラオは礼拝の際にネイトに武器を捧げ、ネイトは王の軍を導き、障害を取り除く。

ネルガル

オリエント神話の戦神。冥界、疫病の神でもある。冥界の女王エレシュキガルとの恋愛譚が有名。

マルス

ローマ神話の戦神。ギリシア神話のアレスと同一視される。ローマの祖はマルスの子孫だとされている。

ミネルヴァ

ローマ神話の戦の女神。ギリシア神話のアテナと同一視される。知恵の象徴である梟(ふくろう)を肩にとまらせている。

モリガン

ケルト神話の戦女神。鴉に変化して戦場を飛び回り、死すべきものに警告をする。気に入ったものには知恵を授け、勝利に導く。

美神

アフロディテ／イシュタル／ヴィーナス／ハトホル／フレイア／ラクシュミー

アフロディテ

ギリシア神話の美の女神。時空神クロノスによって切り落とされた天空神ウラノスの男性器にまとわりついた泡（アプロス、aphros）から生まれたとされる。オリンポス十二神のひとりで、鍛冶神ヘパイストスを夫とし、戦神アレス、美少年アドニスなど多くの愛人を持つ。

イシュタル

オリエント神話の美の女神。戦、豊穣、金星、王権などを司り、古代都市ウルクをはじめ、広く信仰された。ヴィーナス、アフロディテの源流とされる。美しくも残忍な女神。

ヴィーナス

ローマ神話の美の女神。ラテン語読みではウェヌス。アフロディテと同一視され、鍛冶神ウルカヌスの妻、戦神マルスの愛人とされる。ローマの英雄カエサルの氏族であるユリウス氏族の祖神として祀られた。

ハトホル

エジプト神話の愛と美の女神。雌牛の姿を持ち母性を象徴する面と、踊りや化粧といった誘惑する女性を象徴する面を持つ。

フレイア

北欧神話の美の女神。生と死、愛と戦い、豊穣と呪術セイズを司る非常に力のある女神。性に奔放で、オーズという夫を持つが、父ニョルズや双子の兄フレイ、小人や巨人とも関係を持つ。

ラクシュミー

インド神話の美の女神。神々とアスラ族が霊薬アムリタを作成した際、海中から生まれた。その美しさから多くの神やアスラ族から望まれたが、最終的に創造神ヴィシュヌの妻となる。貞淑で常に夫の側に寄り添う。

愛神

エロス／カーマ／キューピッド

エロス

ギリシア神話の愛の神。愛と美の女神アフロディテの子で、翼の生えた子供の姿で描かれ、弓矢を持っている。エロスの矢で射られると、次に目にしたものを愛してしまう。

カーマ

インド神話の愛の神。オウムに乗り、サトウキビの弓と5本の花の矢を持ち、その矢で射られると恋心をかきたてられる。

キューピッド

ローマ神話の恋の神。ギリシア神話のエロスに相当する。キューピッドは英語読みでラテン語ではクピド。

芸術神

アメノウズメ／サラスヴァティ／弁財天／ムーサ／ミューズ

アメノウズメ

日本神話に登場する芸神。『古事記』での表記は天宇受賣命。アマテラスが天岩戸に引きこもった際、その前で踊って神の歓声をあげさせ、アマテラスを引き出した。天孫降臨の際に地上に降り、子孫は神事や芸能を担う一族

サラスヴァティ

インド神話に登場する女神。サラスヴァティ川の女神で川の神だが、学問、芸術をつかさどる神でもある。仏教に取り入れられて弁財天になった。

弁財天 (べんざいてん)

インドの女神サラスヴァティが仏教に取り入れられた神で、妙音天、美音天ともいい、琵琶を持った姿で描かれる。技芸の神、蓄財の神として祀られる。

ムーサ

ギリシア神話の音楽と文芸の神。9柱の女神で、叙事詩のカリオペ、歴史のクレイオ、抒情詩のエラト、音楽のエウテルペ、悲劇のメルポメネ、賛歌のポリュムニア、踊りのテレプシコーラ、喜劇のタレイア、天文学のウラニア。

ミューズ

ギリシア神話の音楽と文芸の神ムーサの英語読み。

悪神
アンラ・マンユ／セト／デミウルゴス／ロキ

アンラ・マンユ

ゾロアスター教の悪神。善神アフラ・マズダと対立し、毒の生き物と病魔を生み出す。指導者を堕落させ、人々に悪を促す悪魔たちを配下に持つ。アーリマンともいう。

セト

エジプト神話の悪神。天空神ヌトと大地神ゲブの子で、冥界神オシリスとは兄弟。オシリスを殺害し、その子ホルスと王位をめぐり対立し、敗れる。

デミウルゴス

グノーシス主義の提唱した偽神。物質界を創造したが、唯一神によって創造された人間を憎み、支配下に置き、破壊しようとする。ヤルダバオトともいう。

ロキ

北欧神話の悪神。本来は巨人族だが、主神オーディンと義兄弟となり、神々の一員となる。常に神々にトラブルをもたらし、光神バルドルの殺害の原因となり幽閉された。神々の黄昏ラグナロクで多くの神を滅ぼす大蛇ヨルムンガンドと巨狼フェンリルはロキの子。

キャラクター／神

暗神
エリス／エリニュス／エレボス／ニュクス／フリアエ／ヘカテ／ラートリー

エリス
ギリシア神話の争いの女神。夜の女神ニュクスの子で不和を生む。トロイア戦争のきっかけとなった黄金の林檎の仕掛け人。

エリニュス
ギリシア神話の復讐の女神。時空神クロノスの血液から生まれた蛇髪の老婆で、正義に反して血を流したものを執拗に追いかけ、狂気に陥れる。アレクト、ティシポネ、メガイラの3姉妹。

エレボス
ギリシア神話の暗黒の神。原初の混沌カオスから夜の女神ニュクスとともに生まれ、ニュクスとの間に光神アイテールや昼の神ヘメラなど多くの子をもうけた。

ニュクス
ギリシア神話の夜の女神。原初の混沌カオスから闇神エレボスとともに生まれ、エレボスとの間に光神アイテールや昼の神ヘメラなど多くの子をもうけた。

フリアエ
ローマ神話の復讐の女神。エリニュスと同一視された。

ヘカテ
ギリシア神話の女神。3つの体と3つの頭を持つ三位一体の神であり、多くの意味を持つ。勝利と富と子供の守り神でもあるが、死者を導く夜の神でもある。

ラートリー
インド神話の夜の女神。暁の女神ウシャスの姉妹。

裁神
閻魔大王／オシリス／テミス／ネメシス／フォルセティ／マアト／ユースティティア

閻魔大王（えんまだいおう）
仏教の地獄の王。死者は生前の罪によって閻魔大王に裁かれ、ふさわしい地獄に送られる。

オシリス
エジプト神話の冥界神。死者が死後復活できるかどうかは、冥界のオシリスの裁判で決められた。

テミス
ギリシア神話の正義と掟の女神。神々を招集する役目をもつ。

ネメシス
ギリシア神話の神罰の女神。神々の怒りを買ったものを罰する。

フォルセティ
北欧神話の法廷と裁判の神。光の神バルドルの息子で、黄金の柱のグリトニルという館であらゆる揉め事を調停する。

マアト
エジプト神話の裁判の女神。冥界神オシリスが死者の裁判をする際、死者の心臓とマアトの羽を秤に載せる。心臓が羽よりも重ければ、死者は罪を犯したとされる。

ユースティティア
ローマ神話の正義の女神。ジャスティスの語源。黄金時代に天界から地上に降りたが、地上の罪を憂いて天界に戻った。

運命神
ノルン／モイラ

ノルン
北欧神話の運命神。ウルズ、スクルド、ベルダンディの3柱の女神たちで、複数形ではノルニル。黄金の糸で人間の運命を決める。

モイラ
ギリシア神話の運命神。クロト、ラケシス、アトロポスの3柱の女神たちで、複数形はモイライ。運命の糸の長さで人の寿命を決める。

魔術神
イシス／オーディン／トート／ヘカテ／ヘルメス／ヘルメス・トリスメギストス／メルクリウス

イシス
エジプト神話の女神。冥界神オシリスの妹で妻、天空神ホルスの母。邪神セトにバラバラにされたオシリスを魔術でつなぎ合わせ、復活させた。

オーディン
北欧神話の主神。9日9夜、聖槍グングニルに貫かれて世界樹ユグドラシルで首を吊り、ルーン文字の秘密を会得した魔術の神でもある。

トート
エジプト神話の学問と知識の神。ヒヒまたはトキの頭で描かれる。呪術や文字、暦法の発明者、死後の裁判の際の書記官。

ヘカテ
ギリシア神話の女神。3つの体と3つの頭を持つ三位一体の神であり、多くの役割を持つ。魔女キルケーとメディ

アの母でもある魔術の女神の面も持つ。

ヘルメス

ギリシア神話の神々の使者、案内人、旅人の守り神。魔法の杖ケリュケイオンを持ち、文字や竪琴、天文学、数学を発見した商売の神でもある。

ヘルメス・トリスメギストス

ギリシア神話のヘルメスとエジプト神話のトートが習合した神。三重に偉大なヘルメスの意味で、中世ヨーロッパで流行した錬金術では奥義を会得し、賢者の石をつくり出した存在として語られた。

メルクリウス

ローマ神話の商売と技芸の神。ギリシア神話のヘルメスと同一視された。

冥界神

アヌビス／エレシュキガル／閻魔大王／オシリス／ネルガル／ハデス／プルート／ヘル／ミクトランテクトリ／ヤマ／黄泉大神

アヌビス

エジプト神話の冥界神。悪神セトの子で黒い犬の顔を持つ人の姿で描かれる。ミイラづくりの神であり、死後に死者の魂を計量する裁判官でもある。アヌビスはギリシア、ローマでの名で、エジプトではインプという。

エレシュキガル

オリエント神話の冥界の女神。主神エンリルの子で美の女神イシュタルの姉。夫は冥界と戦争の神ネルガル。

閻魔大王 (えんまだいおう)

仏教に登場する地獄の王。死者の魂を裁定し、ふさわしい地獄へと送る。経典によって立場は異なり、『十王経』では10人いる王のうちのひとりにすぎない。

オシリス

エジプト神話の冥界神。天空の女神ヌトと大地神ゲブの子で、地上の支配者であったが、弟の悪神セトの謀略により殺害されて冥界の神になった。心の正しい死者を選別して永遠の命を与える。妻は魔術の神イシス。

ネルガル

オリエント神話の冥界神。戦争と死の神で疫病を武器とする。妻は冥界の女神エレシュキガル。傲慢で暴力的である。

ハデス

ギリシア神話の冥界神。主神ゼウス、海神ポセイドンと世界の支配を分け合い、冥界を治めている。大地母神デメテルの子ペルセポネを妻とする。オルクス、ディス・パテルはハデスと同一

視される。

プルート
ギリシア神話の冥界神ハデスの別名。「富めるもの」の意。

ヘル
北欧神話の冥界の女神。悪神ロキの子で、巨狼フェンリルとヨルムンガンドは兄妹。ニブルヘイムにある館エリューズニルに住み、死者を統治している。

ミクトランテクトリ
メキシコ高原の神話に登場する冥界神。地下世界ミクトランの支配者。ミクトランに散らばる死者の骨を求めたケツァルコアトルと問答をする。

ヤマ
インド神話の冥界神。最初の人間であり、最初に死んだ存在なので、死の国の支配者となった。

黄泉大神 (よもつおおかみ)
日本神話の冥界の神。古くから存在したが、創世の女神イザナミが死して黄泉に行ってからはイザナミが冥界の神となった。黄泉大神としてのイザナミは全身にウジが湧き、雷がまとわりついた姿をしている。

死神
タナトス／モト

タナトス
ギリシア神話の死神。夜の女神ニュクスの子で、眠りの神ヒュプノスは双子の兄弟。人間の寿命が尽きるときに現れ、髪を切ってハデスに送る。

モト
ウガリト神話の死神。豊穣神バアルの敵。バアルはモトに倒されるが、バアルの妹にして妻のアナトがモトを倒し、バアルを取り戻す。

蛇神
イルルヤンカシュ／ケツァルコアトル／女媧

イルルヤンカシュ
古代ヒッタイトの神話に登場する邪龍神。天候神テシュブと闘い、一度は目と心臓を奪い勝利するも、結局は取り返され、倒される。

ケツァルコアトル
マヤ、アステカで広く信仰された神。羽毛のある蛇。人間をつくり、火やトウモロコシをもたらす善神。

女媧 (じょか)
中国の伝説に登場する女帝。人の頭に蛇の体を持つ。人間をつくり、天の四

方を支える足をつけるなど、世界を保ち、人類を繁栄させる。

天使族

アークエンジェル／アイオーン／アムシャ・スプンタ／アンヘル／エンジェル／オファニム／ケルビム／ソロネ／セラフィム／ドミニオン／パワー／プリンシパリティ

アークエンジェル

大天使。天使のなかでも力あるもの。またはキリスト教の天使階級のひとつで、下級の2位。

アイオーン

グノーシス派の神的存在。至高の存在の思考から純粋さを喪失したもの。創造の直後に365のアイオーンが生まれた。

アムシャ・スプンタ

ゾロアスター教の天使。美徳を人格化したもので、善神アフラ・マズダに従い、人々を導く存在。

アンヘル

エンジェルのスペイン語よみ。

エンジェル

ユダヤ教、キリスト教、イスラム教の神の使い。『旧約聖書』などに多数登場する。神の言葉を伝えたり、神に代わり罰を与えたり、祝福を授けたりする。

オファニム

『旧約聖書』に登場する天使の種類のひとつ。車輪の意味で、神の乗る戦車、玉座の天使。

ケルビム

キリスト教の天使階級のひとつで、上級の2位。日本語では智天使と訳される。『旧約聖書』ではエデンの園の番人であり、聖櫃を守る番人であり、神の座るところとされた。

ソロネ

キリスト教の天使階級のひとつで、上級の3位。日本語では座天使と訳される。神の玉座を運ぶ尊厳と正義の天使。

セラフィム

キリスト教の天使階級のひとつで、最高位。日本語では熾天使と訳される。

ドミニオン

キリスト教の天使階級のひとつで、中級の1位。日本語では主天使と訳される。

パワー

キリスト教の天使階級のひとつで、中級の3位。日本語では能天使と訳され

る。

プリンシパリティ

キリスト教の天使階級のひとつで、下級の1位。日本語では権天使と訳される。

天使

アズラーイール／イズラーイール／イスラーフィール／ウリエル／ガブリエル／ジブラーイール／サマエル／サンダルフォン／スラオシャ／ミカエル／メタトロン／ラファエル

アズラーイール

イスラム教の天使。「死の天使」と呼ばれる。死すべき人の元を訪れ、死を告げて魂を連れていく。

イズラーイール

イスラム教の天使。最後の審判の日にラッパを吹き、すべての生者は死者となる。二度目のラッパですべての死者が蘇り、最後の審判を受ける。

イスラーフィール

イスラム教の重要な天使。『コーラン』には登場しないが、その後のイスラム教の教えでは神の精神を伝え、預言者ムハンマドを導いた存在。

ウリエル

キリスト教文書に登場する天使。四大天使の1体。教派によってウリエルの登場する外典を認めたり認めなかったりするため、扱いが分かれるところもある。

ガブリエル

『旧約聖書』に登場する天使。四大天使の1体。マリアにイエスの誕生を告げる天使。

ジブラーイール

イスラム教の天使。キリスト教でいうガブリエルに相当する。

サマエル

ユダヤ教文書に登場する死の天使。エデンの園でイブを誘惑した蛇がサマエルとされることもある。

サンダルフォン

『旧約聖書』に登場する天使。炎の天使長で、オファニムのひとり。預言者エリヤが天使になった名前ともされる。死者の霊魂の案内者、玉座の守護者ともされる。

スラオシャ

ゾロアスター教の規律を司る天使。死者の魂を悪魔から守り、死後の裁判を司る。

ミカエル

『旧約聖書』に登場する天使。四大天

使の1体。天使たちの長で、最後の審判の時に悪と戦う総指揮官であり、最も神に近い存在。

メタトロン
ユダヤ教の文書や外典に登場する天使。

ラファエル
『旧約聖書』に登場する天使。四大天使の1体。

■ 魔

悪魔族／悪魔／魔王

悪魔族
悪魔／阿修羅／アスラ／シャイターン／ダエーワ／デビル／デーモン／ディアボロス／ラークシャサ／羅刹／ヤクシャ／夜叉／『レメゲトン』の悪魔

悪魔 (あくま)
仏教用語で、悟りを妨げるもの。仏教の開祖ブッダが菩提樹の下で悟りを開くために瞑想した際、己の心のうちから出てでさまざまな問いかけをして悟りを妨げた。

阿修羅 (あしゅら)
インド神話のアスラが仏教に取り入れられたもの。天竜八部衆のひとつで仏教の守護者でもある。

アスラ
インド神話に登場する種族。神々の一族デーヴァと対立する存在だが、霊薬アムリタを生み出した際は協力した。デーヴァと拮抗する能力と勢力を持っている。

シャイターン
イスラム教の悪魔。魔王サタンからきているが、デビルやデーモンと同じ一般的な悪魔を指す。人間をそそのかし、伝染病をばらまき、昼と夜の境に住む。

ダエーワ
ゾロアスター教の悪魔。悪神アンラ・マンユに仕える存在で、地獄で死者を苦しめたり、生者を破滅させたりする。

デビル
キリスト教圏の悪魔。「ザ・デビル」といった場合は根源的な悪である魔王を意味し、それ以外のデビルの場合は配下の悪魔たちを指す。デーモンとほぼ同義。序列、総数、能力などはその時代の神学者によってさまざまに唱えられている。

デーモン
キリスト教圏の悪魔。ギリシア語で魂や人に憑依する霊を意味するダイモン

に由来する。デビルとほぼ同義。

ディアボロス
ギリシア語。派生してラテン系の言語でも悪魔の意。

ラークシャサ
インド神話に登場する鬼神族。神に比するほど強い力を持つ者もおり、『ラーマーヤナ』で主人公ラーマの妻シーターをさらうラーヴァナはラークシャサの王。

羅刹 (らせつ)
インド神話のラークシャサが仏教に取り入れられたもの。悪魔ともされるが、仏教の守護者ともされる。

ヤクシャ
インド神話に登場する鬼族。女性はヤクシニー。森や水辺の精霊だったものが、人を害する鬼と考えられるようになった。

夜叉 (やしゃ)
インド神話のヤクシャが仏教に取り入れられたもの。天竜八部衆のひとつで仏教の守護者でもある。

『レメゲトン』の悪魔
魔道書『レメゲトン』には、72体の悪魔についての詳細な能力、地位、召喚方法などが記載されており、のちの悪魔像に多大な影響を与えた。

悪魔

アスモデウス／アドラメレク／ゴグとマゴグ／バフォメット／ベリアル／マーラ／マステマ／メフィストフェレス／モロク

アスモデウス
『旧約聖書』でサラという女性にとり憑き、結婚する男を次々に絞め殺した悪魔。17世紀にフランスのルーダンの修道院でおきた悪魔憑き事件で修道女にとり憑いたとされた悪魔でもある。

アドラメレク
『旧約聖書』に登場するセパルワイム人の神。子供が生贄に捧げられた。その後の悪魔文献にも登場し、ウリエルやラファエルに比する強力な存在だとするものもあれば、たんに悪魔のひとりとして扱われるものもある。

ゴグとマゴグ
キリスト教文書に登場する敵。『旧約聖書』では象徴的な敵対民族の王だったが、『新約聖書』では魔王サタンに従う将軍になっている。

バフォメット
中世ヨーロッパで魔女が信奉しているとされた悪魔。山羊の頭と足、女性の

体、鳥の翼を持つ。テンプル騎士団はバフォメット崇拝の疑いをかけられて迫害された。

ベリアル
キリスト教の一派が残した「死海文書」に登場する悪魔。光の陣営と戦う闇の軍勢を率いる強力な悪魔。

マーラ
仏教の開祖ブッダの修行の邪魔をする悪魔。ブッダに美女や怪物をけしかけるが、ブッダは煩悩を捨て、悟りを開いた。

マステマ
キリスト教の文書のひとつ『諸聖年の書』に登場する悪魔。『旧約聖書』に登場する数々の悪行はこの悪魔がなしたことだが、それらはすべて神のために、神の管理の下でなされたことだとされている。

メフィストフェレス
ファウスト博士の伝説で魔術師のファウスト博士と契約する悪魔。ファウスト博士の望みをかなえる代わりに魂を手に入れる。

モロク
『旧約聖書』に登場するカナン人の神。子供を生贄に捧げる恐ろしい存在として、その後のキリスト教文学などにも多数登場する。

魔王
アスタロト／アバドン／アポリオン／イブリース／ザッハーク／サタン／第六天魔王／シャイターン／スルト／バズズ／ベルゼブブ／バロール／ラーヴァナ／ルシファー

アスタロト
『旧約聖書』でユダヤの民に敵対する民族が信奉していた神。フェニキアの豊穣の女神アスタルテのこととされている。キリスト教の発展の過程でさまざまな性格を追加され、きわめて強力な力を持つ悪魔と考えられた。

アバドン
『ヨハネの黙示録』のほかキリスト教の文書に登場する悪魔。最後の審判の際に現れるサソリやイナゴの怪物たちの王とされている。

アポリオン
アバドンのギリシア語読み。

イブリース
イスラム教の魔王。キリスト教のルシファーからきている。ルシファーと同じく、神の怒りに触れて地上に堕ちた天使。

ザッハーク
ペルシア神話に登場する魔の王。ペルシアの王だったが、邪神アンラ・マンユによって両肩に蛇を植えつけられ、その蛇は人間の脳を餌とする。

サタン
キリスト教圏における悪魔の頭目を指す。ルシファーと同義とされることも多い。

第六天魔王（だいろくてんまおう）
仏教の天界のひとつ六欲天の王波旬（はじゅん）のこと。悟りを開くのを邪魔する悪魔。戦国時代の武将織田信長が、武田信玄にあてた書状に第六天魔王と署名したという逸話がある。

シャイターン
イスラム教の悪魔の頭目。キリスト教のサタンに相当する。

スルト
北欧神話に登場する炎の巨人族ムスペルの長。神々の黄昏ラグナロクで、炎の剣で世界樹ユグドラシルを焼き払い、豊穣神フレイを倒す。

パズズ
オリエント神話に登場する魔王。ライオンの顔と手、鷲（わし）の爪、サソリの尾を持つ。悪疫をもたらす熱風の化身。

ベルゼブブ
『新約聖書』に登場する魔王。古代シリアの神「バアル・ゼブル」がキリスト教で邪神とされたものといわれる。有名な巨大なハエの姿はプランシーの『悪魔の辞典』の挿絵によるもの。

バロール
ケルト神話に登場する巨人族の王。ダーナ神族と敵対するフォーモリア族の長で、邪眼を持ち、ひとにらみで敵を倒した。光神ルーグに倒された。

ラーヴァナ
インド神話に登場するラークシャサの王。10の頭と20の腕を持ち、強大な力を有する。神ヴィシュヌの化身ラーマの妻シーターをかどわかし、ラーマに倒された。

ルシファー
ルシフェルと同じ。キリスト教圏における悪魔の長。かつて天使のなかでも強力な力を持つ存在だったが、神の怒りに触れて天から落とされた堕天使。それを恨み、神のつくった存在である人間を悪の道へ導こうとする。

キャラクター／人

人

王／英雄／騎士／魔術師／騎士団

王

アーサー／アレクサンドロス／クレオパトラ／サラディン／ジャムシード／シャルルマーニュ／ソロモン／ハンムラビ

アーサー
イギリスの伝説的な王。中世ヨーロッパで流行した騎士物語の代名詞的な作品群「アーサー王物語」の中心人物。

アレクサンドロス
紀元前4世紀のマケドニアの王。「アレクサンダー大王」の俗称でも知られている。周辺諸国を征服し、地中海からガンジス川に及ぶ大帝国を築き上げた。

クレオパトラ
紀元前1世紀のエジプトの女王。ローマ帝国の英雄カエサルをはじめ、権力者を虜にしたことで有名。

サラディン
12世紀のアラブ世界の英雄的王。アイユーブ朝の初代スルタン。十字軍に対抗し、エルサレムをキリスト教勢力から奪還した。

ジャムシード
ペルシア神話に登場する王。イラン最古の王朝の王であり、国をおおいに繁栄させたが、700年の統治ののち悪心にとらわれ、悪龍ザッハークに倒された。

シャルルマーニュ
紀元8世紀のフランク王国の王。西ローマ帝国の皇帝となり「カール大帝」とも呼ばれる。『ローランの歌』の主人公、騎士ローランの主君。

ソロモン
『旧約聖書』に登場するイスラエル王国の王。ダビデの子。知恵の王として有名であり、イスラエル王国を繁栄させ、大神殿を築いた。悪魔を使役したという伝説もある。アラビア語の発音ではスレイマン。

ハンムラビ
紀元前18世紀のバビロン王国の国王。「目には目を、歯には歯を」で知られる「ハンムラビ法典」を制定した。

英雄

エル・シド/カエサル/ギルガメッシュ/クーフーリン/クリシュナ/ゲオルギウス/シーザー/ジャンヌ・ダルク/ダビデ/フィン・マックール/ヘラクレス/ペルセウス

エル・シド

11世紀のスペインの英雄。本名はロドリゴ・ディアス・デ・ビバール。身分の低い騎士階級の生まれだったが、武功を立てサラゴサの王になり、バレンシアをイスラム勢から奪還した。エル・シドはアラビア語の君主としての敬称。愛馬はバビエカ。

カエサル

紀元前1世紀のローマの将軍、政治家。軍を率いてローマの版図を広げ、ローマ帝国の礎を築いた。英語読みではシーザー。

ギルガメッシュ

古代オリエントの叙事詩『ギルガメッシュ叙事詩』の主人公。都市ウルクの王で、三分の二が神、三分の一が人。野人エンキドゥとの交流、不死を求めて賢人ウトゥナピシュティムを訪ねる冒険が有名。

クーフーリン

ケルト神話の英雄。魔槍ゲイボルグを操り、比類なき武勇を誇る。通常は美しい顔をしていたが、戦場の狂気に支配されると、口が耳まで裂け、眼球が飛び出し、泡や血を噴きだす恐ろしい姿に変化した。

クリシュナ

インドの二大叙事詩のひとつ『マハーバーラタ』に登場する英雄。王子の従兄弟としてさまざまな闘いを勝利に導く助言をする。ヴィシュヌ神の化身。

ゲオルギウス

13世紀の聖人の列伝『黄金伝説』に登場する竜退治の聖人。ローマ帝国の騎士で、いまのリビアにあったシレナの街の近くに棲みついたドラゴンを倒し、王女を救った。

シーザー

ローマの将軍カエサルの英語読み。

ジャンヌ・ダルク

14世紀の百年戦争の際にフランスを救った乙女。一般人だったジャンヌは神の声を聴き、オルレアンを包囲したイギリス軍を撃退したが、その後捕えられ、異端として火あぶりにされた。

ダビデ

『旧約聖書』に登場するイスラエル王。牧童だったが、イスラエルと敵対していたペリシテ人の巨人ゴリアテを討ち取り名を挙げ、時の王サウルとの確執

の果てにイスラエル王を継いだ。竪琴の名手。

フィン・マックール

ケルト神話の英雄。美しい金髪と白い肌を持つ。優れた騎士であり、魔法の鮭によって得た限りない知識と、癒やしの力を持つ。アイルランドの伝説的騎士団フィアナ騎士団の団長として名声を築いたが、老年には嫉妬から団を崩壊に導き、人望を失って命を落とした。

ヘラクレス

ギリシア神話の英雄。主神ゼウスの子で、ヒュドラ退治をはじめとする「12の難行」で有名。

ペルセウス

ギリシア神話の英雄。主神ゼウスの子。石化の怪物メデューサを退治し、怪物の生贄にされていた王女アンドロメダを救った。

魔術師

安倍晴明／アレイスター・クロウリー／キルケー／ジョン・ディー／ソロモン／パラケルスス／ファウスト／ヘルメス・トリスメギストス／マーリン／メディア／モルガン

安倍晴明（あべのせいめい）

日本の平安時代の陰陽師。朝廷に天文博士として仕え、公的な記録にも残る実在の人物だが、伝説、逸話も多く残る。

アレイスター・クロウリー

近代イギリスの魔術師。「20世紀最大の魔術師」ともいわれる。守護天使エイワスの語った内容をまとめたといわれる『法の書』が有名。

キルケー

ギリシア神話に登場する魔女。人を動物に変える魔法を使う。英雄オデュッセウスに怪物スキュラやカリュブディスについて教えた。

ジョン・ディー

16世紀のイギリスでエリザベス1世に仕えた占星術師、魔術師。天使から授けられたエノク語を使ったエノク魔術で有名。

ソロモン

『旧約聖書』に登場するイスラエル王。ダビデ王の子で、神から知恵と見識を授けられた賢王。指輪によって悪魔を使役したといわれており、中世ヨーロッパで流行した魔道書には、ソロモンが書いたとされるものも多い。

パラケルスス

15世紀のスイス出身の錬金術師。パラケルススは通称で、本名はテオフラ

ストゥス・ボムバストゥス・フォン・ホーエンハイム。大学で医学を学び、錬金術を医学に役立てようとした。

ファウスト
16世紀ドイツの実在の人物をモデルにした創作の登場人物。悪魔メフィストフェレスと契約し、栄華を味わう代わりに魂を差し出した。

ヘルメス・トリスメギストス
錬金術の始祖とされる架空の人物。「三重に偉大なヘルメス」の意で、ギリシア神話の神ヘルメスの名を借りた著作の数々から創造された存在。

マーリン
アーサー王伝説に登場する魔法使い。アーサーを魔法で補佐する老人で、ローブをかぶり、杖をもった姿で描かれ、「魔法使い」のスタンダードなイメージモデルとなった。

メディア
ギリシア神話に登場する魔女。アルゴー号の冒険の目的である、金羊毛の回収を手助けし、英雄イアソンの妻となる。

モルガン
アーサー王伝説に登場する妖精の女王、またはアーサー王の異父姉。妖精の島アヴァロン島を治めており、幻覚を見せる魔法を使う。

騎士
ガラハッド／トリスタン／ドン・キホーテ／パーシヴァル／モードレッド／ランスロット／ローラン

ガラハッド
アーサー王伝説に登場する円卓の騎士のひとり。ランスロットの息子で、清廉潔白。円卓の最も偉大な騎士のための席である「危険な座」に座ることができた唯一の騎士。ダビデの剣と聖槍を持ち、聖杯探求の旅を成功させた。

トリスタン
12世紀ごろに成立したロマンス『トリスタンとイゾルデ』の主人公。コーンウォール王の甥で、若く美しいトリスタンは媚薬を飲まされ、王の妃イゾルデと恋に落ちる。

ドン・キホーテ
17世紀のスペインの風刺小説『ドン・キホーテ』の主人公。田舎の郷士だったドン・キホーテは騎士に憧れ、騎士として旅に出て、各地で騒動を繰り広げる。

パーシヴァル
アーサー王伝説に登場する円卓の騎士のひとり。ガラハッドとともに聖杯探

モードレッド
アーサー王伝説に登場する円卓の騎士のひとり。アーサー王の甥で、アーサー王に反旗を翻し、重傷を負わせた。

ランスロット
アーサー王伝説に登場する円卓の騎士のひとり。湖の貴婦人ヴィヴィアンに育てられ、比類なき騎士としてアーサー王に仕えるが、アーサー王の妃グィネヴィアと不義の関係になり、アーサー王と円卓の騎士たちの滅亡の原因となった。

ローラン
12世紀ごろに成立した武勲詩『ローランの歌』の主人公。シャルルマーニュ（カール大帝）の甥で、スペイン遠征で仲間の裏切りにより命を落とした。愛剣はデュランダル。

騎士団
円卓の騎士／ガーター騎士団／テンプル騎士団／フィアナ騎士団

円卓の騎士
アーサー王伝説に登場する、アーサー王に仕える騎士たち。アーサー王の居城キャメロット城に置かれた円卓の座につくことを許された優れた騎士たち。人数やメンバーは作品によって諸説あり決まっていない。

ガーター騎士団
14世紀にイギリスのエドワード3世によって設立された騎士団。定員は26名と定められ、名誉ある選ばれたものしか入団できない。団員は「悪意を抱くものに災いあれ」という標語が刺繍されたガーター（靴下留め）を身につける。現在でも存続している。

テンプル騎士団
12世紀に巡礼者の保護を目的として創設された実在の騎士団。構成員は騎士であり、修道士である。十字軍で活躍し、寄進などで莫大な富を築くが、バフォメット信仰など異端の嫌疑をかけられ、解散させられた。聖堂騎士団とも訳される。

フィアナ騎士団
アイルランドの伝説的騎士団。紀元1世紀ごろに設立され、紀元3世紀ごろにはケルトの英雄フィン・マックールが率いた。高い教養と高い身体能力を必要とされた精強な騎士団で、決まった領地を持たずアイルランド各地を転戦した。

幻獣

- 妖精
- 亜人
- 龍
- 動物
- 植物
- モンスター

妖精

妖精／精霊／水精／火精／風精／地精／死の妖精

妖精

アールヴ／エルフ／オベロン／スプライト／ティターニア／ティンカー・ベル／ニンフ／パック／ピクシー／フェアリー／マブ

アールヴ

北欧神話に登場する妖精族。いいアールヴがリョースアールヴ、悪いアールヴがデックアールヴとされる。リョースアールヴは美しく、天界やアールヴヘイムに住み、デックアールヴは黒くて地下世界に住む。

エルフ

北欧神話のアールヴを起源として、ヨーロッパ北部の地域で伝えられていた妖精たち。人の姿をしており、男女ともに美しいとも、男は老人の姿をしているともいわれる。丘や地下に王国を築いて住み、人間を誘惑したり誘拐したりもする。現在の創作物に登場するエルフの特徴である、尖った耳、弓を使う、魔法に長けているなどはJ・R・R・トールキンの『指輪物語』に依るところが大きい。

オベロン

ヨーロッパの民話に登場する妖精王。妻のティターニアとともにシェイクス

ピアが『夏の夜の夢』で描いた姿が広く定着している。

スプライト
自然に暮らす小さな妖精の総称。森や水中、大気中などに棲む妖精を指し、地下に棲むコボルトなどの妖精には使われない。

ティターニア
シェイクスピアの『夏の夜の夢』に登場する妖精女王。夫の妖精王オベロンと言い争いをし、人間を巻き込んだ騒動を巻き起こす。オベロンとは違って、シェイクスピア以前の妖精女王の典型的な名前ではなかった。

ティンカー・ベル
イギリスの作家ジェームズ・マシュー・バリーの戯曲『ピーター・パン』などに登場する女の子の妖精。妖精を信じる子供には見ることができる。

ニンフ
ギリシア神話に登場する妖精たち。美しい女性で、自然のいたるところに住んでおり、海のニンフはネレイデス、泉や川のニンフはナイアデスなどそれぞれに呼び名がある。神々に近い存在であり、神と恋をしたり、ニンフを殺した人間に罰があたったりする。

パック
シェイクスピアの『夏の夜の夢』に登場するいたずら好きの妖精。妖精王オベロンに命じられて妖精女王ティターニアにいたずらを仕掛け、人間を巻き込んだ騒動を巻き起こす。『夏の夜の夢』以外でも、妖精の呼び名として使われていた。

ピクシー
イギリス南西部に伝わるいたずら好きの妖精。洗礼を受けずに死んだ子供の魂がピクシーになるとされ、緑の服を着て赤い髪をしている。集団で生活し、夜に歌い、踊り、空を飛んでいたずらをしに行く。

フェアリー
妖精。イギリス、北欧、ケルトなどさまざまな文化圏のイメージをとりこみ、広く妖精を指す一般名詞として使われる。等身大からごく微小なもの、森の奥深くから人家に棲むもの、いいものも悪いものもすべて含まれる。

マブ
イギリスの民話に登場する妖精女王。シェイクスピアの『ロミオとジュリエット』にも妖精女王として登場する。

精霊
エレメンタル／ジン／スピリット／ロア

エレメンタル
自然を構成する四大元素の精霊の総称。地、水、風、火の4つ。

ジン
アラビアの民間伝承に伝わる精霊。『アラビアンナイト』などの物語で登場する。火からつくられ、煙や火そのものの体を持ち、消滅すると灰になる。いいジンも悪いジンもいる。

スピリット
精霊や亡霊など超自然的な存在を広く指す。あまり実体のはっきりしないものに使われることが多い。

ロア
ヴードゥー教の信仰対象となった精霊。数百という数の祖霊、神霊がおり、起源、能力、性質もさまざま。

水精
アプサラス／ウンディーネ／セルキー／ナイアデス／マーメイド／湖の貴婦人／メロウ／モルガン

アプサラス
インド神話に登場する水の精霊の一族。美しい若い娘たちの姿をしており、天上の踊り子。

ウンディーネ
中世ヨーロッパの錬金術で考えられた四大精霊のうち、水の精霊。人と結婚するウンディーネが登場するドイツの小説が有名になってから、美しい女性の姿が定番になった。

セルキー
アザラシの姿をした妖精。ゾウアザラシなど大型のアザラシは本来の姿は人間であり、海中ではアザラシの姿をとっていると考えられた。しばしば人の姿で人間と子供をなすこともある。

ナイアデス
ギリシア神話の水の精霊。湖、川、泉など淡水のニンフ。単体はナイアス。ときにのどを潤した人間に癒やしやひらめきを与える。

マーメイド
イギリスからスカンジナビア半島に伝わる海の妖精。上半身が人間の女性、下半身が魚の姿をしており、美しい声で歌って、人間の男たちを海に引き込む。童話作家アンデルセンが書いた『人魚姫』でイメージが定着した。

湖の貴婦人
イギリスの民話や伝説に登場する妖精。神秘的な存在で、湖から現れて英雄を手助けする。アーサー王伝説で

メロウ

アイルランド版のマーメイド。男女がいて、女のメロウは美しくやさしいが、男のメロウは醜く、ひょうきん。

モルガン

ウェールズの水の精。『マビノギオン』やアーサー王伝説にも登場する。アーサー王伝説ではアーサー王の異父姉で魔術を使い、モルガン・ル・フェイ（妖妃モルガン）と呼ばれた。

火精
イフリート／サラマンダー

イフリート

アラビアの精霊ジンのなかでも強大な力を持つもの。体は煙でできており、乱暴な性質を持つ。しばしば魔法使いにつかまり、指輪やランプに封じられてしまう。

サラマンダー

錬金術の大家パラケルススが提唱した四大精霊のうち、火の精霊。パラケルスス以前から火に棲む生き物として記録されており、石綿でつくられた布がサラマンダーの皮として扱われていた。イモリやトカゲの形をしており、炎をまとっている。

風精
エアリアル／シルフ

エアリアル

錬金術の大家パラケルススが提唱した四大精霊のうち、風の精霊シルフに属する精霊たち。シルフと同一視される。

シルフ

錬金術の大家パラケルススが提唱した四大精霊のうち、風の精霊。風を操る力を持ち、美しい女性の姿で描かれることが多い。

地精
サテュロス／ノーム

サテュロス

ギリシア神話に登場する山野の精霊。山羊の角と耳、下半身をした男性。酒の神デュオニソスの従者で、好色。

ノーム

錬金術の大家パラケルススが提唱した四大精霊のうち、地の精霊。地中に住み、地中の宝物を守る。髭を生やした老人の姿が定番。

幻獣／亜人

死の妖精

デュラハン／バンシー

デュラハン

アイルランドやイギリスに伝わる死の妖精。首のない馬の引く馬車に乗る首のない人の姿をしている。人が死ぬ前に街中を走り回り、死ぬ予定の人の玄関に桶いっぱいの血をかける。

バンシー

アイルランドやイギリスに伝わる死の妖精。家に棲みつき、その家の者が死ぬときに泣きわめく。女の姿をしているが、若く美しいとも、しわだらけで醜いともいわれる。

■ 亜人

小人／巨人

小人

インプ／グレムリン／コボルト／ゴブリン／コロボックル／スプリガン／ドヴェルグ／ドワーフ／ノーム／ピグミー／ブラウニー／ホビット／レプラホーン

インプ

イギリスの民話に登場する小人。子供くらいの背丈で全身が黒、目は赤、尖った耳と長い尻尾を持つ。

グレムリン

第二次大戦中のイギリスで広まった、機械にいたずらをする妖精。イギリス空軍で原因不明の飛行機の故障が多発し、それがグレムリンという小鬼のしわざだとされた。夜になると暴れだし、朝日に当たると死んでしまう。

コボルト

ドイツの民話に伝わる小人。家に付き、食事などの報酬と引き換えに家事を手伝ってくれる。姿を見せることはないが、助言をしたり人を小突いたりすることはある。正体を暴こうとする者には報復をする。

ゴブリン

フランスやイギリスの民話に登場する悪い性格の小人。洞窟や鉱山の地下に棲み、人を怖がらせたり、困らせたりする。ホブゴブリンと呼ばれるのは、ゴブリンより人間に親しく手助けをしてくれる小人。

コロボックル

アイヌの伝説に登場する小人の神。フキの葉の下に住む人、の意味で雨が降るとフキの葉で雨宿りをする。なかなか見ることはできないが、人に贈り物をくれる気のいい一族。

スプリガン

イギリスに伝わる小人。老人の姿で、地下の宝物を守る。体の大きさを自由

に変えることができる。

ドヴェルグ
北欧神話に登場する小人。原初の巨人ユミルから生まれ、数々の魔法の品をつくり出し、神々や人間と取引をする。土の中に住むものと岩の中に住むものがおり、日光をあびると石化する。

ドワーフ
ヨーロッパの民話に登場する小人。アーサー王伝説では、従者として登場する。北欧神話のドヴェルグが派生したものと考えられ、地下に住み、細工や鍛冶をする。

ノーム
錬金術師パラケルススが提唱した、四大精霊のうちの土の精霊。のちに特徴がくわえられ、土に住む老人のような髭を持った小人のイメージになった。手先が器用で細工物を得意とする。

ピグミー
ギリシア神話に登場する小人族。ピグミーは英語で、ギリシア語ではピュグマイオイ。エチオピアやインドなどの山中に住んでおり、体長は30cmほど。

ブラウニー
スコットランドやイギリスの民話に登場する小人。家に棲みつき、家事を手伝ってくれる。コップ1杯のミルクなど、ささやかなお礼を置いておくと喜んでくれるが、新しい服を与えると家を離れてしまう。

ホビット
イギリスの作家J・R・R・トールキンの小説『指輪物語』に登場する小人族。人間の子供ほどの背丈で、身を隠すのが上手く、手先が器用で陽気な性質を持つ。

レプラホーン
アイルランドに伝わる妖精の靴屋。片方しか靴をつくらないが、みな金持ちで、あちこちに金貨を入れた壺を隠している。

巨人

アトラス／ヴクブ・カキシュ／ウルリクムミ／ギガース／ゴリアテ／ゴグマゴグ／サイクロプス／だいだらぼっち／ティターン／トロール／ネフィリム／バロール／盤古／プルシャ／ヘカトンケイル／ムスペル／ユミル／ヨトゥン

アトラス
ギリシア神話に登場する、空を肩に担いでいるティターン族の巨人。英雄ヘラクレスの難行のひとつである金の林檎の採集を手伝った際、ヘラクレスに空を担ぐ役目を押しつけようとして失敗した。

ヴクブ・カキシュ

マヤ神話に登場する巨人。世界の支配を夢見るほどの力ある存在だったが、英雄フンアフプーとイシュバランケーに退治された。

ウルリクムミ

ヒッタイトの神話に登場する石の巨人。海底の巨人ウペルリの肩から生え、背丈は9万kmを超えて天上界に届いた。

ギガース

ギリシア神話に登場する、異形の巨人族。上半身は人で足は鱗に覆われている。天空神ウラノスの血から生まれた一族で、神には滅ぼされないが、人間が味方をすれば退治されると予言され、オリンポスの神に味方したヘラクレスによって倒された。

ゴリアテ

『旧約聖書』に登場するペリシテ軍の巨人の戦士。イスラエル軍に一騎打ちを挑み、多くの戦士を屠っていた。少年だったダビデは投石器でゴリアテを打ち倒した。

ゴグマゴグ

イギリスの古い歴史書に見られる巨人一族の長。ブリテン島がアルビオンと呼ばれていたころに島に住んでおり、入植者に討ち取られた。

サイクロプス

ギリシア神話に登場する1つ目の巨人族。サイクロプスは英語読みで、ギリシア語ではキュクロプス。大地母神ガイアと天空神ウラノスの子で、鍛冶や建築に長けている。

だいだらぼっち

日本の民話に登場する巨人。日本各地にだいだらぼっちが山や池をつくったという話が伝わっている。

ティターン

ギリシア神話に登場する、世界を支配していた巨人族。大地母神ガイアと天空神ウラノスの子たちで、海神オケアノスや時空神クロノスもティターン族。クロノスの子ゼウスをはじめとするオリンポスの神々にその座を奪われた。

トロール

北欧神話や、ヨーロッパの伝承に登場する巨人族。伝承によって姿はさまざまで、日光が苦手、教会の鐘が苦手など特徴もさまざま。森や山に棲み、家畜や子供をさらう。

ネフィリム

ユダヤ教の偽典などに登場する巨人

族。堕天使と人間の間に生まれた種族で、1000mを超える身長があり、地上の生き物を食い荒らした。大洪水で全滅した。

バロール
ケルト神話に登場する巨人。邪眼を持ち、ひとにらみで敵を倒した。邪眼は4人がかりで持ち上げなければならない瞼(まぶた)に覆われていた。光神ルーグに倒された。

盤古 (ばんこ)
中国神話に登場する原初の巨人。混沌から最初に誕生し、天と地を分けて支え、死した盤古の体から世界がつくられた。

プルシャ
インド神話に登場する原初の巨人。千の頭、千の目、千の足を持ち、プルシャから世界と生物がつくられた。

ヘカトンケイル
ギリシア神話に登場する、100の腕と50の頭を持つ巨人。大地母神ガイアと天空神ウラノスの子で、恐ろしい外見から、ウラノスに地下に閉じ込められた。その後オリンポスの神々によって解放され、神々の手伝いなどをしている。

ムスペル
北欧神話に登場する炎の巨人族。灼熱の地ムスペルヘイムに住み、自ら火を発している。神々の黄昏ラグナロクが訪れると、死者の爪でできた船ナグルファクで出陣し、首領スルトは炎の剣で豊穣神フレイを打ち倒す。

ユミル
北欧神話に登場する原初の巨人。ニブルヘイムの毒と霜と、ムスペルヘイムの熱がぶつかった雫から誕生した。主神オーディンに殺され、世界を構築する材料にされた。

ヨトゥン
北欧神話に登場する霜の巨人族。ヨトゥンヘイムに住み、魔術を使う。智恵や力に優れ、神々にも劣らない富を持っている。

■ 龍

龍・竜・蛇／神龍／邪龍

龍・竜・蛇

アンフィスバエナ／ウロボロス／シーサーペント／ドラゴン／ナーガ／蛟／龍／リンドブルム／ワイバーン

アンフィスバエナ
古代ローマの地誌などで紹介された毒蛇。体の両端に頭がついており、毒を

吐く。中世ヨーロッパの紋章で意匠として使われ、足や翼のある姿で描かれることもある。

ウロボロス

古代ギリシアやケルトの時代からみられる、自らの尾をくわえて円環状になった蛇のデザイン。不死や無限の象徴とされる。中世ヨーロッパで隆盛した錬金術においては、錬金術の最終目標である賢者の石を象徴、暗喩する非常に重要なモチーフとされた。

シーサーペント

大航海時代に噂された海の怪物。巨大な海洋生物を海中に見かけた、船が襲われたなどのエピソードがあり、大きさも特徴もさまざまで、統一された像はない。

ドラゴン

ギリシア神話やケルト神話、『旧約聖書』から伝承や叙事詩まで広く登場する、巨大な蛇、またはトカゲ型の怪物。四つ足、翼を持つ、炎や毒を吐く、宝物をため込む、硬い鱗でおおわれているなど、それぞれの物語で特徴はさまざま。キリスト教において神の敵とされたため、ヨーロッパ圏では英雄に倒される悪として登場することが多い。

ナーガ

インド神話に登場する蛇の一族。天に住みヴィシュヌ神やブッダに仕えるとも、地底世界ナーガローカに住むともされる。ナーガの長は強い力を持つ。

蛟 (みずち)

中国の伝承に登場する、龍型の幻獣。川や湖に棲み、水棲の生き物を統べる。500年生きた蛟は天に昇り龍となる。

龍 (りゅう)

中国の伝承に登場する霊獣。天を翔け、龍が目撃されると世界に大きな節目が訪れる。漢の時代以降、頭は駱駝、角は鹿…といった9つの動物の特徴を持つという「九似説」が一般的となり、その姿で描かれた。水を司り、人をはるかに超える力を持つ。中国では、とびぬけた才能を持つ人や皇帝など特別な人を龍に見立てる。西洋のドラゴンの訳語としてあてられているが、中国の龍と西洋のドラゴンの性質は異なっている。

リンドブルム

ドイツの翼のある龍の総称。稲妻や流星の閃光を龍だと考えたもので、ものすごい速度で夜空を駆け巡る。紋章の模様として使われることもある。

ワイバーン

イギリスの紋章に使われる2本足のドラゴン。コウモリのような翼と毒蛇の尾を持つ。イギリスでは4本足をドラゴン、2本足がワイバーンと区別されている。

神龍

アナンタ／黄龍／四海龍王／青龍／八大竜王

アナンタ

インド神話に登場する、蛇の一族ナーガの王（ナーガラージャ）のひとり。この世の始まる前、何もない世界で漂うヴィシュヌ神に従い、千の首でヴィシュヌ神をおおう。神々とアスラが霊薬アムリタを作成する際には、マンダラ山を引き抜いた。

黄龍 （こうりゅう）

中国の伝説に登場する黄色い龍。五行思想では中央の守護聖獣。

四海龍王 （しかいりゅうおう）

中国の伝説に登場する、中国の四方の海を守る4人の龍王。

青龍 （せいりゅう）

中国の四神のひとつ。東を守護する龍。

八大龍王 （はちだいりゅうおう）

仏教の経典に登場する、有力な8人の龍王。インド神話のナーガの王（ナーガラージャ）が仏教に取り込まれたもので、ヴィシュヌ神の騎乗するアナンタやアムリタ作りの伝説に登場するヴァースキの名前もある。

邪龍

アジ・ダハーカ／アポピス／イルルヤンカシュ／ヴイーヴル／ヴリトラ／エキドナ／九頭竜／ザッハーク／タラスク／ティアマト／テュポン／ニーズヘッグ／バハムート／ヒュドラ／ピュトン／ファブニール／ミドガルズオルム／メリュジーヌ／八岐大蛇／ヨルムンガンド／リヴァイアサン

アジ・ダハーカ

ゾロアスター教の経典やペルシア神話に登場する邪龍。悪神アンラ・マンユによって生み出され、善神アフラ・マズダの創造物を破壊しようと暴れる。3つ首で硬い鱗を持ち、千の魔法を操る。

アポピス

エジプト神話に登場する毒龍。闇を象徴し、太陽神と闘う。また、地獄に送られた死者を苦しめる。

イルルヤンカシュ

古代ヒッタイトの神話に登場する邪龍神。天候神テシュブと闘い、一度は目と心臓を奪い勝利するも、結局は取り返され、倒される。

ヴイーヴル
ヨーロッパの民話に登場するドラゴン。城跡や修道院に棲み、宝を守っている。

ヴリトラ
インド神話に登場する、干ばつをもたらす邪龍、または巨人。雨をもたらす雷神インドラと闘う。ヴリトラとインドラの闘いは何パターンかあるが、ヴリトラはインドラと拮抗、またはより強力な力を持っていたため、インドラが計略を用いてヴリトラを倒す話も多い。

エキドナ
ギリシア神話に登場する、半人半蛇の怪物。魔犬オルトロス、ケルベロスをはじめとして毒蛇ヒュドラや黄金の林檎の番龍ラードーンなど、数々の怪物たちを生み出した。百目の巨人アルゴスに倒される。

九頭竜（くずりゅう）
日本の民話に伝わる龍。神奈川県の芦ノ湖に棲みつき悪さをしていた龍を万巻上人がこらしめたところ、頭が9つある龍に生まれ変わり、村や山を守る龍神となった。

ザッハーク
ペルシアの叙事詩『王書』に登場する邪王。聖王ジャムシードを倒して王国をのっとり暴虐を尽くす。その正体は邪龍アジ・ダハーカであり、邪龍の姿で英雄ファリードゥーンに討たれた。

タラスク
ヨーロッパの民話に登場する亀の甲羅を持つドラゴン。フランスのローヌ河に棲んでおり、この地に布教に来た聖女マルタに調伏され守護獣となった。

ティアマト
古代オリエントの神話に登場する龍の姿の女神。原初に存在した女神で、多くの神々を生み出す。しかし、子供である神々と敵対し、7つ首の大蛇や毒蛇、巨大なライオンといった怪物の軍勢を生み、最後は英雄神マルドゥークと闘って敗れ、引き裂かれた体から大地がつくられた。

テュポン
ギリシア神話に登場する、神々に敵対する龍。上半身は人で手からは百の龍の頭が生え、下半身は巨大な毒蛇で炎を吐く。大地母神ガイアの子で、すべての山より大きい体を持ち、ゼウスと激闘を繰り広げた。

ニーズヘッグ
北欧神話に登場する黒龍。世界樹ユグドラシルの根が張る3つの泉のうちの

幻獣／龍

ひとつ、フェルゲルミルに生息し、ユグドラシルの根をかじる。またフェルゲルミルに落とされた罪人の死体をむさぼる。

バハムート
イスラム教の伝説に登場する怪物。『アラビアンナイト』では、大地を支える巨大魚とされており、『旧約聖書』の陸上の巨獣ベヒモスがイスラム教に取り込まれたものと考えられている。現代日本では、ゲームなどの影響で、強大なドラゴンというイメージが定着している。

ヒュドラ
ギリシア神話に登場する毒蛇。9つの首を持ち、真ん中の首は不死。沼地に棲み、水を毒で汚染した。英雄ヘラクレスに倒された。

ピュトン
ギリシア神話に登場する、予言を司る蛇。大地母神ガイアの子でガイアから聖地ピュートーと神託の権利を譲り受けた。しかし、太陽神アポロンによって予言の力と聖地を奪われ、ピュートーはアポロンの聖地デルポイとなった。

ファブニール
北欧神話、また神話を元にした叙事詩や歌劇に登場する龍。もともとは人間、または小人で、呪われた財宝を守るために龍になった。その心臓を食べると動物の言葉がわかるようになる、血を浴びると無敵になるなどの能力がある。ファブニールを倒した英雄は、北欧神話ではシグルズ、歌劇『ニーベルンゲンの指輪』ではジークフリートとなっている。

ミドガルズオルム
ヨルムンガンドの別名。大地（ミドガルズ）を取り巻く蛇の意。

メリュジーヌ
ヨーロッパの民話に登場する半人半蛇。人の部分は美しい女性の姿をしており、愛情深い。人間の男性との間に子供をもうけ、富をもたらしたが、夫が約束を破ったために飛び去ってしまう。

八岐大蛇（やまたのおろち）
日本神話に登場する8つ首の龍。8つの谷と8つの山を越えるほどの巨体を持つ。毎年里におりて娘を食らう。スサノオの計略で酒に酔ったところを倒された。その尾から出た天叢雲（あめのむらくも）は雨雲を呼ぶ神剣。

ヨルムンガンド
北欧神話に登場する巨蛇。悪神ロキの

幻獣／動物

子で、巨狼フェンリル、冥界神ヘルの兄弟。人間の世界ミドガルズが浮かぶ海に生息し、ミドガルズをぐるりと取り囲んでいる。神々の黄昏ラグナロクで雷神トールと闘い、相討ちになる。

リヴァイアサン

『旧約聖書』に登場する海の怪物。『旧約聖書』以前のアッカドの神話にも登場する。アッカド神話のリヴァイアサンは7つ頭で主神バアルに倒される。『旧約聖書』で言及されたことでキリスト教世界では有名になり、7つの大罪のひとつ「嫉妬」を象徴する大悪魔ともされた。

■ 動物

霊鳥／妖鳥／馬／狼・犬／猫／合成獣

霊鳥

ヴィゾフニル／迦陵頻伽／ガルーダ／迦楼羅／ガンダルヴァ／金翅鳥／サンダーバード／シームルグ／ジャターユ／朱雀／スパルナ／フェニックス／フギンとムニン／フレスヴェルグ／鳳凰／八咫烏

ヴィゾフニル

北欧神話に登場する輝く雄鶏。世界樹ユグドラシルの樹頂で世界を照らし、その鳴き声は巨人スルトを苦しめている。魔剣レーヴァテインだけがヴィゾフニルを殺すことができる。

迦陵頻伽 (かりょうびんが)

仏教で、極楽浄土に住むとされる半人半鳥。非常に美しい声をしている。上半身が美しい翼のある人で下半身が鳥として描かれることが多い。サンスクリット語ではカラヴィンカ。

ガルーダ

インド神話の霊鳥。聖仙カシュヤパの子で、異母兄弟のナーガ一族とは敵対関係にある。鷲の頭部をした有翼の人とされることが多く、創造神ヴィシュヌの乗り物でもある。不死であり、雷神インドラでもかなわないほどの力を持つ。

迦楼羅 (かるら)

インド神話の霊鳥ガルーダの音を漢字に当てはめた漢語訳。

ガンダルヴァ

インド神話の半人半鳥の一族。神酒ソーマの守護者で、天上の楽師集団。水精アプサラスたちを妻とする。有翼の男性の上半身と、黄金の鳥の下半身の姿で描かれることが多い。

金翅鳥 (きんしちょう、こんじちょう)

インド神話の霊鳥スパルナの意味である「美しい翼を持つもの」を漢語にあてはめた訳。

幻獣／動物

サンダーバード
複数のネイティブアメリカンの部族に登場する霊鳥。大きな鷲の姿をしており、雷を操る。

シームルグ
ペルシア神話に登場する霊鳥。英雄ザールを育てて見守る、慈悲深く叡智あふれる鳥。

ジャターユ
インド神話に登場する鳥の王。老齢の禿鷹で、叙事詩『ラーマーヤナ』では魔王ラーヴァナに王女シーターが連れ去られるのを阻止しようとして殺された。

朱雀 (すざく)
中国の四神のひとつで、南を守護する赤い鳥。鳳凰と同一視されることもある。「炎帝」ともいわれる。

スパルナ
インド神話の霊鳥ガルーダの別名のひとつで、「美しい翼を持つもの」の意。天界から神酒ソーマをもたらした鳥。

フェニックス
ヨーロッパの伝説に登場する、復活する鳥。死期が近づくとテーベに現れて自らを焼き、その灰から生まれた芋虫が新しいフェニックスになる。魔道書『レメゲトン』では、悪魔の一柱として紹介されている。

フギンとムニン
北欧神話に登場する2羽の鴉。フギンは「思考」、ムニンは「記憶」を意味し、主神オーディンに世界中の情報を伝える。

フレスヴェルグ
北欧神話に登場する巨人のひとり。大鷲の姿をしており、フレスヴェルグの翼から風が生み出される。世界樹ユグドラシルに棲む大鷲とも同一視される。

鳳凰 (ほうおう)
中国の伝説上の鳥。めでたいことがあると現れる瑞獣のひとつで、頭は鶏、首は蛇など多数の動物のパーツが組み合わされた姿とされるが、さまざまな文献にさまざまな特徴が記され、解釈は一定しない。色彩豊かで美しい鳥とされる。

八咫烏 (やたがらす)
日本神話に登場する霊鳥。初代天皇である神武天皇が東征をする際、神から遣わされ、天皇を導いた。三本足で描かれ、太陽の化身とされる。

幻獣／動物

妖鳥

以津真天／姑獲鳥／セイレーン／ハーピー／ハルピュイア

以津真天（いつまで）
日本の民話に登場する妖怪。人のような首と蛇の体を持った鳥。「いつまで、いつまで」と鳴く。

姑獲鳥（うぶめ）
日本の民話に登場する妖怪。産女とも書かれ、出産時に命を落とした女性の妖怪だったものが、中国の妖怪で、鳥にもなり、子供をさらう姑獲鳥（こかくちょう）と混ざっていった。

セイレーン
ギリシア神話に登場する、女性の頭に水鳥の体を持つ怪物。島に棲み、非常に美しい声で歌い、近くを通る船の乗員を魅惑しては難破させる。

ハーピー
ハルピュイアの英語よみ。

ハルピュイア
ギリシア神話に登場する、上半身は女性で下半身は鳥の三姉妹の怪物。もともとは神の系譜に連なる風の女神で、虹の女神イリスの姉妹でもある。

馬

ケルピー／ケンタウロス／スレイプニル／スタリオン／赤兎馬／デストリア／ブラーク／ペガサス／ユニコーン／竜馬

ケルピー
スコットランドに伝わる馬の姿をした水の精。ケルピーに乗ってしまうと水に引きずり込まれ食われてしまう。

ケンタウロス
ギリシア神話に登場する、半人半馬の種族。上半身が人、下半身が馬の姿をしている。粗野な乱暴者もいたが、英雄たちを導いたケイロンのように智に優れたものもいた。

スレイプニル
北欧神話に登場する8本足の馬。悪神ロキが産んだ馬で、主神オーディンの乗馬。灰色の体で空や海、冥界も駆けることができる。

スタリオン
中世の騎士に好まれた、去勢せずに気性の荒い牡馬。種馬の意味もある。

赤兎馬（せきとば）
中国の史書『三国志』とそれを基にした小説『三国志演義』に登場する馬。武将の呂布（りょふ）の愛馬で、1日に千里を駆けるとされた。

53

幻獣／動物

デストリア
中世の騎士に好まれた、大型の馬。アラブ種とヨーロッパの馬との交配によってできた。

ブラーク
イスラム教に登場する天馬。預言者ムハンマドが「夜の旅」をした際に彼をメッカからエルサレムまで乗せた。のちに人面有翼で空を駆ける馬になった。

ペガサス
ギリシア神話に登場する、翼の生えた馬。石化の怪物メデューサの血から生まれた。黄金の手綱をつけられればペガサスに乗ることができる。

ユニコーン
ヨーロッパの民間伝承に登場する馬。額の真ん中に1本の角を持ち、その角は邪悪を祓い、あらゆる病気を癒やす力がある。

竜馬 (りょうま)
中国や日本に伝わる伝説の馬。龍が雌馬に産ませた子が竜馬になる。一日に1500里を走るすぐれた馬。鱗や翼があるともいわれる。

狼・犬
ガルム／クー・シー／ケルベロス／スコル／天狼／ハティ／フェンリル／ヘルハウンド

ガルム
北欧神話に登場する番犬。冥界ニブルヘイムの門となる洞窟グニパヘッリルに繋がれている。神々の黄昏ラグナロクでは、解き放たれたガルムは戦神テュールと闘い、相討ちになる。

クー・シー
スコットランドの妖精たちが飼っている犬。牛ぐらいの大きさでもじゃもじゃの巻き毛をしており、妖精たちの住処で番犬をしている。

ケルベロス
ギリシア神話に登場する、3つ首の番犬。エキドナとテュポンの子で、尾は龍、背にはあらゆる種類の蛇が生えている。冥府タルタロスの入り口を見張る番犬。

スコル
北欧神話に登場する、太陽を飲み込む狼。ソールという女が太陽を引く馬を駆り、スコルはその後ろを追いかけている。神々の黄昏ラグナロクではついにスコルが馬に追いつき、太陽を飲み込む。

天狼（てんろう）

おおいぬ座の一等星シリウスの中国名。

ハティ

北欧神話に登場する、月を飲み込む狼。マーニという男が月を引く馬を駆り、ハティはその後ろを追いかけている。神々の黄昏ラグナロクではついにハティが馬に追いつき、月を飲み込む。

フェンリル

北欧神話に登場する巨狼。悪神ロキの子供で、大蛇ヨルムンガンド、冥界神ヘルの兄弟。神々を害するという予言のため、リュングヴィという小島にグレイプニルという鎖で繋がれている。神々の黄昏ラグナロクでは、解き放たれ、主神オーディンを飲み込む。

ヘルハウンド

ヨーロッパの民話に登場する黒犬。子牛ほどの大きさで、目は赤く燃え、火を吐く。子供たちの守り神とされる地域もあるが、たいてい出会ったものに死をもたらす。

猫

ケット・シー／猫又

ケット・シー

スコットランドに伝わる猫の妖精。深緑色の体に長い耳、胸に白い模様を持つ。2足歩行ができ、人間と会話もできるが、普段はただの猫のふりをしている。

猫又（ねこまた）

日本の民話に伝わる猫の妖怪。年をとった不思議な力を身につけ、猫は尾の先が二つに分かれるという。人の言葉を話し、人を食い殺すこともある。

合成獣

アメミット／キマイラ／麒麟／グリフォン／コカトリス／スキュラ／スフィンクス／鵺／ハジリスク／ヒポグリフ／マンティコア／ミノタウロス／ミルメコレオ

アメミット

エジプト神話に登場する冥界の怪物。ライオンの体とワニの頭、カバの後ろ脚をもつ。オシリスの法廷に控え、有罪とされた死者の心臓を食べる。

キマイラ

ギリシア神話に登場する怪物。ライオンと山羊、蛇の合わさった姿。火を吐く。エキドナの子で町や村を焼き払い、人を襲う。ペガサスに乗った英雄

ベレロフォンに倒された。

麒麟（きりん）
古代中国の霊獣。鹿の体に馬の足、牛の尾を持ち、額に1本の角がある。平和と繁栄の象徴であり、すべての毛のある獣の王。

グリフォン
古代インド、オリエントからギリシアに見られる幻獣。鷲の頭もしくは上半身と翼、ライオンの体を持つ。古代の地理書や歴史書でも言及されている。中世ヨーロッパの紋章のモチーフとしても使われた。

コカトリス
バジリスクの変種。雄鶏の体に蛇の尾を持つ。見られただけで生き物は死に、毒の息を吐く。

スキュラ
ギリシア神話に登場する、上半身は女性、下半身は6つ首の犬の怪物。メッシーナ海峡の洞窟に棲み、通りがかる船から乗員をさらって食らう。

スフィンクス
古代エジプトから発祥し、オリエント、ギリシアへと伝わった幻獣。人間の上半身にライオンの体を持つ。オリエント以降は鷲の翼もつけられた。エジプトでは聖獣として王を守護するが、ギリシア神話では人を惑わす怪物として登場する。

鵺（ぬえ）
日本の民話に登場する怪物。猿の頭に虎の体、蛇の尾をしている。源頼政（みなもとのよりまさ）に弓で倒された。

バジリスク
古代から中世のヨーロッパの地誌などに登場する怪物。定説の姿はなく、王冠を着けた蛇とも、鶏とトカゲを合わせたような姿ともされる。猛毒や石化能力を持つ。

ヒポグリフ
ヨーロッパの創作物に登場する怪物。グリフォンが馬と交わって生まれ、上半身が鷲、下半身が馬。もともとはギリシア神話で不可能の例えとされた「グリフォンと馬を交配させる」という表現からはじまり、中世の創作物に生き物として登場した。

マンティコア
古代ギリシアの地誌や博物誌に登場する、砂漠に棲むとされた怪物。人の顔とライオンの体、蠍の尾を持つ。人を襲い、食らう。

ミノタウロス

ギリシア神話に登場する怪物。頭が牛、身体が人間。クレタ島のミノス王が海神ポセイドンの怒りに触れたために生み出された怪物で、迷宮ラビュリントスに棲み、生け贄として捧げられた少年少女を食らう。英雄テセウスに倒された。

ミルメコレオ

『旧約聖書』の「ヨブ記」に登場する怪物。ライオンの上半身とアリの下半身を持つ。ライオンの食べ物もアリの食べ物も食べられずに飢えて滅びる。聖書がギリシア語に訳される過程で獅子が誤訳されたものともいわれる。

■ 植物

樹精／妖草／世界樹

樹精

エント／花魄／キジムナー／グリーンマン／木霊／ドライアド

エント

J・R・R・トールキンの小説『指輪物語』に登場する樹木の巨人たち。樹木と同じように巨体で長い時間を生きるが、斧で切られたり、炎で焼かれると死んでしまう。人のような顔があり、動くことができる。

花魄（かはく）

中国の民話に登場する木の精。3人以上が首を吊った木に生まれる。15cmほどの美女。喋るが言葉は通じず、水をかけないと萎れる。

キジムナー

沖縄の伝承に伝わるガジュマルの木の精。海辺や川辺に出現するが、家に付くこともある。キジムナーが棲みついた家は豊かになる。

グリーンマン

古代ヨーロッパの彫刻や民話に見られる樹木の精霊。体が木の葉で覆われた人で、森を守護する。キリスト教が布教されると姿を消してしまうが、教会建築の装飾などにグリーンマンの姿は残されている。

木霊（こだま）

日本の民話に伝わる木の精霊。年を経た樹木に宿り、怪しい音や火、人の姿などで現れることもある。

ドライアド

ギリシア神話に登場する樹木の妖精。緑の髪の美しい女性の姿をしている。1本の木に棲み、その木が枯れてしまったり、その木から遠く離れてしまうと死んでしまう。

幻獣／植物

妖草

アルラウネ／ザックーム／マンドラゴラ

アルラウネ

ドイツの伝承に登場する植物。マンドラゴラの別名ともされる。

ザックーム

イスラム教の聖典『コーラン』に登場する植物。その実は地獄に落ちた罪人たちの食べ物で、悪魔の頭のような形で溶岩のように熱い。

マンドラゴラ

ヨーロッパの伝承に登場する植物。引き抜くと悲鳴をあげ、それを聞くと絶命する。地中海から中国まで広く自生するナス科の実際の植物の名前でもある。そちらは根が人の形に似ており、服用すると幻覚を引き起こす神経毒が含まれる。

世界樹

ガオケレナ／扶桑／ユグドラシル

ガオケレナ

ペルシア神話に登場する世界樹。世界の終末には不死の霊薬を生み出す。悪神アンラ・マンユはこの樹を枯らそうとし、善神アフラ・マズダはカユという魚で樹を守る。

扶桑（ふそう）

中国神話に登場する神木。巨大な桑の木で、10個の太陽の宿る木。9千年に1度実る扶桑の実を食べた仙人は金色に輝き、空中に立つことができる。

ユグドラシル

北欧神話に登場する世界樹。巨大なトネリコの木で、根は複数の世界に伸び、神の国アースガルズのウルズの泉や冥界ニブルヘイムの泉フェルゲルミルなどに繋がっている。神々の黄昏ラグナロクでは巨人ムスペルの長スルトの放った炎で焼き尽くされる。

■ モンスター

アンデッド／幽霊／夢魔／食人鬼／人狼／吸血鬼

アンデッド

がしゃどくろ／キョンシー／スケルトン／ゾンビ／ミイラ／リッチ／ワイト

がしゃどくろ

日本の民話に登場する、巨大な骸骨の妖怪。道端に討ち捨てられた骸骨の霊が集まってできたもの。

キョンシー

中国の民間伝承に登場する動く死体。夜に棺から起き上がり、人を襲う。

幻獣／モンスター

スケルトン
動く骸骨型のアンデット。スケルトンは英語で骨格のこと。はっきりとした出典はなく、ギリシア神話に登場する骸骨の戦士や、中世ヨーロッパで絵画のモチーフとして流行した踊る骸骨といった要素が混じってイメージとして定着したもの。

ゾンビ
ヴードゥー教の邪術師ボコールに使役される動く死体。極刑の判決を受けた罪人が仮死状態にされ、意思を奪われて肉体労働に従事する。

ミイラ
古代エジプトの墳墓に埋葬された遺体のこと。古代エジプトでは、死者がいずれ復活する時のために、肉体を保存する習慣があった。腐りやすい内臓をぬき、防腐剤などを施された遺体は、乾燥した気候の中でその形を長くとどめていた。

リッチ
アメリカのロール・プレイング・ゲーム『ダンジョンズ＆ドラゴンズ』に登場するアンデットのモンスター。リッチ（lich）は古英語で死体のこと。自らの魔法で自らを不死者とした強力な魔法使い。

ワイト
J・R・R・トールキンが小説『指輪物語』に登場させた「塚人」（Barrow Wight）が定着したもの。塚に埋葬された貴人が復活したアンデッドなので、副葬品などを身につけている。

幽霊
ウィル・オ・ザ・ウィスプ／ゴースト／スピリット／スペクター／ドッペルゲンガー／ファントム／レイス／レヴナント

ウィル・オ・ザ・ウィスプ
ヨーロッパの民話に登場する青白い火の玉。ウィルという悪人の魂が天国へも地獄へも行けずさまよっているもの。

ゴースト
死者の霊、亡霊。幻影や幻といった意味もある。

スピリット
体から離れた魂、霊魂。ゴーストに近い霊体にも、神霊に近い聖的なものにも使う。

スペクター
恐ろしい姿をした霊、妖怪。人型でなくてもよく、文学的な表現。

ドッペルゲンガー
ドイツ語で二重のあるくものを意味す

る。自分と同じ姿をしたものが現れる怪現象。死や不幸の前兆ともされる。

ファントム
幻影、幻、人ならざる化け物。『オペラ座の怪人』の怪人はファントム。

レイス
生霊。死の直前に親しい人のもとを訪れる霊。

レヴナント
幽霊、亡霊。長旅や流罪から帰ってきた人の意味もある。

夢魔
インキュバス／エンプーサ／サキュバス／ザントマン／ナイトメア

インキュバス
中世のヨーロッパで伝えられた男性の夢魔。女性の夢魔サキュバスが美しい容姿をしているのに対し、インキュバスは醜い姿で描かれる。

エンプーサ
中世のヨーロッパで伝えられた女性の夢魔。美しい女の姿だったが、片足は青銅、もう片足はロバの糞でできており、コウモリの翼を生やしている。

サキュバス
中世のヨーロッパで伝えられた女性の夢魔。インキュバスの女性版で、夜に眠っている男性の夢の中で性的な関係を持ち、精力を奪う。

ザントマン
ドイツに伝えられている眠りをもたらす妖精。魔法の砂を詰めた袋を持ち、その砂を振りかけられると眠ってしまう。

ナイトメア
寝ている人の上に乗り、悪夢を見せる夢魔。転じて悪夢、悪夢のような状態も指す。

食人鬼
ウェンディゴ／グール／ラークシャサ

ウェンディゴ
カナダやアメリカの先住民に伝わる雪男。5mほどもあり、雪の森林に潜み、人間をさらい食べる。

グール
アラビアに伝わる動く死体。墓を掘り起こして死体を漁る。生きた人間や動物も食べる。雄のグールは恐ろしい姿をしているが、雌のグールは美しい女に化ける。

幻獣／モンスター

ラークシャサ
インド神話に登場する一族。漢字では「羅刹」と書く。好色で邪悪であり、人を襲い食べる。『ラーマーヤナ』の敵役であるラークシャサの王ラーヴァナが有名。

人狼
人狼／ライカントロープ／ワーウルフ／ルー・ガルー

人狼（じんろう）
古代からヨーロッパに伝わる、狼に変身する人間。魔術師や魔女が術によって狼に変身するパターンと、呪いによって狼になってしまうパターンがある。

ライカントロープ
狼憑き。

ワーウルフ
人狼の英語。ウェアウルフと表記される場合もある。

ルー・ガルー
人狼のフランス語。ルーが狼のこと。ガルーのみでも狼男の意味がある。

吸血鬼
ヴァンパイア／ヴァンピール／エリザベート・バートリ／ドラキュラ／ノスフェラトゥ／ラミア

ヴァンパイア
スラブ系の伝説に端を発する吸血鬼。死者がよみがえり、生者を襲い、血をすする。18世紀のヨーロッパでは実在のこととして新聞記事などに掲載されている。これらの事件や伝説をモデルとした小説や映画が多数創作され、世界的に有名なモンスターとなった。

ヴァンピール
ハンガリーの民間伝承に登場する吸血鬼。墓からよみがえった死人で、日中は生きている人間と同じように過ごし、夜になると人を襲う。

エリザベート・バートリ
16世紀のスロヴァキアの伯爵夫人。衰えた容貌を復活させるため、若い女性を拷問し、生き血を浴びたといわれている。

ドラキュラ
15世紀のワラキア公ヴラド3世のこと。ドラキュラは「ドラゴンの息子」の意味で、父親のドラクルからきている。多数の戦争捕虜を串刺しによって処刑したため、残忍なイメージが喧伝された。19世紀にアイルランドの小説家

幻獣／モンスター

ブラム・ストーカーの小説『吸血鬼ドラキュラ』でドラキュラ伯爵という人物が吸血鬼として描かれたため、ドラキュラ＝吸血鬼として定着した。

ノスフェラトゥ
ルーマニアの民間伝承に登場する吸血鬼。

ラミア
ギリシア・ローマ神話に登場し、ヨーロッパの民話でも語られる蛇の怪物。森に棲み、子供を襲って生き血を吸う。

アイテム／魔法・宗教

アイテム

- 魔法・宗教
- 武器
- その他

■魔法・宗教

宗教書／護符／記号／魔道書／呪文・祈祷

宗教書

アヴェスター／アポカリプス／アポクリファ／ヴェーダ／エッダ／エヌマ・エリシュ／カノン／旧約聖書／コーラン／死者の書／新約聖書／バイブル／マハーバーラタ／マヤ・コデックス／黙示録

アヴェスター

ゾロアスター教の聖典。古代イラン語で書かれており、現在では原典の4分の1程度しか残されていない。祭儀の手順や神々への讃歌、祈祷などの文書からなる。

アポカリプス

日本語では黙示録と訳される。キリスト教で世界の終末を描く文書のこと。「ヨハネの黙示録」が有名。

アポクリファ

日本語では外典と訳される。キリスト教で正典に次いで重要とされる13～16冊の一群の文書。宗派によって認めている数が異なる。

ヴェーダ

インドのバラモン教、ヒンドゥー教の聖典。サンスクリット語で知識の意味。神官が行う儀式の手順と讃歌をおさめたヴェーダが3、願い事をかなえ

63

る呪文を収録したヴェーダが1で4つのヴェーダがある。

エッダ
北欧の古歌謡集。13世紀の詩人スノッリ・ストゥルルソンがまとめた『新エッダ』と彼が参照した『古エッダ』の二つのグループがある。北欧神話の主な原典。

エヌマ・エリシュ
古代バビロニアの創世神話が記された粘土板。新年の祭儀で神官によって朗読されていた。

カノン
『新約聖書』の聖典のこと。

旧約聖書（きゅうやくせいしょ）
ユダヤ教の聖典。モーセ5書と預言書、諸書からなり、ヘブライ語が原典。唯一絶対の神の世界創造から始まり、その神に従うユダヤ民族が放浪の果てに安住の地で栄えるまでの物語。ノアの箱舟、モーセの海割り、ダビデ王やソロモン王など数々の英雄譚とエピソードがちりばめられている。

コーラン
イスラム教の聖典。アラビア語での発音はクルアーン。アラビア語で書かれており、神が大天使ジブリールを通じて開祖ムハンマドに啓示したとされる。

死者の書（ししゃのしょ）
エジプトのものとチベットのものがある。エジプトのものは『アニのパピルス』と呼ばれる巻物を中心に、エジプトの死生観や信仰を記したテキストを集めたもの。チベットのものはチベット仏教の経典で、死後に聞くと解脱できるとされる。

新約聖書（しんやくせいしょ）
キリスト教の正典。27の文書からなり、イエス・キリストの奇跡や言動、使徒たちの手紙などが収録されている。

バイブル
英語で聖書のこと。ユダヤ教では『旧約聖書』を指し、キリスト教では『旧約聖書』と『新約聖書』を指す。

マハーバーラタ
ヒンドゥー教の聖典。18篇10万詩節に及ぶ長編叙事詩。王子たちの戦いを描きながら、神話や哲学が随所に盛り込まれている。

マヤ・コデックス
マヤ文明で用いられた文書。日本語では絵文書と訳される。樹皮などでつく

られた紙に神話や歴史、暦や予言が記されている。現在では4冊しか残っていない。

黙示録（もくしろく）
アポカリプスの日本語訳。

護符

アミュレット／アンク／ウジャト／スカラベ／タリスマン／ファーティマの手／符

アミュレット
災難や事故、病気などから身を守るために身につけられる小さな物品。

アンク
古代エジプトの護符。楕円に十字がついた形。生命の象徴とされ、永遠の命を意味する。壁画では神と共に描かれ、王が神からアンクを授かる場面が多く描かれる。

ウジャト
古代エジプトの天空神ホルスの片目を象った護符。悪神セトに奪われた片目を取り戻して父オシリスを復活させたという話に基づいたもので、健康や安全を祈願する。

スカラベ
古代エジプトの護符。太陽を運ぶといわれたフンコロガシを象ったもので、転生、再生を意味し、副葬品として好まれた。

タリスマン
願い事をかなえるための護符。特定の紋章や文字を書きこんだ物品で、魔術師や神官などが作成することが多い。

ファーティマの手
イスラム教圏で使われる護符。開いた掌に目を描いたもの。ファーティマはイスラム教の開祖ムハンマドの娘。同じ形の護符はイスラム教以前からあり、地中海の古代の遺跡から出土している。

符（ふ）
中国、日本で使われており、現代でも伝統が残る護符。紙に呪文などを書いたもの。道教や神道、陰陽道、修験道などさまざまな体系で使われる。魔除け、厄除け、呪い除けなど、主に防御的な機能がある。

記号

晴明紋／ペンタグラム／ペンタクル／ヘキサグラム

晴明紋（せいめいもん）
平安時代の伝説的な陰陽師である安倍晴明の名に由来する五芒星。家紋や魔よけ、五行の象徴として広く使われ

アイテム／魔法・宗教

る。晴明桔梗紋ともいわれる。

ペンタグラム
五芒星のこと。先端が5つある星形の図形。「ソロモンのペンタクル」ともいわれる。

ペンタクル
魔術で護身や召喚のために描かれる図形の総称。狭義には、ペンタグラムを指す。護符や魔法円に描かれる。

ヘキサグラム
六芒星のこと。先端が6つある星形の図形。「ダビデの星」ともいう。正三角形と逆正三角形の組み合わせで、錬金術では賢者の石のシンボルでもある。

魔道書
グリモワール／ゲーティア／ネクロノミコン／レメゲトン

グリモワール
近世ヨーロッパで流行した、天使や悪魔、霊などを呼び出し願いをかなえてもらう魔術の方法や呪文が記されている書。古代や中世の有名人の名前を借りているが、現存しているものは17、18世紀につくられたもので、古いものではない。

ゲーティア
魔道書『レメゲトン』の第1章。ソロモン王が使役したとされる72の悪魔の解説や召喚方法が書かれている。

ネクロノミコン
アメリカの作家H・P・ラブクラフトがつくり上げたクトゥルフ神話に登場する魔道書。狂えるアラビア人アブドゥル・アルハザードによって書かれた秘術を記した書。

レメゲトン
日本語では『ソロモン王の小さな鍵』と訳される魔道書。第1章がゲーティアと呼ばれる72体の悪魔についての書として有名。第4章まであり、霊や天使についての解説もある。

呪文・祈祷
アーメン／アブラカダブラ／エロイムエッサイム／オーム／九字／ハレルヤ／マントラ

アーメン
キリスト教の礼拝の際などに唱和される定型句。ヘブライ語で確かに、まことに、という意味。教えに同意する、実現を願うという意味合い。

アブラカダブラ
中世ヨーロッパの魔法書などで使われた魔よけの呪文。アルファベットを両

端1文字ずつ減らして逆三角形で書く形で護符などに刻むこともある。由来には諸説ある。

エロイムエッサイム
中世ヨーロッパの魔道書『赤い竜』で使われている悪魔を召喚する呪文。

オーム
サンスクリット語のかくあるべし、の意味で、一言で森羅万象、創造主ブラフマンを意味し、唱えればブラフマンと己を一体化させることができる。

九字 (くじ)
中国由来の道教の呪法を起源とし、日本の修験道で使われた修法。9種類の印を結び、9文字の言葉「臨兵闘者皆陳烈在前」を唱える。

ハレルヤ
キリスト教の祭儀に使われる言葉。『旧約聖書』の詩篇のなかのいくつかで導入、締めくくりの語句として使われている。主をたたえよの意味で、喜びの表現。アレルヤとも。

マントラ
インドのヒンドゥー教や仏教で用いられる呪文。日本では真言、神呪、密呪などと訳される。神への讃歌、願いごと、神の名などを唱える。

武器

聖剣／魔剣／聖槍／魔槍／聖槌／聖弓／金属

聖剣
天叢雲剣／エクスカリバー／グラム／七星剣／七支刀／デュランダル／十握剣／バルムンク

天叢雲剣 (あめのむらくものつるぎ)
日本神話に登場する神剣。スサノオが八岐大蛇を倒した際、八岐大蛇の尾から見つけた剣。八岐大蛇の頭上が常に雲に覆われていたことから名づけられた。日本の皇室に伝わる三種の神器のひとつ。別名を草薙剣(くさなぎのつるぎ)という。

エクスカリバー
アーサー王伝説に登場する聖剣。妖精が鍛えた名剣で、アーサー王の武器。鋭い切れ味と耐久性を持ち、その鞘は腰につけた者の生命を守る。

グラム
北欧神話の英雄シグルドが邪龍ファブニールを倒した剣。シグルドの父に主神オーディンから授けられた。

七星剣 (しちせいけん)
北斗七星が象嵌(ぞうがん)された剣。何振りか確認されており、四天王寺や正倉院に収蔵されている。

アイテム／武器

七支刀（しちしとう）
石上神宮に伝えられている鉄剣。刀身から7つの枝が分かれており、戦勝祈願とも、魔よけともされ、用途や意味には諸説ある。

デュランダル
中世ヨーロッパの叙事詩『ローランの歌』の主人公ローランの持つ剣。ローランの主君シャルルマーニュが天使から授けられた剣で、シャルルマーニュからローランに与えられた。黄金でできた柄には聖遺物が入っており、岩もたやすく切り裂く。

十握剣（とつかのつるぎ）
日本神話に登場する神剣。創世神イザナギが妻イザナミを焼いたカグツチを殺した剣。黄泉の国へ行ったイザナギが追ってくる黄泉の鬼を撃退した剣であり、その子スサノオが八岐大蛇を倒した際に使われた剣でもある。別名を天羽々斬（あめのはばきり）という。

バルムンク
中世ドイツの叙事詩『ニーベルンゲンの歌』で英雄ジークフリートが持つ剣。邪龍ファブニールを倒した英雄シグルドの物語と同じ伝説をベースにしているが、『ニーベルンゲンの歌』は龍殺し後の愛憎劇を中心にしており、この剣が活躍する場面はほとんどない。

魔剣
アロンダイト／ダーインスレイヴ／テュルフィング／村雨／村正／レーヴァテイン

アロンダイト
アーサー王伝説に登場する、円卓の騎士のひとりランスロットの持つ剣。清廉潔白で「騎士の中の騎士」と称されていたランスロットは、アーサー王の妃グィネヴィアと不倫してしまい、逃げる際にこの剣で友の3人の弟を殺めてしまった。

ダーインスレイヴ
北欧神話に登場する、デンマーク王ホグニの所有する剣。「鞘を離れるたびに人を殺め、この剣の傷が癒えることはない」という呪いがかかっている。

テュルフィング
北欧神話に登場する魔剣。とある王がドヴァリンとドゥリンという小人たちに鍛えさせたもので、「一度抜かれると必ず1人の人間に死をもたらし、いずれ持ち主を破滅させる」という呪いをかけられていた。

村雨（むらさめ）
江戸時代の小説『南総里見八犬伝』に登場する妖刀。鞘から抜くと水が滴

り、血を洗い流す。鉄を断ち岩も砕く。

村正（むらまさ）
戦国時代の伊勢の刀工村正が鍛えた刀。村正は3代続いた。徳川家康の祖父、父、息子が村正の刀で死傷したため、家康は徳川家の家中の村正を廃棄するように命じ、妖刀として定着した。

レーヴァテイン
北欧神話に登場する炎の巨人族ムスペルの長スルトの剣。悪神ロキの鍛えた剣で、世界樹ユグドラシルの頂上で輝く雄鶏ヴィゾフニルを倒せる唯一の剣として登場する。スルトは燃え盛る剣を手に国境を守り、神々の黄昏ラグナロクが始まると燃え盛る剣を手に攻めてくるが、この剣がレーヴァテインとは書かれていない。

聖槍
グングニル／ヴィジャヤ／トライデント／ピナカ／ブリューナク／ロンギヌスの槍

グングニル
北欧神話の主神オーディンが持つ槍。悪神ロキがいたずらの賠償としてドヴェルグにつくらせた槍で、狙ったものに必ずあたる。

ヴィジャヤ
インド神話の雷神インドラが持つ槍。雷をあらわすとされる。インドラのシンボルとして神像などで槍を持った姿で描かれる。

トライデント
ギリシア神話の海神ポセイドンが持つ鉾。固有の武器ではなく、漁師が漁に使う銛が象徴となったもの。ポセイドンはこの鉾で嵐や風を起こし、戦意を鼓舞する。

ピナカ
インド神話の破壊神シヴァが持つ槍。先端は三つ又になっている。シヴァの象徴として描かれている。

ブリューナク
ケルト神話の光神ルーグが持つ槍。先端は5つに分かれており、槍を投げると5本の光が別々の敵を討つ。

ロンギヌスの槍
『新約聖書』ではりつけにされたキリストを刺した槍。アーサー王伝説に登場する聖槍がこの槍だともされる。アーサー王伝説の聖槍は漁夫王（いさなとりのおう）に傷をつけた武器で、その刃からは常に血が流れ続ける。

アイテム／武器

魔槍
ゲイボルグ／ミストルティン

ゲイボルグ
ケルト神話の英雄クーフーリンが持つ槍。怪力のクーフーリンが武器を壊してしまうため、主君が所有していたとてつもなく大きく重い槍をもらったもの。クーフーリンはその槍でやむを得ず友を、知らずに息子を殺してしまう。

ミストルティン
北欧神話の光神バルドルを殺したヤドリギ。盲目の神ホズが悪神ロキに騙されてバルドルに投げつけたヤドリギの枝がバルドルの命を奪った。

聖槌
ヴァジュラ／ミョルニル

ヴァジュラ
インド神話の雷神インドラの武器。日本語では金剛杵と訳される。形状や材質の描写はエピソードによってさまざまである。

ミョルニル
北欧神話の雷神トールの持つ槌。ドヴェルグのブロッグとシンドリが鍛えたもので、大きさを変えることができ、投げれば必ず当たる。悪神ロキの妨害で柄が極端に短くなっている。

聖弓
ガーンデーヴァ／雷上動

ガーンデーヴァ
インド神話のひとつ『マハーバーラタ』に登場する弓。創造神ブラフマーがつくり、火神アグニから譲り受けた弓を、破壊神シヴァが英雄アルジュナに授けた。

雷上動（らいしょうどう）
日本の伝説に登場する弓。平安時代の武将 源 頼光が夢の中で水破、兵破という矢とともに授けられた。孫の源 頼政が鵺退治に使用した。

金属
アダマンタイト／オリハルコン／ダマスカス鋼／ヒヒイロカネ／ミスリル

アダマント
イギリスの詩人ミルトンの『失楽園』に登場する金属。魔王サタンの鎧や盾はアダマントと黄金によってつくられていた。ギリシア神話で最も貴重とされた鉱物アダマスの別名。

オリハルコン
古代ギリシアの哲学者プラトンが著書『クリティアス』で言及した金属。アトランティス大陸の宮殿で多用されて

おり、光を反射し、金より柔らかく、合金にすればプラチナよりも硬く、アルミよりも軽い。

ダマスカス鋼

シリアの首都ダマスカスとその周辺でつくられる鋼。波打つような縞模様が特徴で、この鋼でつくられる刃物の切れ味が良く、耐久性が高かったことから評判になった。

ヒヒイロカネ

日本の『竹内文書』に登場する金属。鉄よりも重く、金よりも軟らかいが、合金にするとプラチナより硬い。ヒヒイロカネを精製して鍛えた刀は朱色になる。

ミスリル

イギリスの作家J・R・R・トールキンの小説『指輪物語』に登場する金属。銀のような輝きを持ち、軽くて丈夫。

■その他

霊薬／毒薬／食物／箱／石板／杯／楽器／人形／船／塔・柱／秘密結社／大戦

霊薬

アムリタ／エリクサー／賢者の石／シーブ・イッサヒル・アメル／ソーマ／ネクタル／ハオマ／パナケイア／反魂香／モーリュ

アムリタ

インド神話に登場する霊薬。神々とその敵対者であるアスラたちが協力して海を攪拌してつくり出した不死の薬。

エリクサー

錬金術でつくられるとされた液体。不老不死、万病に効く万能薬とされ、死者を蘇らせる力すらもある。

賢者の石

錬金術の目標とされた物質。卑金属を金に変えることができる。石である、粉末である、液体であるなどさまざまな説があった。

シーブ・イッサヒル・アメル

『ギルガメシュ叙事詩』に登場する若返り効果のある薬草。死を恐れるギルガメシュは賢者ウトナピシュティムの助けでこの草を手に入れるが、目を離した隙に蛇に食べられてしまった。

アイテム／その他

ソーマ
インド神話に登場する神酒。天界からもたらされたソーマ草を搾って発酵させたもので、雷神インドラはソーマを飲んで邪龍ヴリトラを倒した。

ネクタル
ギリシア神話に登場する、神々の飲み物。飲んだものは不死になる。青春の女神ヘベが神々に注いで回る。

ハオマ
ゾロアスター教に登場する飲み物。聖なる植物ハオマからつくられ、悪神アンラ・マンユへの対抗手段として言及されている。

パナケイア
錬金術で使われたとされた、万病に効くとされた液体。水銀を含む水に賢者の石を溶かしてつくられる。命の水（アクア・ウィタエ）、飲める黄金という別名もある。

反魂香 (はんごんこう)
中国、日本に伝わる、死者の魂を呼び戻す香。漢の武帝が妻を、西行が崇徳上皇を香で呼び出したとされる。

モーリュ
ギリシア神話に登場する薬草。伝令神ヘルメスが英雄オデュッセウスを魔女キルケーの魔力から守るために与えた。

毒薬
カンタレラ／蠱毒／ハーラーハラ

カンタレラ
15世紀末から16世紀にカトリック教会とヨーロッパの宮廷で権勢を誇ったボルジア家が使用したといわれる毒薬。ボルジア家の長兄チェザーレと妹ルクレツィアはカンタレラの使用についてさまざまな風説がささやかれている。

蠱毒 (こどく)
中国の民間呪術で使われた毒。さまざまな毒虫を共食いさせて生き残った虫を「蠱」といい、その排泄物は致命的な毒になるとされた。

ハーラーハラ
インド神話に登場する黒い毒薬。不死の霊薬アムリタをつくる際に生み出され、世界を毒の霧が覆った。破壊神シヴァが飲み込んで霧は晴れたが、シヴァの首は青黒くなった。

食物

アンブロシア／蟠桃／マナ

アンブロシア
ギリシア神話に登場する、神々の食べ物。食べたものは不死になり、傷を癒やす力もある。

蟠桃（ばんとう）
古代中国の伝説で、西王母（さいおうぼ）が管理している桃の実。仙桃ともいう。これを食べれば仙人になれ、不老不死になれるとされる。

マナ
『旧約聖書』に登場する、神がイスラエルの民に与えた食べ物。流浪の生活を強いられた民のために、安息日以外の日の朝に砂漠に降らせた。

箱

大きなつづらと小さなつづら／聖櫃／玉手箱／パンドラの箱

大きなつづらと小さなつづら
日本の民話『舌切りすずめ』に登場する箱。優しいおじいさんが選んだ小さなつづらには宝物が入っており、いじわるなおばあさんが選んだ大きなつづらには蛇や毒虫が入っている。

聖櫃（せいひつ）
『旧約聖書』に登場する十戒を収めた箱。『旧約聖書』には材料、大きさ、飾りなどが事細かに書かれている。契約の箱、ソロモンの秘宝、アークなどとも呼ばれるが、いつしか失われてしまったため、「ロスト・アーク」ともいう。

玉手箱（たまてばこ）
日本の民話『浦島太郎』に登場する箱。亀を助けた浦島太郎がお礼として竜宮城へ招待され、帰る際に乙姫から渡された。箱を開けると老人になってしまう。

パンドラの箱
ギリシア神話に登場する箱。人類に火をもたらした巨人プロメテウスの弟エピメテウスがパンドラと結婚した際に主神ゼウスから贈られた。箱の中にはあらゆる苦しみが入っており、パンドラが開けてしまったがゆえに人類はその苦しみを負うことになったが、箱の一番底には「希望」が入っていた。

石板

エメラルド・タブレット／十戒／トゥプシマティ／ハンムラビ法典／ロゼッタ・ストーン

エメラルド・タブレット
錬金術の奥義が書かれているとされる

アイテム／その他

エメラルドの板。錬金術の伝説的始祖、ヘルメス・トリスメギストスが書いたとされ、現物は失われているが、内容の写しだとされるものは伝わっている。

十戒 （じっかい）

『旧約聖書』に登場する、神との契約を記した石板。預言者モーセがシナイ山の頂上で神から授けられたもので、十の戒律が刻まれている。ユダヤ民族はこの石板を聖櫃に入れ、放浪の間持ち運び、イスラエルに定住すると、大神殿を築いて収めた。

トゥプシマティ

オリエント神話に登場する、神々を統べる力を持つ石板。天命の石板ともいう。神々の母ティアマトがつくり、夫キングーに贈った。主神マルドゥークがキングーを殺して奪い、神々の王の座についた。

ハンムラビ法典

バビロン王朝の王ハンムラビが制定した法が刻まれている2mほどの石板。フランスの発掘隊がスーサで発見し、現在はルーブル美術館に収蔵されている。主神マルドゥークから王が王権を授かり、法を制定すると書かれている。

ロゼッタ・ストーン

エジプトのロゼッタで18世紀末に発見された石碑。ナポレオンのエジプト遠征の際、兵士によって発見された。エジプトの象形文字ヒエログリフと民衆文字が記されており、ヒエログリフ解読のきっかけとなった。

杯

コルヌコピア／聖杯

コルヌコピア

ギリシア神話に登場する角杯。牝山羊アマルディアの角とも、河神アケオロスの角ともされる。あらゆる富や食料を無尽蔵に生み出す杯。

聖杯 （せいはい）

キリスト教の開祖イエス・キリストが処刑された際、その血を受けたとされる器。または、最後の晩餐で用いられたとされる器。アーサー王の物語群で円卓の騎士が探し求める宝物のひとつ。

楽器

ギャラルホルン／玄象／シュリンクス／葉二

ギャラルホルン

北欧神話に登場する角笛。虹の橋ビフレストの番人ヘイズルーンの持ち物で、神々の黄昏ラグナロクで敵が襲来

アイテム／その他

した時に吹き鳴らされる。

玄象（げんじょう）
日本の説話集『今昔物語集』に登場する琵琶。皇室に伝わる楽器で、村上天皇の時代に鬼に盗まれたものの、醍醐天皇の第一皇子 源 博雅が羅生門で鬼から取り戻した。

シュリンクス
ギリシア神話に登場する半人半山羊の神パーンの笛。パーンの求愛を拒んで葦に変身してしまった妖精ニンフの名で、パーンはその葦で笛をつくって愛用した。

葉二（はふたつ）
日本の説話集『十訓抄』に登場する笛。醍醐天皇の第一皇子 源 博雅が、朱雀門の鬼と己の笛を交換し手に入れた。博雅の死後は浄蔵という名手のみが同じ音色を出せたという。

人形

アンドロイド／オートマタ／ガーゴイル／傀儡／ゴーレム／リィポグ／タロス／ピノキオ／フランケンシュタイン／ホムンクルス／マリオネット／ロボット

アンドロイド
創作作品に登場することが多い、人に近くつくられた機械や人工生命体。

オートマタ
オートマトンの複数形。オートマトンは自動販売機や電卓のような入力に対して結果を返す自動機械のこと。または人間や動物の、自動的、機械的な側面を指す表現。

ガーゴイル
もともとは寺院などの雨どいの先端につけられた石像のこと。ライオンの口から水が出るような単純な造形にはじまり、さまざまな造形の怪物のような彫刻も飾られた。

傀儡（くぐつ）
歌に合わせて人形を舞わせる芸に使われる人形。人形を操る芸人を傀儡師、傀儡回しという。

ゴーレム
ユダヤ教の司祭がつくり出す土人形。泥と水でつくった人型に神の名を書いた紙を埋め込んでつくる。紙を取り出すと自壊する。または、額に「真理(emeth)」と書きこんでつくり、壊すときには「e」を削り「死(meth)」とする。

サイボーグ
サイバネティック・オーガニズムの略。器官の一部を人工物に置き換えて適応環境を広げた生物。1960年に

アイテム／その他

オーストリアの科学者クラインズによって提唱された。

タロス
ギリシア神話に登場する青銅の怪物。鍛冶神ヘファイトスが作成し、ミノス王に贈られた。クレタ島を守り、島に近づく船に巨石を投げて追い払う。足首の血管が弱点。

ピノキオ
イタリアの作家コローディの小説に登場する木の人形。貧しい老人ゼペットがつくった人形が、本当の子供のように動き、話す。嘘をつくと鼻が伸びる。いたずらばかりでゼペットに苦労をかけていたが、冒険の末に親孝行し、本物の人間の子供になる。

フランケンシュタイン
イギリスの作家メアリー・シェリーの小説『フランケンシュタイン、あるいは現代のプロメテウス』に登場する、人間の死体をつなぎ合わせてつくられた人工生命体。正確には、フランケンシュタインは生命体をつくった博士の名前で、生命体自体には名前はない。知性を持っていたが容貌は醜く、創造主の博士に見捨てられた憎しみから博士の周囲の人間を次々と殺害する。

ホムンクルス
錬金術によってつくり出されるとされた人造の小人。錬金術師パラケルススは男性の精液と人間の血液から造ることができるとした。あらゆる知識を持つともいわれる。

マリオネット
人形劇で使われる、糸で操る操り人形。

ロボット
チェコの小説家カレル・チャペックがつくった造語。人の姿を模して造られた労働のための機械。現在では人型に限らず、自動的に作業をする機械を指す言葉として広く使われている。

船
天鳥船／アルゴー号／太陽の船／宝船／泥の船／ナグルファク／ノアの箱舟／メルカバ

天鳥船（あめのとりふね）
日本神話に登場する神。イザナギとイザナミの国生みで誕生した神のうちのひとり。国譲りでタケミカヅチとともに出雲に降り立った。

アルゴー号
ギリシア神話に登場する船。魔法の船で、人の言葉を話すことができる。英雄イアソンはアルゴー号に乗り、黄金

アイテム／その他

の羊の皮を入手するために仲間を集め、冒険の旅に出た。

太陽の船 (たいようのふね)
エジプトのギザのピラミッドの近くで見つかった船。壁画にある太陽を運ぶ船に似ていることから太陽の船という通称でよばれているが、正式には「クフ王の船」で、盗掘されていない状態で発見され、復元されている貴重な当時の遺物。使用用途は諸説ある。

宝船 (たからぶね)
日本で護符、縁起物として描かれる船。富をもたらす7人の神様、七福神が乗っており、金銀財宝が満載されている。

泥の船 (どろのふね)
日本の民話『カチカチ山』に登場する船。おばあさんをタヌキに殺されたおじいさんの復讐のため、ウサギが泥でつくった。ウサギはタヌキをだましてこの船に乗せ、海に出る。海で泥が溶け、タヌキは溺れてしまう。

ナグルファク
北欧神話に登場する船。死者の爪からつくられた船で、神々の黄昏ラグナロクの際、この船に炎の巨人ムスペルたちと悪神ロキが乗ってアースガルズに攻め入ってくる。

ノアの箱舟 (のあのはこぶね)
『旧約聖書』に登場する船。神が堕落した人類を一掃するために大洪水を起こす際、唯一神を信じていたノアとその家族に命じてつくらせた船。ノアはこの船に地上の生き物をひとつがいずつ乗せ、洪水を生き延びた。

メルカバ
ユダヤ教の神の戦車。神の玉座を運ぶ役割を持つ。智天使ケルビムと座天使ソロネで構成されている。

塔・柱
オベリスク／ジッグラト／トーテムポール／ドルメン／バベルの塔

オベリスク
古代エジプトで建てられた記念柱。オベリスクはギリシア語で、当時の言葉ではケテンと呼ばれた。戦勝や建造を記念して神殿などの入り口に2柱1組で建てられた。

ジッグラト
古代メソポタミアの神殿に併設された巨大な塔。ウルやエラムなどいくつかの都市で遺構が残っている。何層かに分かれており、頂上に上る階段がもうけられている。

アイテム／その他

トーテムポール
ネイティブアメリカンの集落でみられる、木彫りの塔。その集団と関係のある動物や模様を彫りこむ。

ドルメン
西ヨーロッパに多い巨石遺跡。数個の支石の上に板石を渡したテーブル状の遺構。

バベルの塔
『旧約聖書』に登場する塔。大洪水からノアの箱舟で生き残り、繁栄した人類がシンボルとしてシンアルの地に築いた。それを憂慮した神は人々の言語をバラバラにし、塔の建設は中止された。

秘密結社
イルミナティ／黄金の夜明け団／ゴールデンドーン／薔薇十字団／フリーメイソン／ローゼンクロイツ

イルミナティ
18世紀にフリーメイソンの一派から生まれた秘密結社。共産主義者の独立国家成立を目指して結成された。

黄金の夜明け団 (おうごんのよあけだん)
秘密結社ゴールデンドーンの日本語訳。

ゴールデンドーン
19世紀末にイギリス出身のマグレガー・メイザースらによってつくられた秘密結社。20世紀最大の秘密結社ともいわれ、近代オカルトに大きな影響を与えた。

薔薇十字団 (ばらじゅうじだん)
秘密結社ローゼンクロイツの日本語訳。

フリーメイソン
18世紀のイギリスで結成された秘密結社。古代エジプトでイスラエルの神殿建設に関わった石工たちという伝説的な起源もささやかれている。徒弟、職人、親方といった身分や33の階位、ロッジという集会など独特な組織となっている。

ローゼンクロイツ
17世紀のドイツで創設された秘密結社。詳細は公にされておらず、会員は勧誘によって増やされるとされた。

大戦
ギガントマキア／ティタノマキア／ハルマゲドン／ラグナロク

ギガントマキア
ギリシア神話の戦争。オリンポスの神々と巨人のギガース族が争い、オリ

ンポスの神々が英雄ヘラクレスを味方につけて勝利した。

ティタノマキア
ギリシア神話の戦争。オリンポスの神々とティターン一族が争い、オリンポスの神々がタルタロスに捕らえられていたサイクロプスとヘカトンケイルを味方につけて勝利した。

ハルマゲドン
『新約聖書』のひとつ『ヨハネの黙示録』で描かれた善と悪の最終決戦が行われる地。転じて、最終戦争を指すこともある。

ラグナロク
北欧神話の終末大戦。世界が荒廃し、太陽と月が狼に飲み込まれ、巨人のヨトゥンやムスペルたちが侵攻を開始。主神オーディンをはじめとする神々と激しい戦いを繰り広げ、相討ちになり世界は焼き尽くされる。やがて新たな太陽と月、大地が現れ、新しい時代が始まる。

土地／架空

土地

- 架空
- 実在

■ 架空

幻の地／黄金の地／楽園／理想郷／天界／人界／冥界／地獄／滅びた地

幻の地

アヴァロン／アガルタ／アストラン／アトランティス／アンヌヴン／オズ／キャメロット／シャンバラ／ティル・ナ・ノーグ／ハイパーボリア／ムー／ラピュタ／レムリア／ワンダーランド

アヴァロン

アーサー王伝説に登場する、致命傷を負ったアーサー王が運ばれて傷を癒やしているとされる地。妖精の女王モリガンが治める島ともされる。

アガルタ

近代のヨーロッパで噂された、アジアのどこかにあるといわれる地下都市。高度に発達した理想世界とされる。

アストラン

アステカ帝国を築いたメシカ族の伝説の故郷。北にあり、湖のある美しい場所とされる。

アトランティス

古代ギリシアの哲学者プラトンの著作『クリティアス』で言及された島と島にある帝国。海神ポセイドンの子孫が支配する、技術が発達し自然にあふれた豊かな場所であったが、一夜にして海中に没した。

土地／架空

アンヌヴン
ケルトの伝説を集めた物語集『マビノギオン』などに登場する異界。ウェールズの王が迷い込み、アンヌヴンの王と1年領地を交換する話が有名。

オズ
アメリカの児童文学『オズの魔法使い』に登場する魔法の国。魔女が各地を統治し、首都のエメラルドの都には偉大なオズの魔法使いが住んでいる。

キャメロット
アーサー王伝説に登場する、アーサー王の城がある地。アーサー王の国の首都として煌びやかな宮殿が築かれ、円卓の騎士たちが集った華やかな都。

シャンバラ
チベット仏教の経典に登場する、壮麗な王国。金銀宝石で飾られた宮殿と豊かな領地があり、平和で信仰に篤い人々が暮らす。世界が終焉を迎えるときに開かれ、悪と戦い、人々を開放するという。

ティル・ナ・ノーグ
ケルト神話に登場する異界。海神マナナン・マクリルが支配する、海の彼方にある国。神々の種族トゥアハ・デ・ダナンが移住したとも、決して老いることのない常若の国ともいわれる。

ハイパーボリア
古代ギリシアの歴史家ヘロドトスの『歴史』やプリニウスの『博物誌』に登場する、伝説の民族ヒュペルボレイオスの住む国。極北にあり、肥沃な大地と穏やかな気候に恵まれた美しい国。クトゥルフ神話にもたびたび登場する。

ムー
太平洋に水没したとされる伝説の大陸。マヤ文明の文書『トロアノ絵文書』で言及されていると言われたが、今日では否定されている。自称英国陸軍大佐のチャーチワードが『失われたムー大陸』という著作で詳しく語り、有名になった。

ラピュタ
アイルランドの作家スウィフトの風刺小説『ガリバー旅行記』に登場する空飛ぶ島。バルニバービ国の首都で、国内を移動し、地上の住民を搾取、弾圧している。住民はすべて科学者で、思索にふけっている。

レムリア
イギリスの博物学者スクレーターが生物の分布から、古代に東南アジアの諸島を繋いでいた大陸があったと考え、提唱した地名。近代オカルト思想で、そこに優れた人々が暮らしていたとす

81

る説も唱えられた。

ワンダーランド

イギリスの作家ルイス・キャロルの児童文学『不思議の国のアリス』で主人公が迷い込む不思議の国。少し不気味でユーモアと皮肉にあふれた独特なキャラクターが多数登場する。

黄金の地

エルドラド／ジパング

エルドラド

大航海時代に新大陸に上陸したスペイン人たちによって噂された、黄金の都。建物はすべて黄金でできている、黄金は食べ物よりありふれているなどの話が流布された。

ジパング

マルコ・ポーロの『東方見聞録』をはじめとする中世、近代ヨーロッパの地誌や地図に登場する東方の国。『東方見聞録』では、黄金を大量に産出し、王の宮殿は黄金でできていると記述されている。

楽園

エリュシオン／エデン／サンクチュアリ／浄土／ディルムン／パラダイス／ヘブン／ミレニアム

エリュシオン

ギリシア神話に登場する、偉人や英雄が死後に行くとされる楽園。正確には「エリュシオンの野」という。一年じゅう穏やかな気候が続き、そこで過ごすと生気を取り戻す。

エデン

『旧約聖書』に登場する、最初の人類アダムとイブが住んでいた楽園。神がアダムとイブのためにつくった園で、美しく、食べるのによいあらゆる木が生え、園の中央には生命の木と知恵の木が生えている。

サンクチュアリ

教会の至聖所。中世ヨーロッパでは、教会内では法律の適用を免れたため、避難所、手の出せない聖域の意味にもなる。また、鳥獣の保護区という意味もある。

浄土 (じょうど)

仏教の概念で、悟りを得た仏が属する世界。阿弥陀如来の極楽浄土、薬師如来の浄瑠璃浄土のように仏ごとに浄土がある。穢れも争いもない清らかな世界。

ディルムン

古代メソポタミア神話に登場する不死者の住む楽園。『ギルガメッシュ叙事詩』では、英雄ギルガメッシュが不死の薬を手に入れるために訪れた。

パラダイス
英語で楽園。ギリシア語の庭園の意味のパラディソスから。『旧約聖書』のエデンの園を指す場合もある。

ヘブン
英語でいう一般的な「天国」。天上にあり、神や天使の住まうところ。キリスト教では現在の世界がほろんだ後にもたらされる、神によって統治される神の国。

ミレニアム
キリスト教で提唱する黄金期。キリストが再び現れ、最後の審判の前日まで地上を統治する1000年間のこと。日本語では千年王国と訳されることもある。

理想郷
アルカディア／イーハトーブ／ザナドゥ／シャングリラ／桃源郷／トゥーレ／ニライカナイ／蓬莱／ユートピア

アルカディア
ギリシア神話に登場する、主神ゼウスとニンフのカリストの子孫が治める地。ギリシア南部ペロポネソス半島中央部を指す。戦乱に巻き込まれず平和な生活が続いたため、理想郷の代名詞となった。

イーハトーブ
詩人、童話作家の宮沢賢治の提唱した、心象世界での理想郷としての岩手県。

ザナドゥ
イギリスの詩人コールリッジの詩『クーブラ・カーン』に登場する、皇帝の宮殿のある地。聖河アレフが流れ、庭園や森に囲まれた肥沃な土地。

シャングリラ
イギリスの作家ジェームズ・ヒルトンの小説『失われた地平線』に登場する僧院。知識が集まる研究の地。

桃源郷 (とうげんきょう)
中国の詩人陶淵明(とうえんめい)の『桃花源記』に登場する、漁夫の迷い込んだ地。戦乱を逃れてきた人たちの暮らす平和で穏やかな農村だが、漁夫が再訪しようとしても二度とたどり着けなかった。

トゥーレ
古代ギリシアやローマの地理書などで言及される幻の地。北の方にあるとされる。第二次世界大戦期のドイツでトゥーレをアーリア人の祖先の地とするオカルト思想がおこった。

ニライカナイ
沖縄県などの民話に伝わる海の彼方の

土地／架空

理想郷。神がやってくる場所であり、死者の魂が赴く場所でもある。

蓬莱（ほうらい）

中国の東方の海の彼方にあると考えられた神山。豪華な宮殿に高位の仙人が住み、食べると不老不死になれる果実が実っている。

ユートピア

イギリスの思想家トマス・モアの造語。著作『ユートピア』で、モアは現代の社会への批判として、どこにもない理想的な社会の姿を描いた。

天界

アースガルズ／ヴァルハラ／オリンポス／崑崙／須弥山／高天原

アースガルズ

北欧神話に登場する、アース神族の住む地。神々の宮殿が建ち並び、世界樹ユグドラシルの根が張るウルズの泉がある。人の世界ミズガルズとは虹の橋ビフレストで繋がっている。

ヴァルハラ

北欧神話に登場する、主神オーディンの館。勇敢に戦って死んだ戦士は戦乙女ヴァルキリーに選別されてエインヘリアルとなり、この館で尽きることのない歓待と戦闘に明け暮れる。

オリンポス

ギリシア神話に登場する、神々の住む山。ギリシアの実際の地名でもある。ギリシア神話の特に強力な12柱の神々はオリンポス十二神と呼ばれる。

崑崙（こんろん）

中国神話に登場する、天帝と仙人の住む地。西方の険しい山中にあり、とんでもない高さの城壁に囲まれ、天まで届く山が連なっている。飲めば不死になれる川が流れ、その丘を登るだけで仙人になれる。

須弥山（しゅみせん）

仏教の天部が住む山。世界の中心にある。

高天原（たかまがはら）

日本神話に登場する、アマテラスをはじめとする神々が住む地。天上にあり、神々が農業や手工業をして暮らしている。

人界

豊葦原中国／ミズガルズ

豊葦原中国（とよあしはらのなかつくに）

日本神話の人々が住む世界。高天原（たかまがはら）と黄泉の国の中間にあり、高天原を追放されたスサノオの子孫が支配し、後に高天原から下ってきた邇邇芸命（ににぎのみこと）に譲

ミズガルズ

北欧神話の人が住む世界。巨人ユミルから造られた大地にあり、ユミルのまつげで造られた柵に囲まれている。外側は海で囲まれており、海に棲む大蛇ヨルムンガンドはミズガルズを一周している。

冥界

アスポデロス／アドリヴン／ニブルヘイム／ハデス／黄泉

アスポデロス

ギリシア神話の死者の世界。冥界の神ハデスが支配する国にある野原で、死者の魂がうろついている。

アドリヴン

イヌイットの神話の冥界。海の底にあり、海獣の女神セドナが支配する世界。

ニブルヘイム

北欧神話の死者の世界。冥界の女神ヘルの館がある、冥府ヘルを含む闇と氷の世界。

ハデス

ギリシア神話の死者の世界。冥界の神ハデスの支配する国。アケロン川やステュクス川などの川に囲まれており、3つ首の犬ケルベロスが門を見張っている。

黄泉 (よみ)

日本神話の死者の国。黄泉比良坂を下った地下にある。創世の女神イザナミがカグツチに焼かれて死んだ後に黄泉に下り、黄泉大神となった。暗く穢れた地で、人の世とは千引岩で隔てられている。

地獄

インフェルノ／ゲヘナ／コキュートス／シバルバー／ジャハンナム／タルタロス／奈落／ヘル／煉獄

インフェルノ

キリスト教の地獄。もともとはギリシア神話の冥界のひとつだったが、ダンテが『神曲』で悪人が死後に行く地獄として描いた。9層に分かれており、最下層にはルシファーが氷漬けにされたコキュートスがある。

ゲヘナ

『新約聖書』に登場する、キリスト教の地獄。罪人が死後、消えぬ火で焼かれる場所。

コキュートス

もともとはギリシア神話に登場する、冥界を流れる川の名前。「号泣」を意

味する。ダンテの『神曲』では、地獄の最下層の氷の世界とされ、魔王ルシファーが氷漬けになっている。

シバルバー
マヤ族の神話『ポポル・ヴフ』に登場する冥界。死後の人間の多くが訪れ、冥界の住人に苦しめられる場所だったが、英雄が住人を退治してからは、罪人だけが行く場所になった。

ジャハンナム
イスラム教の地獄。ゲヘナを訳したもので、7層ある地獄の第1層であり、罪を犯したイスラム教徒の行く地獄。火による責め苦を味わう。

タルタロス
ギリシア神話の地獄。神と敵対したような、最も罪深いものが収監される地獄で、大地の最も深い場所にある。

奈落（ならく）
インドの地獄ナラカが音訳されたもので、仏教的な地獄を指す。

ヘル
英語の「地獄」。また、その由来となった、北欧神話に登場する冥界。北欧神話のヘルは、勇敢に戦って神に天界に招かれたもの以外が赴く、暗く陰鬱な世界。

煉獄（れんごく）
キリスト教の冥界。軽い罪を犯した者が死後に行くところで、煉獄の炎に焼かれ、浄化されると天国に行けるとされた。

滅びた地
イース／円柱のイラム／ゴモラ／ソドム

イース
フランスの伝説に登場する地。繁栄を誇ったが、退廃し、神の怒りに触れて一夜で水中に没した。

円柱のイラム
アラビアの伝承に登場する都市。王の息子が20年かけて壮麗な都市を築いたが、神の怒りに触れ、都市に入る前に滅ぼされてしまい、無人の都市だけが残った。

ゴモラ
『旧約聖書』に登場する地。退廃を極め、近隣のソドムとともに神に滅ぼされた。ソドムとは違い、ゴモラの具体的なエピソードは記されていない。

ソドム
『旧約聖書』に登場する地。退廃を極め、神に火と硫黄の雨で滅ぼされた。ロトの家族だけが神を信じていたため、天使が逃がしたが、ロトの妻は天

使の忠告を破って街を振り返ってしまったため、塩の柱になった。

実在

古都／聖地／地方／門

古都

アレクサンドリア／テオティワカン／トロイ／バビロン／パルミラ

アレクサンドリア
紀元前4世紀に小アジア、アフリカにかけて大帝国を築いたアレクサンダー大王が各地につくった都市。いまのエジプトにつくられたアレクサンドリアが特に有名で、大図書館や研究機関があり当時の文化的中心地のひとつだった。

テオティワカン
メキシコ中央高原にある古代都市。紀元7世紀ごろまで栄えた。太陽のピラミッドと月のピラミッド、ケツァルコアトルの神殿などが残っている。

トロイ
古代ギリシアの詩人ホメロスの叙事詩で語られるトロイ戦争のあった地。伝説と考えられてきたが、ドイツの考古学者シュリーマンが調査し、宮殿跡などを発掘した。

バビロン
古代メソポタミアに繁栄した都。ハンムラビ王が黄金時代を築いた。バビロニア帝国時代にイスラエルを征服した際、多くのユダヤ人がバビロンに移住させられたため、ユダヤ教、その流れをくむキリスト教では悪の都とされた。

パルミラ
ローマ時代に栄えた古代都市。シリアとバビロニアを結ぶ隊商路の中継地としてにぎわったが、ローマ帝国と敵対し、273年に女王ゼノビアが捕らえられ、街は破壊された。

聖地

エルサレム／ゴルゴタ／シオン／デルフォイ／メッカ

エルサレム
現在のイスラエルとパレスチナにある都市。ユダヤ教、キリスト教、イスラム教の共通の聖地。ダビデ王が都を築いた土地であり、イエス・キリストの生誕と処刑の地、ムハンマドの昇天の地である。アラビア語ではアル・クドス、またはバイト・アル・マクディス。

ゴルゴタ
キリスト教の開祖イエス・キリストが

土地／実在

磔刑に処された丘。エルサレムの郊外にあり、ローマ帝国時代に聖墳墓教会が建てられた。

シオン
エルサレムの南東にある丘。『旧約聖書』に登場する王ダビデの墓所がある。転じて、ユダヤ民族を指す詩的な表現ともなった。

デルフォイ
ギリシア中部の古代都市。予言の神としてのアポロン信仰の中心地。アポロンの神殿と神託所があり、巫女ピュティアが人々に神託を与える。

メッカ
アラビア半島の都市。イスラム教の創始者ムハンマドの生誕地であり、イスラム教最大の聖地。イスラム教徒はメッカの方角を向いて1日5回の礼拝をし、一生に一度はメッカに巡礼することが望ましいとされる。

| 地方 |

ガリア／カナン

ガリア
現在のフランス、ベルギーなどヨーロッパの西部のローマでの呼称。この地に住むケルト系の民族との戦いを記したユリウス・カエサルの『ガリア戦記』にはローマから見たケルト人の文化が記されている。

カナン
現在のパレスチナ地方の古称。『旧約聖書』では、神がユダヤ民族に与えると約束した地で、「乳と蜜の流れる地」とされる。ユダヤ民族は神の言葉に従い、この地にいた他民族を排し、イスラエル王国を築いた。

| 門 |

朱雀門／羅生門

朱雀門（すざくもん）
日本の古都平城京と平安京に設置されていた門。朱雀門は帝の住居である内裏とその周辺の行政施設を含む宮城の正面入り口。宮城にもうけられた12の門で最も重要になる。

羅生門（らしょうもん）
日本の古都平城京と平安京に設置されていた門。朱雀門から南に引かれた朱雀大路の端の門。この門から外が洛外とよばれ、都と外を区切る門。都の外れなので、盗賊や鬼の住む話が多く残されている。

第 **2** 部

一般用語編

| 人 |
| 形容 |
| ものの名前 |
| 自然 |

人／人体

- 人体
- 感情
- 職業
- 関係
- 動作

■ 人体

精神・心・魂／記憶／力／能力・才能・技術／腕・手／脚・足／目／骨／息／声／匂い／涙／傷／病気／痛み／死／男性／女性／死体

精神・心・魂

アストラル体／アニマ／イデア／イド／エスプリ／エゴ／オーラ／サイコ／ゼーレ／ソウル／スピリット／ナーヴ／ハート／マインド／メンタル

アストラル体（英／astral body）
近代魔術で提唱された概念。人間の存在の中で魂にあたる部分。日本語では星幽体と訳される。

アニマ（英／anima）
魂、精神、命。ラテン語で息。心理学では、無意識の真の自己。

イデア（希／ιδέα）
そのものの真の姿。プラトン哲学の概念。

イド（英／id）
心的エネルギーであるリビドーの源泉。無意識の欲求で不快を避け快を求める。フロイト心理学の用語。

エスプリ（仏／esprit）
精神、心。古語では息吹、精気、霊。

エゴ（英／ego）
自我。

オーラ（英／aura）
人から発散される雰囲気、香り、気体。近代以降のオカルティズムでは霊的エネルギーの意味でも使われる。

サイコ（英／psycho）
精神病者。連結形では霊魂、精神を意味する。サイコアナライズで精神分析など。

ゼーレ（独／seele）
人としての心、宗教的な霊や魂。

ソウル（英／soul）
器である肉体に対しての精神としての魂。

スピリット（英／spirit）
精神、霊魂。肉体を超えた魂。

ナーヴ（英／nerve）
医学的には神経。精神力、勇気、度胸といった意味もある。ドイツ語読みはネルフ。

ハート（英／heart）
感情、気持ち、心。喜怒哀楽、愛情を感じる心。

マインド（英／mind）
精神、知性。思考や判断をする意味での心。

メンタル（英／mental）
心の、精神の、知性の。

記憶
メモリー／リコレクト／リコール／リサイト／リマインド／リメンバー

メモリー（英／memory）
記憶、記憶力、記念。学んだことを覚えておく。

リコレクト（英／recollect）
追想する、回顧する。記憶の彼方にあるものを呼び寄せる、思い出す。

リコール（英／recall）
記憶を呼び出す。必要があって何かを意識的に思い出す。呼び戻す、召喚するという意味もある。

リサイト（英／recite）
暗唱する。書いたものを見ないで言う。リサイタルは詩などの暗唱、独演会や楽器の独奏会。

リマインド（英／remind）
思い出させる、気づかせる。

リメンバー（英／remember）
思い出す、覚えている。

人／人体

力

ウィット／エナジー／ジャガーノート／スタミナ／ストレス／ストレングス／バイタリティ／パワー／フォース／ポテンシャル／マイト

ウィット（英／wit）
知力、理解力、機知、機転。知識だけでなくそれをうまく使う力。

エナジー（英／energy）
力、勢い。そのものが持っている潜在的、蓄積された力。エネルギー。

ジャガーノート（英／juggernaut）
人に服従や犠牲を強いる絶対的な力。不可抗力の脅威。インド神話のヴィシュヌ神の化身のひとつ。この像を乗せた車に轢き殺されると極楽往生できるとされたことから。

スタミナ（英／stamina）
持久力、体力。

ストレス（英／stress）
圧力、重圧。強調する、力をかける。

ストレングス（英／strength）
強さ、強度、体力。個人の行動を可能にする力。

バイタリティ（英／vitality）
生命力、活力、生気。

パワー（英／power）
何かをする力、能力。最も一般的な表現。

フォース（英／force）
物理的な力。軍隊、腕力、暴力といった意味もある。

ポテンシャル（英／potential）
潜在的な力、可能性。

マイト（英／might）
強大な力。権力にも武力にも使う。

能力・才能・技術

アート／アビリティ／ギフト／キャパシティ／クラフト／スキル／タレント／テクニック

アート（英／art）
芸術が主な意味だが、熟練の技術、腕前といった意味もある。

アビリティ（英／ability）
手腕、力量。何かができる能力。人の能力を表す最も一般的な表現。生来のものにも後から身につけた能力にも使う。

ギフト（英／gift）
天賦の才。神に贈られた才能。タレントよりも少し際立った能力。

人／人体

キャパシティ（英／capacity）
収容能力。潜在的な才能。

クラフト（英／craft）
技能、技巧。とくに陶芸や木工など手先を使う工業の技術。

スキル（英／skill）
技能、腕前。努力して身につけ、磨いた技。

タレント（英／talent）
天賦の才。持って生まれた才能、芸術的な才能。

テクニック（英／technique）
手法、技術。技巧、こつ。

腕・手

アーム／エルボー／ショルダー／ナックル／パーム／ハンド／フィスト／フィンガー／リーチ／リスト

アーム（英／arm）
腕。肩から手首まで。

エルボー（英／elbow）
肘。

ショルダー（英／shoulder）
肩。

ナックル（英／knuckle）
拳骨。指関節部分の出っ張っているところ。

パーム（英／palm）
てのひら。

ハンド（英／hand）
手。手首から先。

フィスト（英／fist）
握り拳、鉄拳。人に打撃を与える前提の拳。

フィンガー（英／finger）
指。親指は除かれるのが通例。

リーチ（英／reach）
手の届く範囲。「手」を象徴的にして影響力の及ぶ範囲という意味にもなる。

リスト（英／wrist）
手首。

脚・足

アンクル／サイ／ニー／ヒール／フット／レッグ

アンクル（英／ankle）
足首、くるぶし。

人／人体

サイ （英／thigh）
腿。

ニー （英／knee）
膝。

ヒール （英／heel）
かかと。

フット （英／foot）
足。足首から先。

レッグ （英／leg）
脚。つけ根から足首まで。

目

アイ／慧眼／オッドアイ／オキュラス／サイト／邪眼／千里眼

アイ （英／eye）
目。物体としての眼球に限らず、視力や視覚の意味でも広く使われる。

慧眼 （日／けいがん）
仏教用語では「えがん」と呼び、菩薩、仏が持つ心理を悟る目。転じて、物事の本質を見抜く目。

オッドアイ （英／odd eye）
左右で虹彩の色が違う目。猫に多く、人にも稀にあらわれる。

オキュラス （英／oculus）
医学用語で目。

サイト （英／sight）
視力、視覚、視界。景色や眺めといった意味でも使われる。

邪眼 （日／じゃがん）
悪意のこもった視線で人を害すること、またはその能力。

千里眼 （日／せんりがん）
遠隔地や未来を見通す超能力。仏教では天眼通（てんげんつう）という。

ビジョン （英／vision）
見えること、視力、視界。また、洞察力や予見する力といった概念的な意味での見える力としても使われる。

骨

キール／しゃれこうべ／スカル／スケルトン／ボーン

キール （英／keel）
竜骨。鳥や蝙蝠の胸骨から突き出している骨。飛べない鳥にはない。船の船底の背骨部分も指す。

しゃれこうべ
人間の頭蓋骨のこと。

スカル（英／skull）
頭蓋骨。頭部の骨格のこと。人間と動物の頭蓋骨どちらにも使われる。

スケルトン（英／skeleton）
骨格。筋肉を固定するための枠組み。外骨格と内骨格がある。

ボーン（英／bone）
骨。

息

アプニーア／サイン／ハイパープニーア／ブレス

アプニーア（英／apnea）
無呼吸。呼吸停止、窒息。

サイン（英／sigh）
溜め息、吐息。ふうっとつく長い息。

ハイパープニーア（英／hyperpnea）
過呼吸。

ブレス（英／breath）
息、呼吸。息吹や生命力といった意味もある。

声

ウィスパー／鬨／バリトン／ボイス／ロアー

ウィスパー（英／whisper）
ささやき。うわさや風説といった意味もある。

鬨（日／とき）
戦場で鼓舞のために発する声。勝利の際の勝鬨、戦闘開始の際の鬨の声など。

バリトン（英／baritone）
男声の最高音域であるテナーと最低音域のバスの中間。男性の魅力的な声の例えとしても使われる。

ボイス（英／voice）
声、声音。人間の声を指すが、比喩的に自然物や集合体の意見などでも使われる。

ロアー（英／roar）
咆哮、怒号。猛獣の雄叫びや雷の轟き。

匂い

アロマ／オーダー／オーデコロン／オードトワレ／スティンク／スメル／パフューム／フレグランス

アロマ（英／aroma）
薫香。はっきりとした心地いい香り。

オーダー（英／odor）
匂い。Body odorで体臭を指すように、どちらかというと不快な匂いを指すことが多い。

人／人体

オーデコロン (仏／eau de cologne)
アルコール性化粧水。さわやかな香りがついている。

オードトワレ (仏／eau de toilette)
香水とオーデコロンの中間の濃度の香料。

スティンク (英／stink)
悪臭。極めて強い、鼻を突く悪臭。

スメル (英／smell)
匂い。いい匂いにも、悪い匂いにも使う。最も一般的な表現。

パフューム (英／perfume)
香水、香料、芳香。

フレグランス (英／fragrance)
微香。ほのかに漂ういい香り。

涙

ティアー／ラクリマ

ティアー (英／tear)
涙、涙滴。

ラクリマ (羅／lacrima)
涙。

傷

ウーンド／ガッシュ／クラック／ケロイド／スカー／スクラッチ／スタブ／スティグマ／ダメージ／トラウマ／ハート

ウーンド (英／wound)
負傷、けが、痛手、損害。刃物や銃による深い傷。

ガッシュ (英／gash)
切り傷、深手。

クラック (英／crack)
ひび割れ。

ケロイド (独／keloid)
火傷や切り傷の痕に皮膚組織が盛り上がったもの。

スカー (英／scar)
傷跡、爪痕。心の傷。痕が残る傷。

スクラッチ (英／scratch)
擦り傷。ひっかく、こする。

スタブ (英／stab)
刺し傷。突く、刺す。

スティグマ (英／stigma)
傷、刻印。罪人や不具を意味するギリシア語に由来し、キリスト教の聖痕を意味する言葉となった。

ダメージ（英／damage）
損害、損傷。物理的でないものに対する傷も指す。

トラウマ（英／trauma）
医学的には外傷。精神学的には心的外傷。

ハート（英／hurt）
傷、損傷、痛み、けが。動詞としては傷つける、けがをさせる。

病気

イル／インフェクション／エイルメント／エピデミック／シック／ディジーズ／パンデミック／ホリック

イル（英／ill）
悪い、すぐれない。不吉な、邪悪なといった意味合いもある。精神的な不調、特定の病気を指さない患い。

インフェクション（英／infection）
感染症。細菌やウイルスで引き起こされる伝染性の病気。

エイルメント（英／ailment）
軽い病気、持病。重くはないが慢性的な病気。エイルは苦しめる、患う。

エピデミック（英／epidemic）
感染症の発生。病気が流行する。

シック（英／sick）
病気の、病人の。吐き気、酔いの意味でも使われる。

ディジーズ（英／disease）
病気、疾患。心臓病、肺病など病名がはっきりしている病気。

パンデミック（英／pandemic）
感染症の世界的流行。病気が全国、世界に広がる。

ホリック（英／holic）
中毒者。アルコホリックでアルコール中毒者、ワーカホリックで仕事中毒者のように連結して使われる。

痛み

アガニー／エイク／ペイン

アガニー（英／agony）
もだえ苦しむ痛み。苦悩。

エイク（英／ache）
体の一部に感じる痛み。ストマックエイク（腹痛）、ハートエイク（心痛）など体の部分につけた単語も一般的。

ペイン（英／pain）
継続的な痛み。程度を問わず一般的な表現。痛み止めはペインキラー。

人／人体

死

アポトーシス／鬼籍／タナトス／デス／ネクローシス／不帰／モルテ

アポトーシス（英／apoptosis）
細胞の自然死。組織や器官の正常な一過程として自然に起きる細胞の消滅。

鬼籍（日／きせき）
中国の思想で、死者を記した帳簿のこと。死者は死後、魂が抜けて鬼になるとされた。鬼籍に入る、で死んだことの表現となる。

タナトス（希／θάνατος）
死。

デス（英／death）
死。一般的な表現。

ネクローシス（英／necrosis）
傷害による細胞死。

不帰（日／ふき）
二度と帰らない。死の婉曲的表現。

モルテ（伊／morte）
死。

男性

ガイ／ギャラン／サー／ジェントルマン／ジゴロ／セニョール／ボーイ／マン／ムッシュ／メール

ガイ（英／guy）
やつ。いいやつ、変なやつなどの口語的な表現。男女ともに使われることもある。

ギャラン（仏／galant）
婦人に丁寧な。廃れた表現では、色男、女たらし。洒落もの。

サー（英／sir）
男性の敬称。一般的に使われる。英国では准男爵、騎士爵の敬称。

ジェントルマン（英／gentleman）
紳士。上流階級の男性。

ジゴロ（仏／gigolo）
ひも、情夫、つばめ。女性に養われている男。

セニョール（西／señor）
男性の敬称。

ボーイ（英／boy）
男の子。若い男性。

マン（英／man）
成人男性。一般的な表現。

人／人体

ムッシュ（仏／monsieur）
中世では閣下に相当し、位の高い男性への呼びかけ。現在では男性の敬称。

メール（英／male）
男性。生物学的な雌雄の雄。

女性
ヴァンプ／ウィドウ／ウーマン／ガール／セニョリータ／フィメール／フラウ／フロイライン／マダム／マドモワゼル／マドンナ／レディ

ヴァンプ（英／vamp）
妖婦、魔性の女。近代に流行した表現。

ウィドウ（英／widow）
未亡人、寡婦。夫を亡くした既婚女性。

ウーマン（英／woman）
成人女性。一般的な表現。

ガール（英／girl）
女の子。若い女性。

セニョリータ（西／señorita）
未婚女性の敬称。既婚女性の敬称はセニョーラ。

フィメール（英／female）
女性。生物学的な雌雄の雌。

フラウ（独／frau）
成人女性、既婚女性の丁寧な呼び方。

フロイライン（独／fräulein）
お嬢さん。未婚女性の丁寧な呼び方。現在ではほとんど使われない。

マダム（仏／madame）
夫人、奥様。既婚女性の丁寧な呼び方。古くは上層階級の女性に対する敬称。

マドモワゼル（仏／mademoiselle）
お嬢さん。未婚女性の丁寧な呼び方。古くは王弟などの長女の尊称、無爵位の貴族、町人階級の婦人の称号。

マドンナ（伊／madonna）
キリスト教の開祖イエス・キリストの母である聖母マリア。憧れの女性。

レディ（英／lady）
淑女。上流階級の女性を指したが、現在ではウーマンの丁寧な表現。

死体
カルカス／キャダバー／コープス／屍／骸／仏

カルカス（英／carcass）
動物の死体。食用の動物の胴体。形骸、残骸や骨組みといった意味もある。

人/感情

キャダバー（英／cadaver）
献体。医学の解剖用に提供された人体。

コープス（英／corpse）
人間の死体。遺骸。客観的に見た表現。

屍（日／しかばね）
死人の体。なきがら。かばねもほぼ同じ意味。

骸（日／むくろ）
首を切られた胴体。転じて、死体。もともとは身体、胴体を指した。

仏（日／ほとけ）
死者、死者の霊。仏教用語で、悟りをひらいたものを指す言葉。

■ 感情

感情・感覚／愛／喜び・幸せ／興味・おもしろい／憐れみ／慈悲／悲しみ／寂しさ／怒り／恐怖／嫉妬／悪意／後悔／皮肉／主義

感情・感覚

インプレッション／エモーション／センス／センセーション／センチメント／パッション／フィーバー／フィーリング／リビドー

インプレッション（英／impression）
印象、感じ。漠然とした相手から与えられるイメージ。

エモーション（英／emotion）
感情、感動、感激。心が動かされる激しい感情。

センス（英／sense）
五感の感覚。感じ、意識。なんとなく感じるもの。

センセーション（英／sensation）
五感を通して受ける印象、感覚。

センチメント（英／sentiment）
情緒、感傷。感情を伴う思考や判断。

パッション（英／passion）
情欲、激情。理性を超える激しい感情。人や物に対する熱愛や熱狂。キリスト教では、キリストの受難を意味する。

フィーバー（英／fervor）
熱情、情熱。継続的な熱い気持ち。

フィーリング（英／feeling）
印象、感覚、気持ち。肉体的に感じたもの。主観的な感情や感覚を表す一般的な表現。

リビドー（英／libido）
性欲、性的衝動。ユングの精神分析では行動のエネルギーとなる本能的欲望。

愛

アガペ／アムール／アモーレ／アロハ／エロス／フィリア／フェチ／ラブ

アガペ (希／Αγάπη)
キリスト教における愛。

アムール (仏／amour)
愛。異性間の愛情や恋愛も指すが、母性愛や神からの愛、愛国心などもアムール。

アモーレ (伊／amore)
愛。愛する人。

アロハ (英／aloha)
ハワイの言葉で愛、親切。あいさつとしても使われる表現。

エロス (希／Έρως)
愛。

フィリア (英／philia)
古代ギリシアの哲学者アリストテレスの説いた「友愛」。現代ではネクロフィリアなど異常なものに性的興奮を覚える精神疾患の接尾語として知られている。

フェチ (英／fetishism)
フェティシズムの略語で、異性の物品や衣類、所持品などに興奮を覚える。もともとは偶像や自然物など物を崇拝の対象とし、身につけたりする信仰の形態のこと。

ラブ (英／love)
愛。

喜び・幸せ

アレグリア／ジョイ／グラッド／サティスファクション／ディライト／ハピネス／ファン／フェリーチェ／フェリシティ／フェリス／ブリス／プレジャー／ユーフォリア／ラプチャー

アレグリア (西／alegria)
愉快、陽気。喜び、上機嫌。

ジョイ (英／joy)
至福、歓喜。大きな喜び。硬い表現。

グラッド (英／glad)
喜ばしい。何かがあって嬉しい、ありがたい。

サティスファクション (英／satisfaction)
満足、充足。満足させるもの。やりたかったことができて感じる喜び。

ディライト (英／delight)
大喜び。ハッピーやプレジャーよりもはっきりと表される大きな喜び。

ハピネス (英／happiness)
幸せ、喜び。ハッピーであること。

人／感情

ファン（英／fun）
たわむれ、楽しみ、面白さ。

フェリーチェ（伊／felice）
幸せ、楽しい。

フェリシティ（英／felicity）
至福、慶事。大きな幸せ。格式ばった表現。

フェリス（西／feliz）
幸せな、嬉しい、幸運な。

ブリス（英／bliss）
無上の喜び、至福。この上ないほどの幸せ。

プレジャー（英／pleasure）
愉快、快楽、満足。満足感、幸福感を感じる。

ユーフォリア（英／euphoria）
多幸感、幸福感、陶酔。医学的には多幸症も指す。

ラプチャー（英／rapture）
有頂天、狂喜、恍惚。舞い上がってぼうっとするほどの喜び。

興味・おもしろい

アミューズ／インタレスト／エキサイト／エンターテイン／コミカル／スリル／ファニィ／ユーモア

アミューズ（英／amuse）
面白がらせる、楽しませる。何かを用いて楽しい気分にさせる。

インタレスト（英／interest）
興味、関心、趣味。内容的な面白さ。

エキサイト（英／excite）
興奮させる、わくわくする。

エンターテイン（英／entertain）
楽しませる、もてなす。ショーや食事で楽しい時間を過ごさせる。

コミカル（英／comical）
ひょうきんな、滑稽な、おどけた。コミックは喜劇的な、喜劇の。

スリル（英／thrill）
ぞくぞくする、わくわくする。恐怖や興奮で心が震える。

ファニィ（英／funny）
おかしな、こっけいな。こっけいで笑わせるようなもの。奇妙な、不正な、インチキな、という意味もある。

人/感情

ユーモア（英／humor）
人間的な感情からくるおかしさ。

憐れみ
シンパシー／ピエタ／ピティ／ミゼリコルド

シンパシー（英／sympathy）
他人の不幸を自分のことのように感じる同情心。共感。

ピエタ（伊／pietà）
憐れみ、同情。また、磔刑にされたキリストを抱いた聖母マリアの像をピエタという。

ピティ（英／pity）
自分より恵まれていないものを見てかわいそうだと感じる憐れみ。

ミゼリコルド（仏／miséricorde）
罪の許し、憐憫。古い言い方。

慈悲
チャリティー／クレメンシー／マーシー／レニティ

チャリティー（英／charity）
慈愛、思いやり、博愛、慈善。キリスト教的な救済、同胞愛。

クレメンシー（英／clemency）
温情、情状酌量。裁判や処罰の際に罪人に寛大な措置を与えること。格式ばった表現。

マーシー（英／mercy）
慈悲、情け。罰を与えず赦すこと。恵み、幸運。

レニティ（英／lenity）
慈悲、寛容。情け深い処置。格式ばった表現。

悲しみ
アンニュイ／サウダージ／サッド／ソロウ／ディスピア／ノスタルジア／ミザリー／メランコリー

アンニュイ（仏／ennui）
心配、不安、憂鬱。古語では心痛、悲嘆。

サウダージ（ポルトガル／saudade）
郷愁。昔を懐かしく思う気持ち。

サッド（英／sad）
悲しい。ハッピーの対義語で最も一般的な表現。

ソロウ（英／sorrow）
悲しみ。サッドより悲しみが強く、悲哀に満ちている。

ディスピア（英／despair）
絶望、失望、落胆。

人／感情

ノスタルジア（英／nostalgia）
郷愁。過去、故郷を思い切なくなる感情。

ミザリー（英／misery）
みじめな、哀れな。不幸で辛い。悲惨。

メランコリー（英／melancholy）
憂鬱、哀愁。理由もなくふさぎ込んでいる。

寂しさ
フォーローン／ロンサム／ロンリー

フォーローン（英／forlorn）
孤独な、心細い、みじめな、わびしい。

ロンサム（英／lonesome）
寂しい、心細い。人里離れた、人恋しい。孤独からくる寂寥感。

ロンリー（英／lonely）
孤独で寂しい。

怒り
アイラ／アンガー／フューリー／ラース／レイジ

アイラ（英／ire）
怒り、憤り。文章で使われる表現。

アンガー（英／anger）
怒り、立腹。最も一般的な表現。

フューリー（英／fury）
憤怒、激怒。狂気に近いほど激しい怒り。ギリシア神話の復讐の女神のひとりに由来する。

ラース（英／wrath）
憤激、憤り。相手を激しくとがめる気持ち。神の怒り。文章で使われる表現。キリスト教の7つの大罪のうちのひとつ。

レイジ（英／rage）
激怒。かっとなる。自制できない激しい怒り。嵐が吹き荒れる、災害が猛威を奮うという意味もある。

恐怖
テラー／ドレッド／パニック／パラノイア／フィアー／フォビア／ホラー

テラー（英／terror）
恐怖。フィアーよりも強い恐怖の表現。

ドレッド（英／dread）
心配、不安、恐怖。未来に訪れるひどい状況を不安がる気持ち。

パニック〔英／panic〕
恐怖、狼狽、驚き。恐怖で慌てふためく。抑制できない突然の強い恐怖。

パラノイア〔英／paaranoia〕
偏執症、妄想症。口語的に強い恐怖心や過度な恐れを指す。パラノイドでパラノイア患者、被害妄想。

フィアー〔英／fear〕
恐怖、不安、恐れ。起こるかもしれないものを恐れる気持ち。

フォビア〔英／phobia〕
病的恐怖、恐怖症。Acrophobiaで高所恐怖症など。

ホラー〔英／horror〕
嫌悪、憎悪。嫌なもの、気持ち悪いものを恐れる気持ち。

嫉妬
エンヴィ／グリーンアイド・モンスター／ジェラシー

エンヴィ〔英／envy〕
羨望、うらやむ。人や人の境遇をうらやましく思う。キリスト教の7つの大罪のうちのひとつ。

グリーンアイド・モンスター〔英／green-eyed monster〕
やっかみ、競争相手に対する妬み。シェイクスピアの悲劇『オセロ』に登場する台詞で、嫉妬心を緑の目の怪物と例えたことから。

ジェラシー〔英／jealousy〕
嫉妬、妬み。持っている人をうらやみ、憎悪する感情。エンヴィより個人的な感情。

悪意
ヴィシャス／スパイト／マリス

ヴィシャス〔英／vicious〕
悪意のある。邪悪な、堕落した。

スパイト〔英／spite〕
いじわる。

マリス〔英／malice〕
悪意。他人を苦しめて楽しむ純然たる悪意。

後悔
ギルト／シャム／リグレット／リペント

ギルト〔英／guilt〕
罪悪感。罪の意識。

人／職業

シャム（英／shame）
羞恥、恥辱。

リグレット（英／regret）
後悔、遺憾。

リペント（英／repent）
悔い改める、懺悔する。キリスト教的表現。

皮肉

アイロニー／シニカル／ペシミスト

アイロニー（英／irony）
ユーモアを含んだ穏やかな皮肉。当てこすり。

シニカル（英／cynical）
皮肉な、冷笑的な。

ペシミスト（英／pessimist）
厭世家、悲観主義者。

主義

スタンス／テーゼ／ドクトリン／ドグマ／プリンシパル

スタンス（英／stance）
ある物事に対する見解、立場。

テーゼ（独／these）
ある問題についての命題、主張。反対意見、対立する主張はアンチテーゼ。

ドクトリン（英／doctrine）
宗教上の教理、学問上の主義、理論、政治上の主義。格式ばった表現。

ドグマ（英／dogma）
教義、教理。正しいとされていること。独善的なマイナスのイメージが含まれることもある。

プリンシパル（英／principle）
根本的な原理、原則。科学的な法則や、人の行動原理となる根本的な方針など。

■ 職業

王・帝／尊称・敬称／従者／魔術師／賢者／聖職者／巫／吟遊詩人／道化師／音楽／将／騎士／戦士／兵士／賊／悪党／指導者／新米／呼び名

王・帝

アミール／エンペラー／首／カイザー／カリフ／キング／皇帝／シャー／天皇／スルタン／ツァーリ／ドゥーチェ／ハーン／ファラオ／マハラジャ／マリク／帝／モナーク／ロード

アミール（亜／أمیر）
首長。もともとはアラビア語で司令官、総督。現在ではアラブ首長国連邦やカタールを構成する各首長国の長がアミールを呼称としている。

エンペラー（英／emperor）
ヨーロッパでの帝国の男性の統治者。

皇帝と訳される。

首 (日／おびと)
長官、首領。古い言い方。

カイザー (独／kaiser)
皇帝。ドイツ皇帝の称号。古代ローマの英雄カエサルに由来する。

カリフ (亜／خليفة)
イスラム教の宗教的指導者。開祖ムハンマドの後継者、イスラム教徒を主体とする歴代の王朝の君主の称号。カリフは転訛したもので、正しくは後継者を意味するハリーファ。

キング (英／king)
ヨーロッパで王国を統治する男性の統治者。

皇帝 (中国／huángdì)
秦の始皇帝から名乗り始めた、中国の王朝の支配者の名称。各地の王や諸侯を支配下に置いた。

シャー (ペルシア／شاه)
ペルシア語の王。古代ペルシアの王朝から使われており、1979年に帝政がなくなるまで、イランの君主の称号だった。

天皇 (日／すめらぎ)
天皇の古い読み方。

スルタン (亜／سلطان)
アラビア語で権威者、王を意味し、イスラム教の指導者カリフから庇護者となる国王に授与された。現在でもオマーンやブルネイの君主の呼称として使われている。

ツァーリ (露／царь)
ロシアなどスラブ語圏で使用された君主の称号。カエサルのスラブ語形。

ドゥーチェ (伊／duce)
近代イタリアの国家指導者の称号。日本語では総帥、統領などと訳される。第二次世界大戦時にムッソリーニが使用していたもので、現在では使われていない。

ハーン (モンゴル／khaan)
漢字では汗。モンゴル帝国の君主の呼称。

ファラオ (英／pharaoh)
古代エジプトの王の称号。

マハラジャ (ヒンディー／महाराजा)
インドの王国の統治者の呼称。偉大な王という意味合い。インドに多数あった王国、諸藩のそれぞれが独自の基準

人／職業

で使っていた。

マリク （亜／ملك）
アラビア語の王。女性形はマリカで、王妃や女王を指す。現在のヨルダンやモロッコの国王の呼称として使われている。

帝 （日／みかど）
天皇の位、天皇の尊称。

モナーク （英／monarch）
世襲制の主権者、君主。書き言葉。アブソリュート・モナークで専制君主、絶対君主。

ロード （英／lord）
領主。

尊称・敬称
閣下／卿／猊下／殿下／陛下

閣下 （日／かっか）
高位高官の人に対する敬称。将官以上の地位の人に用いる。

卿 （日／きょう）
日本の朝廷で三位以上の役職に就く人を指す。英語のLord、Sirの訳語としてもあてられた。

猊下 （日／げいか）
高僧、宗教団体の最高位の指導者に対する敬称。

殿下 （日／でんか）
皇太子や親王などの皇族と、摂政、関白、将軍の敬称。

陛下 （日／へいか）
天皇、皇后、太皇太后、皇太后に対する尊称。

従者
ギャルソン／近衛／サーバント／スチュワード／バトラー

ギャルソン （仏／garçon）
給仕。ホテル、レストランなどの客室係。もともとの意味は少年、男の子。

近衛 （日／このえ）
日本の朝廷で天皇、皇居の警護をする役所、役職。

サーバント （英／servant）
騎士について武装の補助や馬の管理などをする従者。農民や市民から採用されていたが、従者が騎士見習いも兼ねるようになると貴族の子弟の役目になった。

スチュワード(英／steward)
執事、家令。貴族の家の財産管理人。

バトラー(英／butler)
執事、家令。家内の食料品、男性使用人を管理した。

魔術師

ウィザード／ウィッチ／ウォーロック／陰陽師／コンジュラー／ソーサラー／ネクロマンサー／ボコール／マギ／メイジ

ウィザード(英／wizard)
魔術師。「賢い人」の意味があり、天才や達人の肯定的な異名としても用いられる。

ウィッチ(英／witch)
日本語では魔女と訳されるが、男性を指すこともある。中世ヨーロッパで怪しい術を使い、人を害すると考えられた存在。

ウォーロック(英／warlock)
魔女の術を使う男性の魔女。「裏切り者、詐欺師」に由来し、「嘘つき」「悪魔契約者」など悪いイメージがある。

陰陽師(日／おんみょうじ)
平安時代の日本で盛んに行われた占術のひとつである陰陽道を使う術師。朝廷の官職のひとつ陰陽寮で官僚として仕えた陰陽博士から、民間の陰陽師まで信頼度はさまざま。

コンジュラー(英／conjuror)
祈祷師、魔女の首領。

ソーサラー(英／sorcerer)
中世ヨーロッパで魔女の術に近い呪いや占いの術であるソーサリーを使う人たち。

ネクロマンサー(英／necromancer)
中世ヨーロッパで行われていた、死者を呼び出す術ネクロマンシーを使う術師。

ボコール(英／bokor)
ヴードゥー教の邪悪な魔術師。通常の儀式を行う祭司はウンガンと呼ばれる。

マギ(羅／magi)
ラテン語で神官、魔術師。もともとはペルシア語のマグに由来し、ペルシアのゾロアスター教の神官のことだった。中東由来の占星術や魔術の使い手を指す。

メイジ(英／mage)
魔法使い、魔術師。賢者や学者といった意味もある。

人／職業

賢者
セイジ／グレイベアード／ワイズマン

セイジ (英／sage)
賢者、賢人。知識や経験に長けた人。

グレイベアード (英／gray beard)
灰色のひげの意味で、老人、賢者、熟練パイロットなどを指す。

ワイズマン (英／wise man)
賢人。知恵と思慮分別のある人。

聖職者
イマーム／エクソシスト／カーディナル／教皇／クレリック／使徒／セイント／ドルイド／ハイエロファント／バラモン／牧師／ビショップ／プリースト／マギ／ミニスター／モンク／ラビ／レクター

イマーム (亜／إمام)
イスラム教の指導者。派閥によって役割は違い、スンニ派ではモスクでの礼拝を指導し説教を行う人、シーア派では最高指導者。

エクソシスト (英／exorcist)
キリスト教の一派カトリックの聖職者の役職のひとつ。祓魔師と訳される。人に憑依した悪魔を祓う。

カーディナル (英／cardinal)
キリスト教の一派カトリックの聖職者の役職のひとつ。日本語では、枢機卿と訳される。ローマ教皇の最高諮問機関である枢機卿会の会員のこと。ローマ教皇は枢機卿会から選ばれる。

教皇 (日／きょうこう)
キリスト教の一派カトリックの最高指導者。英語ではpope。イタリアのローマ市内にある都市国家バチカン市国の首長も務める。現職の教皇が亡くなるか辞任すると、世界中の聖職者から選ばれた枢機卿がシスティーナ礼拝堂でコンクラーベと呼ばれる会議を行い、次の教皇を選出する。

クレリック (英／cleric)
キリスト教の聖職者を指す。クレリックの中で司教や司祭といった身分に分かれる。

使徒 (日／しと)
キリスト教の概念で、教えを広める人。英語ではapostle。イエスの活動に付き従った12人の弟子を指すことが多いが、イエスの教えを広める人全般を指して使われることもある。

セイント (英／saint)
聖人、聖者。奇跡の認定などを経てキリスト教会から正式に認められた聖人。パトロン・セイントで守護聖人。

人／職業

ドルイド (英／druid)
ケルトの宗教的指導者。高度な知識を持ち、祭司、政治顧問、裁判官などを兼ねた。ヤドリギの生えたオーク樫の杖を持つ。ドルイドになるためには、何年も厳しい修行を積み、秘儀を伝授されなければならなかった。

ハイエロファント (英／hierophant)
古代ギリシアの礼拝、儀式の監督者、祭司。タロットカードの教皇の札。

バラモン (ヒンディー／ब्राह्मण)
インドの祭司階級。インドの伝統的な4つの階級の中では最も身分が高い。祭祀を司り、修行を積んだバラモンは神にも迫る力を持つ。

牧師 (日／ぼくし)
キリスト教の聖職者の役職名のひとつ。英語ではrector、pastorなど。

ビショップ (英／bishop)
キリスト教の聖職者の役職のひとつ。日本語では司教、主教とも訳される。司教区という区分で分けられた地域の指導者、最高権力者。

プリースト (英／priest)
キリスト教の聖職者の役職のひとつ。日本語では司祭と訳される。

マギ (羅／magi)
ラテン語で神官、魔術師。もともとはペルシア語のマグに由来し、ペルシアのゾロアスター教の神官のことだった。中東由来の占星術や魔術の使い手を指す。

ミニスター (英／minister)
キリスト教の聖職者の役職のひとつ。宗派によって訳語や役割は違い、教師や牧師、伝道師などと訳される。

モンク (英／monk)
修道士。修道院で共同生活を送る僧たちを指す。仏教僧などの英語訳にも使われた。

ラビ (英／rabbi)
ユダヤ教の聖職者。『旧約聖書』の教えを守り伝える。政治的指導者となることもある。ゴーレムやカバラなどの術を使うことでも知られている。

レクター (英／rector)
キリスト教の聖職者のひとつ。日本語では牧師と訳される。

巫
イタコ／ヴォルヴァ／シビュレ／シャーマン

イタコ (日／いたこ)
日本の、青森県を中心とする東北地方

に存在する民間の巫女。死者の魂を呼び、自らに憑依させて語る口寄せをする。

ヴォルヴァ （アイスランド／völva）
北欧の巫女。霊を憑依させ、予言を行う。魔術を使い、戦士に精霊の力を授けてベルセルクとすることもできる。

シビュレ （希／σίβυλλα）
古代ギリシア・ローマ時代の巫女。予言の神でもあるアポロンの託宣を下した。

シャーマン （英／shaman）
もともとはシベリアの部族の呪術師のことだったが、人類学者が典型的な事例として取り上げた結果、広く霊的な存在と接触して術を行う人たちの呼称となった。

吟遊詩人

トルバドール／バード／フィリ／ミネジンガー／ミンストレル

トルバドール （仏／troubadour）
中世ヨーロッパの宮廷歌人。フランス南西部のオック語で書かれた詩の作者がこう呼ばれた。王侯貴族から平民まで、出自は幅広かった。

バード （英／bard）
ケルトの詩人。竪琴に似たリラという楽器を奏で、詩を吟唱し、文字を持たないケルトの神話や歴史を伝えてきた民間の吟遊詩人。

フィリ （英／fili）
ケルトの詩人神官。支配階級に属し、詩や物語を学ぶ専門の訓練を受け、祭司として予言や風刺を行い、法律や占いの知識も有した。

ミネジンガー （独／minnesänger）
中世ドイツの叙事詩の作者。楽師の伴奏、または自ら楽器を弾いて叙事詩を歌った。貴族や騎士階級が中心で宮廷で流行し、のちには民間にも広がった。

ミンストレル （英／minstrel）
中世ヨーロッパで、イギリスやフランスの宮廷に仕えた楽器奏者。のちには民間の楽師の呼称にもなった。

道化師

クラウン／ジェスター／ジャグラー／ジョーカー／ピエロ

クラウン （英／clown）
劇やサーカスなどの道化役者。

ジェスター (英/jester)
中世ヨーロッパの宮廷で王族や貴族に雇われていた宮廷道化師。

ジャグラー (英/juggler)
玉や輪、ナイフなどを投げる曲芸をする大道芸人。

ジョーカー (英/joker)
おどけもの、道化師。トランプでどのマークにも属さない札。

ピエロ (仏/pierrot)
フランスの無言劇パントマイムの道化役。白塗りの顔に大きなボタンのついた服、とんがり帽子という衣装を着ける。

音楽
カストラート／ソリスト／ディーヴァ／マエストロ／プリマ・ドンナ

カストラート (伊/castrato)
去勢されて少年期の声を残す男性歌手。中世のイタリアで盛んに行われた。

ソリスト (仏/soliste)
独奏者、独唱者。

ディーヴァ (伊/diva)
オペラ、歌劇の主役の女性。歌姫。

マエストロ (伊/maestro)
先生の意味で、指揮者や作曲家、他分野でも偉大な先達の敬称。

プリマ・ドンナ (伊/prima donna)
オペラの主演女性歌手。男性主演歌手はプリモ・ウォーモ。

将
アドミラル／カーネル／キャプテン／元帥／サージェント／ジェネラル／提督／マーシャル

アドミラル (英/admiral)
軍の階級のひとつ。アメリカ軍では海軍大将。

カーネル (英/colonel)
軍の階級のひとつ。アメリカ軍では陸軍大佐。

キャプテン (英/captain)
軍の階級のひとつ。アメリカ軍では海軍大佐、陸軍大尉。

元帥 (日/げんすい)
軍の階級のひとつ。陸、海軍の大将のうちさらに選ばれた者。

サージェント (英/sergeant)
下士官の上のほうの階級。アメリカ軍では三等軍曹で、下士官のトップがサージェント・メジャー。

人／職業

ジェネラル（英／general）
軍の階級のひとつ。アメリカ軍では陸軍大将。

提督（日／ていとく）
軍の階級のひとつ。艦隊の司令官のこと。アドミラルの訳語。

マーシャル（英／marshal）
軍の階級のひとつ。陸軍、空軍の司令官。アメリカでは裁判官や署長などに使われる。

騎士
キャバリー／シュバリエ／ドラグーン／ナイト／パラディン／ヘラルド／リッター

キャバリー（英／cavalry）
騎兵隊、騎兵。陸軍のひとつで、馬に乗った部隊、または騎兵隊の兵士。

シュバリエ（仏／chevalier）
騎士。フランスでは貴族位の最下位。

ドラグーン（英／dragoons）
17世紀ごろのヨーロッパにおかれた、銃を装備した騎兵部隊。使用していた銃が「ドラゴン」だったため、この名でよばれた。竜騎兵と訳される。

ナイト（英／knight）
騎士。ヨーロッパの封建社会で、領主や王に仕えて戦争に参加した郷士や貴族たち。

パラディン（仏／paladin）
名誉ある騎士のこと。もともとは宮中の高官、有力者を指す言葉であり、中世騎士物語で有名なシャルルマーニュの12勇士をこう呼んだことから前述の意味となった。

ヘラルド（英／herald）
使者、伝令官。イギリスでは紋章を管理する紋章官。

リッター（独／ritter）
騎士。ドイツでは貴族位の最下位。ひとつ上にライヒスリッター（帝国騎士）の位がある。

戦士
ウォリアー／グラディエーター／クルセイダー／ハイランダー／バスター／ファイター／ベルセルク／マーシナリー

ウォリアー（英／warrior）
戦士、闘士、猛者。戦闘的で勇敢なイメージ。

グラディエーター（英／gladiator）
古代ローマの奴隷階級のひとつ。コロシアムなどで戦闘を市民の娯楽として披露した。

クルセイダー（英／crusader）
十字軍に参加した兵士。

ハイランダー（英／highlander）
スコットランド北西部の高地に住む人。イギリスの軍に傭兵として雇われていた。ケルト人やヴァイキングを先祖とし、勇猛さで知られている。

バスター（英／buster）
破壊する人、倒す人。

ファイター（英／fighter）
戦士、闘士、闘う人。戦争に限らず、スポーツや政治などでも広く使われる。

ベルセルク（英／berserk）
北欧の憑依状態の戦士。主神オーディンを信奉する戦士で、戦闘状態になると我を忘れて凶暴な闘いをした。

マーシナリー（英／mercenary）
傭兵。

兵士
ゲリラ／ソルジャー／テロリスト／トルーパー／パラトルーパー／パルチザン／ベテラン／レベル／レンジャー

ゲリラ（英／guerrilla）
少人数の遊撃兵、遊撃部隊。奇襲して敵をかく乱する。

ソルジャー（英／soldier）
軍人、とくに兵士。陸軍の下士官や一兵卒のこと。

テロリスト（英／terrorist）
暴力で主張を訴える人。非難の意味合いがある。

トルーパー（英／trooper）
騎兵、騎馬巡査。アメリカでは州警察官のこと。

パラトルーパー（英／para-trooper）
空挺部隊、空挺部隊員。飛行機から空挺降下して敵領内に侵入する部隊。高い技量が要求され、エリートとみなされる。

パルチザン（英／partisan）
遊撃兵、別動隊員。主に現地民で構成される不正規軍の兵士。

ベテラン（英／veteran）
退役軍人。転じて古参の、熟練したという意味にもなる。

レベル（英／rebel）
反逆者。母国の政府と闘う人。

レンジャー（英／ranger）
武装警邏。森や山などをパトロールする人。イギリスでは王室森林の保護

人／職業

管。軍隊内では、ジャングルや敵領内で奇襲をするための特別訓練を受けた兵員。

賊

ヴァイキング／ギャング／シーフ／バーグラー／パイレーツ／バッカニア／バンディット／ブリガンド／マフィア／ラバー

ヴァイキング（英／viking）
北欧の民族。8世紀ごろから北欧を中心にヨーロッパ各地で侵攻、略奪、交易を行った。

ギャング（英／gang）
一団、集団。犯罪者や暴力団などの悪行をする集団、または労働者、奴隷、囚人の一団。

シーフ（英／thief）
泥棒、盗人。こっそり盗み出す人。

バーグラー（英／burglar）
不法侵入者、押し込み強盗。

パイレーツ（英／pirate）
海賊。

バッカニア（英／buccaneer）
17世紀ごろにアメリカ大陸のスペイン領沿岸を荒らした海賊。国王から許可を得て海賊行為をするプライベーティアとは違い、略奪のための海賊行為なので残忍非道とされた。あこぎな人、無節操な人の意味でも使われる。

バンディット（英／bandit）
山野に潜み旅人を襲う盗賊。山賊。

ブリガンド（英／brigand）
山賊、略奪者。

マフィア（伊／mafia）
イタリアのシチリア島出身者で構成された犯罪組織。麻薬や密輸などを収入源とする秘密組織で、加入する際には秘密を守る誓いをたて、破ったものには死の制裁がくだされる。

ラバー（英／robber）
泥棒、強盗。暴力にも訴える盗賊。

悪党

ヴィラン／ギャングスター／クリミナル／ネイヴ／バスタード／ヒール／フーリガン／フェロン／ブラックガード／ヘクトル／ラスカル／ローグ

ヴィラン（英／villain）
悪党、悪者、悪役。利己的に人を害する人。

ギャングスター（英／gangster）
ギャングの構成員。

クリミナル（英／criminal）
犯罪人。法律上の罪を犯している人。

人/職業

ネイヴ （英／knave）
ならず者。古風な表現。身分の低い男性使用人からの転用。トランプのJのことも指す。

バスタード （英／bastard）
俗語でろくでなし、いやなやつ。庶子、私生児をけなして言う言葉。

ヒール （英／heel）
卑劣漢、ろくでなし。

フーリガン （英／hooligan）
チンピラ、不良少年。暴徒化するスポーツチームのファンを指す表現としても有名。

フェロン （英／felon）
重犯罪人。廃れた言い方では悪党、暴漢。

ブラックガード （英／blackguard）
悪党、ろくでなし。古風な表現。

ヘクトル （英／hector）
威張りや、弱い者いじめをする人。ホメロスの叙事詩『イリアス』の英雄ヘクトルが劇などでそう描かれたことから。

ラスカル （英／rascal）
昔風には卑劣漢、不誠実な人。転じていたずらっ子、わんぱく小僧ぐらいの意味合い。

ローグ （英／rogue）
昔風にはごろつき、ならず者。愛嬌が加わり、悪党だが憎めない人。

指導者

インストラクター／エリート／ガヴァネス／グル／コーチ／チーフ／ティーチャー／チューター／メンター

インストラクター （英／instructor）
教官、指導員。Instructは知識や技術を系統的に教える。

エリート （仏／élite）
精鋭、選り抜き。集団の中から選ばれた優れた人。

ガヴァネス （英／governess）
貴族や富裕層の家庭に住み込んで子女の教育をした女家庭教師。

グル （ヒンディー／गुरु）
インドの師。ヴェーダを教える人。グルは高い尊敬を受け、弟子は服従と献身を求められた。

コーチ （英／coach）
もともとは4輪の大型馬車。馬車のように目的まで運ぶという意味で指導員をコーチという。現在では主にスポー

人／職業

ツや演技の指導員を指す場合が多い。

チーフ（英／chief）
階級、権限が一番上の人。

チューター（英／tutor）
家庭教師、個人指導の教師。法律用語では後見人。

メンター（英／mentor）
指導者、助言者。若者を導く信頼できる年長者。

新米

ノービス／ビギナー／ルーキー

ノービス（英／novice）
スポーツ、仕事など始めたばかりで経験のない初心者。

ビギナー（英／beginner）
ものごとを学び始めたばかりの初級者。学習クラスなどで使われる。

ルーキー（英／rookie）
新人、新規加入者。兵士やスポーツ選手に使われる。

呼び名

アベンジャー／インポスター／ジャンキー／スレイヤー／ターミネーター／パイオニア／プリテンダー

アベンジャー（英／avenger）
復讐者、報復者。

インポスター（英／impostor）
偽物、詐欺師、ペテン師。

ジャンキー（英／junkie）
麻薬中毒者。転じて、何かに取りつかれたように夢中になっている人。

スレイヤー（英／slayer）
殺害者、殺し屋。

ターミネーター（英／terminator）
終わらせるもの、絶滅させるもの。

パイオニア（英／pioneer）
先駆者、創始者。

プリテンダー（英／pretender）
詐称者、ふりをする人。

■ 関係

一族／仲間／集団／軍隊／一対／連合／異邦人／放浪者／孤独

一族

クラン／ゲンス／ダイナスティ／トライブ／ファミリー／ペディグリー／ブラッドライン／リネージュ

クラン（英／clan）
共通の祖先をもつ氏族。祖先は伝説、神話的な存在であいまい。

ゲンス（英／gens）
氏族。古代ローマにあった、先祖が同じで、氏と祀る神を同じくする一族。

ダイナスティ（英／dynasty）
王朝、君主の一族。国を統治する血統。

トライブ（英／tribe）
部族。同一の血統や慣習や伝統を持ち、同じ族長に従う集団。古代イスラエルのトライブは支族と訳される。

ファミリー（英／family）
家系、一族。先祖も含めた家族。

ペディグリー（英／pedigree）
家系、系譜。代々続くような由緒あるものに使われる。

ブラッドライン（英／blood line）
血統、家系図。

リネージュ（英／lineage）
血統、血筋、家柄。貴族など高貴な一族。

仲間

アミーゴ／コムラーデ／コンパニオン／メイト／パートナー／バディ／フレンド

アミーゴ（西／amigo）
友人、男友達。友軍や恋人、愛人といった意味もある。

コムラーデ（英／comrade）
行動、運命を共にする親密な仲間。

コンパニオン（英／companion）
道連れ。他人に同行したり時間を共にしたりする人。

メイト（英／mate）
同一グループの仲間。チームメイト、クラスメイトなど。

パートナー（英／partner）
相棒、相方、共同で目的を達成する相手。

バディ（英／buddy）
相棒、親友、仲間。口語的にごく親し

人／関係

い間柄に呼びかけるときにも使う。

フレンド（英／friend）
友達。

集団

クラスター／クルー／グループ／コープス／コロニー／サークル／サロン／セット／チーム／キャラバン／ギャング／パーティ／パック／バンド／リング

クラスター（英／cluster）
かたまり、群れ、群衆。密集した花や星のかたまりや、人の集団にも使う。

クルー（英／crew）
搭乗員、乗組員。特殊技能を持った一団。

グループ（英／group）
物、人の集団、集まり。

コープス（英／corps）
特定の活動にかかわる団体。

コロニー（英／colony）
植民地、集団居住地。集落。

サークル（英／circle）
同じ趣味を持つ交流のある仲間。

サロン（仏／salon）
屋敷の客間、応接室。そこで行われる社交の会や名士の集い。

セット（英／set）
食器などの一式、一そろい。何かしらでまとまった、ある人たちの集団を指す場合もある。

チーム（英／team）
隊、組。

キャラバン（英／caravan）
隊商。主に砂漠地帯を集団で移動する商人の隊。

ギャング（英／gang）
肉体労働者の集団、囚人の一団。暴力団、犯罪組織の一団。

パーティ（英／party）
活動を共にする集団。旅行の団体、軍の1隊など目的のために集められた集団。

パック（英／pack）
人の集まり、一群。あまり好ましくない集団を指す。

バンド（英／band）
共通の趣味、特徴を共有する一団。特に音楽を演奏する一団を指す場合が多い。

人／関係

リング（英／ring）
違法組織。犯罪組織の一味。

軍隊

アバンギャルド／アーミー／イェニチェリ／カンパニー／コープス／スクワッド／スコードロン／ディビジョン／ネイビー／バタリオン／フォース／プラトーン／ブリゲイド／ユニット／レギオン／レジメント

アバンギャルド（仏／avant-garde）
前衛。最前線の部隊。

アーミー（英／army）
一国の軍隊の兵力。または陸軍。2個以上のコープスからなる方面軍。

イェニチェリ（トルコ／Yeniçeri）
オスマン帝国の常備軍。14世紀末に皇帝の命で戦争捕虜などの奴隷を集めて結成され、19世紀まで存続していた。身分は奴隷だが、活躍次第で栄達でき、大宰相の地位を得るものもいた。

カンパニー（英／company）
歩兵中隊。

コープス（英／corps）
軍団。

スクワッド（英／squad）
分隊。

スコードロン（英／squadron）
陸軍では騎兵大隊、戦車大隊。米空軍では飛行大隊、海軍では小艦隊。

ディビジョン（英／division）
師団、連隊。

ネイビー（英／navy）
海軍。

バタリオン（英／battalion）
大隊。

フォース（英／force）
軍隊。その勢力が持つ軍事力全体を指す。

プラトーン（英／platoon）
小隊。

ブリゲイド（英／brigade）
旅団。

ユニット（英／unit）
軍の部隊。

レギオン（英／legion）
古代ローマの軍隊。

レジメント（英／regiment）
連隊。

人／関係

一対

アベック／カップル／コンビ／ダブル／ツイン／番／デュアル／ブレイス／ペア

アベック （仏／avec）
日本語では男女の一組を指す。フランス語では〜と共にという前置詞。

カップル （英／couple）
何かで結びついているふたつのもの。つながりは薄くても使われる。夫婦やダンスの相手など男女一組に用いることが多い。

コンビ （英／combi）
コンビネーションの略。組み合わせ、組み合わせられたもの。日本語では行動や仕事を共にする2人の人を指して言う。

ダブル （英／double）
2倍の、二重の、対の。

ツイン （英／twin）
双子の片割れ。ツインズで双子。

番 （日／つがい）
ふたつ組み合わさったもの。動物の雄と雌の一対。番うでふたつのものが組み合わさる、対になるという語からの派生。

デュアル （英／dual）
二重の。両輪のもの、対になるもの、2つからできているものの意味合いがある。デュアル・キャラクターで二重人格。

ブレイス （英／brace）
狩りで使われる言葉。猟犬や鳥などのひとつがい。2丁の銃。軽蔑的に二人組を指す表現。

ペア （英／pair）
靴など同じものがふたつ一組で用いられ、ひとつでは役に立たないもの。または同じものがふたつつながったもの。

連合

アライメント／カルテル／ギルド／ユニオン

アライメント （英／alignment）
共通の目的を持つ個人、集団、組織の提携、連合。

カルテル （独／kartell）
同一業種の企業が価格や販路について結ぶ協定。競争が起こらずカルテルの独占状態になる。

ギルド （英／guild）
中世ヨーロッパの商工組合。それぞれの職種ごとに組合があり、都市部の行

政に強い権力を持つこともあった。

ユニオン（英／union）
連合、連邦。ふたつ以上の異なるものをひとつにまとめた組織。

異邦人

アウトランダー／イミグラント／エイリアン／エキゾチック／エトランゼ／ストレンジャー／フォーリナー

アウトランダー（英／outlander）
異国人、門外漢、部外者。

イミグラント（英／immigrant）
移民、移住者。その場所で定住するために来た人。帰化植物、外来生物の意味合いもある。

エイリアン（英／alien）
外国人。居住していても現在いる場所に国籍や市民権を持っていない人。調和しない、相容れないという意味もある。日本では特に地球外生命体の意味合いが強い。

エキゾチック（英／exotic）
外来の。外から来た。

エトランゼ（仏／étranger）
外国の、外国人。よそ者。

ストレンジャー（英／stranger）
見知らぬ人、赤の他人、不慣れな人。まだその土地になじんでいない人。

フォーリナー（英／foreigner）
よそ者。他国からの来訪者の意味だが、悪い印象を持たれる表現。

放浪者

エグザイル／ジプシー／デラシネ／ノーマッド／バガボンド／ピルグリム／ベイグラント／ロマ／ワンダラー

エグザイル（英／exile）
追放、流刑にされたもの。亡命者、放浪者。

ジプシー（英／gypsy）
ロマの中世ヨーロッパでの呼び名。自らを低地エジプトの出だとしていたことからその名がついた。実際にはインド方面の民族である。

デラシネ（仏／déracinée）
故郷を失った人。根こそぎにされた木の意味。

ノーマッド（英／nomad）
遊牧民、放浪者。近年、決まったオフィスを持たずカフェやワーキングスペースをめぐって仕事をする人をノマドワーカーという。

人/関係

バガボンド（英／vagabond）
流浪人、放浪者、ながれもの。無頼漢のイメージもあるが、自由人といういい意味で使われるときもある。

ピルグリム（英／pilgrim）
巡礼の旅をする人。旅人、放浪者。

ベイグラント（英／vagrant）
浮浪者。法律用語としては住所不定ではっきりとした生計手段を持たないもの。

ロマニー（英／romany）
12世紀ごろからヨーロッパ各地を訪れるようになった放浪の民族。楽士や馬の取引、日用品の商いなどをしながら定住せずに過ごす。ジプシーと呼ばれた。

ワンダラー（英／wanderer）
さすらう人、旅人。詩的なイメージがある。

孤独

アローン／アイソレーション／オーファン／シングル／ソリテュード／ロンリー

アローン（英／alone）
ただひとりで、単独で、孤立して。

アイソレーション（英／isolation）
隔離、孤立。何らかの事情により他から分けていること。

オーファン（英／orphan）
孤児、両親のいない子供。

シングル（英／single）
たったひとつの、独りの、それぞれの。

ソリテュード（英／solitude）
ひとりぼっち、独居、孤独。ロンリーにある寂しさはない。

ロンリー（英／lonely）
孤独な、ひとりぼっちの。侘しく寂しい孤独の状態。

■ 動作

見る／歌う／叫ぶ・泣く／笑う／走る／はねる／飛ぶ・浮く／つくる／壊す／切る／焼く／集める／もつ／分ける／与える／かえる・かわる／合わせる／たたかい／競争／勝利／敗北／挑戦／練習／逃げる／攻撃／打つ・叩く／防御／助ける／治療する／救難信号／殺す／盗む・奪う／つかまえる／信じる／裏切る／忘れる／疑う／間違い／反乱／ごまかし・不正／協力する／望む／命令／はじまる／進む／終わる／消える・消す／隠す／捨てる／探す／追う／旅／冒険／さまよう／運命／魅了／約束／復讐／清掃

見る

ウォッチ／オブザーブ／グランス／ゲイズ／サーベイ／シー／ステア／ルック

ウォッチ (英／watch)
視線を向けて見る。意識的に見る。ウォッチは動くものを追う、ルックは動かないものに視線を向ける。

オブザーブ (英／observe)
観察する。監視する、観測する。

グランス (英／glance)
一瞥する。ちらりと見る。

ゲイズ (英／gaze)
見つめる。驚きや称賛をこめてじっと見続ける。

サーベイ (英／survey)
概観する。全体を見渡す。

シー (英／see)
目に入る、見かける。自然にみる。

ステア (英／stare)
凝視する。驚きや恐怖で目が離せない。

ルック (英／look)
視線を向けて見る。意識的に見る。ウォッチは動くものを追う、ルックは動かないものに視線を向ける。

歌う

詠唱／シング／カンターレ／チャント

詠唱 (日／えいしょう)
節をつけて歌うこと。また、オペラ内の独唱歌曲アリアの日本語訳。

シング (英／sing)
歌う。最も一般的な表現。

カンターレ (伊／cantare)
歌う。

チャント (英／chant)
唱歌、詠唱。キリスト教の典礼で聖書の一説を節をつけて歌う、短くて単調な旋律を繰り返す歌。

人／動作

叫ぶ・泣く

イェル／クライ／哭／シャウト／スクリーム／ハウル／バロウ

イェル（英／yell）
叫ぶ、大声をあげる。苦痛や怒り、喜びで大きな声をあげる。砕けた表現。スポーツなどで応援する意味の「エール」はこの語からきている。

クライ（英／cry）
叫ぶ、泣く。大声で泣き叫ぶときも、静かに涙を流すときも、嬉しくて泣くときも使われる。最も一般的な表現。

哭（日／こく）
涙を流して嘆き悲しむ。号哭、哀哭、慟哭など。

シャウト（英／shout）
どなる、大声を出す。人の注意をひくために大きな声を出す場合や感情が高ぶった時に大きな声を出すときに使う一般的な用語。

スクリーム（英／scream）
悲鳴をあげる。女性や子供の甲高い叫び声に使われる。

ハウル（英／howl）
遠吠え、怒号、大笑い。わめきたてる。

バロウ（英／bellow）
どなる、うなる。雷がとどろく音や、動物の鳴き声にも使われる。怒声や怒号など。

笑う

ギグル／グリン／スニア／スマイル／チャクル／ラフ

ギグル（英／giggle）
くすくす笑う。

グリン（英／grin）
にかっと笑う。声を立てず破顔する。スマイルより大きく、歯を見せた笑顔。

スニア（英／sneer）
せせら笑う。冷笑する。

スマイル（英／smile）
にっこり笑う。声を出さずに笑顔をつくる。

チャクル（英／chuckle）
ふふっと笑う。満足げな含み笑い。

ラフ（英／laugh）
声をあげて笑う。

人／動作

走る

ジョグ／スパート／スプリント／ダッシュ／ラン／レース

ジョグ（英／jog）
ゆっくり走る。馬車が一定の速度で進んでいる様子、物事をどうにか進める、という場合にも使う。

スパート（英／spurt）
速度を短時間に急に早める。

スプリント（英／sprint）
全力疾走する。短距離走の意味でもある。

ダッシュ（英／dash）
突進する、急行する。ぶつかる、打ち砕くという意味もあり、エネルギーの多い瞬間的な動き。

ラン（英／run）
走る、逃げる、移動する。ある方向に動き続ける動作を指す。

レース（英／race）
競走、疾走。急流が語源であり、勢いよく流れる様子。

はねる

ジャンプ／スキップ／スプリング／バウンド／ホップ／リープ

ジャンプ（英／jump）
飛び上がる、飛びつく。最も一般的な表現。

スキップ（英／skip）
はねまわる、飛び越す。縄跳びや飛ばしよみ、話題の転換など一足飛びに進んでいく様子。

スプリング（英／spring）
はねる。素早く上にとぶ。

バウンド（英／bound）
弾む、はね返る、とびあがる。

ホップ（英／hop）
はねる、ぴょんととぶ。ウサギや鳥がはねる動作を指す。人が何かを飛び越える、短期間の旅行、乗り物に飛び乗るといった身軽に越えるときに使う。

リープ（英／leap）
跳躍する、飛び越える。閏年はリープ・イヤー。リープ・イン・ザ・ダーク（暗闇に飛び込む）で向こうみずな、清水の舞台から飛び降りるといった意味になる。

人／動作

飛ぶ・浮く
フライ／フラッター／フロート／ホバー

フライ（英／fly）
翼で移動する。飛ぶ動作の最も一般的な言葉。

フラッター（英／flutter）
羽ばたく。羽を動かして短距離を移動する。

フロート（英／float）
浮かぶ、漂う。

ホバー（英／hover）
空中にとどまる。

つくる
クリエイト／ビルド／フォーム／プロデュース／メイク

クリエイト（英／create）
創造する、考案する。神が世界を創る、作家がキャラクターを創るなど、存在しなかったものを生み出す。

ビルド（英／build）
建造する、築く。橋や船、鉄道など規模の大きなものを積み上げて造り上げる。富や国家などにも使われる。

フォーム（英／form）
かたちづくる。粘土を器の形にしたり、組織や文章をかたちにする。

プロデュース（英／produce）
生産する、製造する。「前に導く」が語源。材料からつくり出す。

メイク（英／make）
材料に手を加えてつくる。料理から工業製品まで、最も一般的に使われる。

壊す
クラッシュ／デストロイ／デストラクション／ハヴォック／ブレイク／レイズ

クラッシュ（英／crush）
外部から圧迫して押しつぶす、粉砕する。石を砂にしたり、葡萄を絞ったりする際に使う。

デストロイ（英／destroy）
大きな損傷を与えて壊す。広く一般的に使われる。

デストラクション（英／destruction）
火事、爆発、洪水など大きな力による全体的な破壊。

ハヴォック（英／havoc）
大規模な破壊、混乱、損害。大損害、大惨事。格式ばった表現。

人／動作

ブレイク（英／break）
衝撃を与えてものを分断する、砕く。ものの大小や物理的かどうか、ネガティブかポジティブかに関わらず、広く一般的に使われる。

レイズ（英／raze）
建物、町などを完全に倒壊、破壊する。街を焼き払う、地震で壊滅するようなときに使う。

切る
カーブ／カット／セーバー／スライス／ソウ／チョップ／ハック／ハッシュ

カーブ（英／carve）
食卓で肉を切る。木や石を彫る、刻む。

カット（英／cut）
鋭い刃物で切る。切断する。

セーバー（英／sever）
切断する、断ち切る。

スライス（英／slice）
薄く切る。

ソウ（英／saw）
曳き切る。のこぎりで切断する。

チョップ（英／chop）
斧や鉈でたたき切る。細切れにする。

ハック（英／hack）
乱雑に切る、めった切りにする。

ハッシュ（英／hash）
肉を細切れにする。細切れ料理、ごたまぜ、寄せ集めという意味もある。

焼く
グリル／タン／バーン／ブロイル／ベイク／ロースト

グリル（英／grill）
直火で焼く。

タン（英／tan）
日焼けをする。

バーン（英／burn）
焼ける、燃える、焼き焦げる。

ブロイル（英／broil）
直火で焼く。主に米国で使われる。

ベイク（英／bake）
オーブンでパンを焼く。

ロースト（英／roast）
オーブンで焼く。

人／動作

集める
アセンブル／ギャザー／コレクト／マーシャル

アセンブル（英／assemble）
召集する。目的のために人を集合させる。

ギャザー（英／gather）
集める。あちこちにあるものを一か所にまとめる。一般的な言葉。

コレクト（英／collect）
収集する。いろいろなものから選んで持ってくる。

マーシャル（英／marshal）
配置する。人、物を整えて並べる。格式ばった言葉。

もつ
オウン／キープ／ホールド

オウン（英／own）
所有する。物の所有権を持っている際に使われる。

キープ（英／keep）
保有する。何かを取っておく。約束や秘密を守る意味にもなる。

ホールド（英／hold）
保持する。動き回るものをつかんでおく、抱えておく。土地の所有にも使われる。

分ける
セパレート／ディバイド

セパレート（英／separate）
切り離す、分離する。結びついていた個々のものを切り離す。

ディバイド（英／divide）
分割する、分ける。集合体を分割、分配する。

与える
アコード／アワード／ギブ／プレゼント

アコード（英／accord）
地位や待遇を与える。特定のグループに特権を与える。

アワード（英／award）
授与する。選考の結果、褒賞や賞を与える。

ギブ（英／give）
与える。最も一般的な言葉で、自分の持っている何かを相手に渡す。

プレゼント（英／present）
贈呈する。英語では日常的なプレゼントではなく、儀式などで贈呈される際

人／動作

に使われる。

かえる・かわる

エクスチェンジ／コンバート／ターン／チェンジ／トランスフォーム／トレード／バーター／ミュータント／メタモルフォーゼ／リノベイト／リフォーム／リプレイス／リモデル

エクスチェンジ（英／exchange）
交換する、取り換える。何かを渡して同様な他のものを手に入れる。贈り物を交換する、サイズ違いを交換するなど。

コンバート（英／convert）
転換する、転向する。何かの状態、方向性を変える。水を蒸気に変える、太陽光を電気に変えるなど。宗教を変える改宗にも使われる。

ターン（英／turn）
方向が変わる、変化する。ものを回転させるという意味から、ある状態のものを別の状態に変化させる。ピンチをチャンスに変える、愛が憎しみに変わるなど。

チェンジ（英／change）
変える、変わる、変化。全面的、本質的な変更。別のものになる。学校を変える、話題を変える、服が変わるなど。

トランスフォーム（英／transform）
外見をがらっと変える、一変させる。カエルが王子様に変身するなど、いい方向に変身するイメージ。

トレード（英／trade）
交換する。商業や貿易など、対価と物をやり取りすることや、単に人と席を交換するような場合も使われる。

バーター（英／barter）
物々交換する。物と物を引き換える。

ミュータント（英／mutant）
生物用語で、突然変異体、変種。

メタモルフォーゼ
（独／metamorphose）
生物学的な変態。さなぎが蝶になるように形を変えること。

リノベイト（英／renovate）
修理する、修復する、改修する。古い建物や絵画に手を入れて元の状態に戻す。

リフォーム（英／reform）
改革する、改善する。改めてよくする方向に変える。

リプレイス（英／replace）
置き換える。何かの場所に違う何かを

置く。取って代わる、後任になる。

リモデル（英／remodel）
改築する。建築物などの改装、改造。

合わせる
コンバイン／ジョイン／ブレンド／マージ／ミックス／ユナイト／リンク

コンバイン（英／combine）
結合させる。二つ以上のものを融合して一つのものをつくる。

ジョイン（英／join）
結合する、つなぐ、取りつける。

ブレンド（英／blend）
融合させる。二つのものを混ぜ合わせてよりよくする。

マージ（英／merge）
合併する。混ぜ合わせる。

ミックス（英／mix）
混ぜる。一般的な表現。量や質の均一性には関わらない。

ユナイト（英／unite）
統合する、合体する。合わせてひとつのものにする。

リンク（英／link）
連接する。本来の意味は鎖の輪で、鎖の輪のようにしっかりと結びつけるという意味。人のきずなも意味する。

たたかい
ウォー／クルセイド／コンバット／ジハード／デュエル／バトル／ファイト

ウォー（英／war）
戦争、闘争、軍事。国家間の大規模な戦い。

クルセイド（英／crusade）
十字軍。中世にヨーロッパ社会がイスラム勢力から聖地を回復するために起こした軍事行動。転じて、聖戦、改革運動。

コンバット（英／combat）
闘争。闘う、闘い。シングル・コンバットで一騎打ち。クローズ・コンバットで白兵戦。

ジハード（亜／جهاد）
イスラム教で、神の教えのために奮闘すること。イスラム教徒と他教徒との戦いでも使われる表現のため、聖戦と訳される。本来はもっと広い意味。

デュエル（英／duel）
二者の間で行われる決闘、果たし合

い。セコンドと呼ばれる介添人をつける。

バトル（英／battle）
戦闘。特定の地域での組織的な戦い。戦争の中のひとつの会戦。

ファイト（英／fight）
闘い。口論でも殴りあいでも使う。また、格闘技の試合も指す。

競争
ゲーム／コンクール／コンテスト／コンペティション／ダービー／トーナメント／マッチ／レース

ゲーム（英／game）
試合、勝負、競技。チームや個人が対戦して勝敗を決める。

コンクール（仏／concours）
競技、共演。演奏や作品、容姿や弁論などを競う。コンテストと同義。

コンテスト（英／contest）
競技。演奏や作品、容姿や弁論などを競う。コンクールと同義。争い、議論などにも使われる。

コンペティション（英／competition）
試合、競技。

ダービー（英／derby）
イギリスのエプソム競馬場で毎年行われる競馬のレース、ダービーステークスの略。ダービー伯爵に由来する。これに由来する競馬が世界各地で行われている。

トーナメント（英／tournament）
勝ち抜き試合。もともとは中世の馬上槍試合のこと。今日では、勝ち抜き戦形式の一連の試合を指す。

マッチ（英／match）
対戦、試合。競争相手、好敵手、ふさわしいもの、似合いのものという意味もある。

レース（英／race）
競走。競馬やボートなど速さを競う競技に使われる。

勝利
ヴァンキッシュ／ウィン／コンクエスト／サクセス／ジーク／ディフィート／トリンプ／ビクトリー

ヴァンキッシュ（英／vanquish）
破る、負かす。個別の戦いで相手を打ち負かすこと。

ウィン（英／win）
勝つ、勝ち取る、獲得する。

人／動作

コンクエスト（英／conquest）
征服、獲得。抵抗を破って得た持続的な勝利。

サクセス（英／success）
成功、成功したもの、人。

ジーク（独／sieg）
勝利、戦勝。克服、征服。

ディフィート（英／defeat）
打ち負かす、敗北させる。「負かす」という使い方での最も一般的な表現。名詞になると敗北、失敗。

トリンプ（英／triumph）
大成功、完全勝利。

ビクトリー（英／victory）
勝利、戦勝。戦争やスポーツその他幅広く使われる最も一般的な表現。

敗北
サレンダー／ディフィート／フェイル／ルーズ

サレンダー（英／surrender）
完全降伏する、明け渡す、自首する。

ディフィート（英／defeat）
敗北、挫折、失敗。動詞では打ち負かす、敗北させるという意味になる。

フェイル（英／fail）
失敗する。力が足りず不成功に終わる。

ルーズ（英／lose）
失う、負ける、なくす。

挑戦
エンデバー／スフィーダ／チャレンジ／トライ

エンデバー（英／endeavor）
努力する、努める。持続的で義務感を持った真剣な努力。

スフィーダ（伊／sfida）
挑戦。

チャレンジ（英／challenge）
挑戦、試合の申し込み。難局に立ち向かうやる気のある行動。

トライ（英／try）
努力する、試みる。最も一般的な表現。

練習
エクササイズ／トレーニング／ドリル／プラクティス

エクササイズ（英／exercise）
稽古、実習。修得した技術の練習。

トレーニング（英／training）
訓練。一定期間指導者の下で行われる組織的な練習。

ドリル（英／drill）
反復練習。できるまで繰り返し叩き込むような訓練。

プラクティス（英／practice）
技能を習得するために繰り返し行う練習。

逃げる

アヴォイド／エスケープ／エクソダス／エルード／ディザート／ヒジュラ／ブレイクアウト／ランナウェイ／リトリート

アヴォイド（英／avoid）
回避する。危険や不快なものから積極的に遠ざかる。

エスケープ（英／escape）
危険、拘束から逃れる、脱出する。

エクソダス（英／exodus）
大勢の出国。『旧約聖書』でイスラエル人がモーセに導かれてエジプトを脱出した「出エジプト記」のこと。

エルード（英／elude）
身をかわす、すり抜ける。

ディザート（英／desert）
義務、地位を捨てて去る。軍人が脱走、逃亡する。

ヒジュラ（亜／مخرة）
聖遷。イスラム教の創始者ムハンマドがメッカからメディナに一族を連れて移住した出来事のこと。

ブレイクアウト（英／break out）
脱獄、脱出。

ランナウェイ（英／run away）
逃走する。駆け落ちするという意味もある。

リトリート（英／retreat）
軍が退却、撤退する。

攻撃

アサルト／アタック／オフェンス／ストライク／チャージ／ラッシュ／レイド

アサルト（英／assault）
急襲する。突然襲い掛かる。

アタック（英／attack）
武器を持って攻撃する。最も一般的な表現。

オフェンス（英／offence）
犯罪、攻撃。

人／動作

ストライク（英／strike）
攻撃する、急襲する。

チャージ（英／charge）
突撃する。突進して攻撃する。

ラッシュ（英／rush）
猛進、急襲。殺到する。

レイド（英／raid）
奇襲、空襲。不意に行われる襲撃。警察の手入れの意味もある。

打つ・叩く

クラップ／シュート／スタンプ／ストライク／スマッシュ／スラッシュ／スラッグ／スラップ／タップ／ノック／パット／バン／パンチ／ビート／ヒット／ブロー／ポンド／ラップ

クラップ（英／clap）
手で叩く、拍手。またパチンという破裂音の表現。

シュート（英／shoot）
撃つ。銃や矢で放ったものを当てる。

スタンプ（英／stamp）
足を踏み鳴らす。

ストライク（英／strike）
打つ、叩く、殴る。叩く道具や対象が広く、最も一般的な表現。

スマッシュ（英／smash）
強打する、打ち壊す。強い力をぶつけて粉砕する。

スラッシュ（英／thrash）
罰として鞭や棒で打つ。打ちのめす、打ち据える。

スラッグ（英／slug）
拳や道具で強打する、殴りつける。

スラップ（英／slap）
平手で叩く。拒絶や侮辱の意味にもなる。

タップ（英／tap）
軽く叩く、指先で叩く。

ノック（英／knock）
コツコツ叩く。拳や固いもので叩く。

パット（英／pat）
掌などで軽く叩く。肩をポンと叩く、布で汚れを叩くような動き。

バン（英／bang）
ドンドン叩く、発砲する。大きな音を立てる衝撃を指す。

パンチ（英／punch）
拳で殴る。抽象的な意味で殴られたような衝撃、印象を与えることを指すこ

ともある。

ビート （英／beat）
繰り返し続けて叩く。

ヒット （英／hit）
打つ、叩く、殴る、的に当てる。ストライクと同じく一般的な表現だが、やや口語的。

ブロー （英／blow）
平手、拳、武器による強打、殴打。

ポンド （英／pound）
連打する、さんざんに打つ。ピアノやタイプライターのキーを叩く。

ラップ （英／rap）
指でコツコツ叩く。ノックと近い叩き方。また小言や非難するという意味にもなる。

防御

ガード／シール／シールド／ディフェンス／バリア／バリケード／ブロック／プロテクト

ガード （英／guard）
警戒、監視する。安全のために見張る。

シール （英／seal）
封印、封鎖する。警察や軍が国境や道を封鎖する。

シールド （英／shield）
防護する。何かを盾として間に入れて守る。プロテクトより硬い表現で、より危機が迫っている。

ディフェンス （英／defense）
防御。攻撃に対抗して行われる防御、撃退。

バリア （英／barrier）
障害、障壁。関所や改札口など、何かの間を隔てるもの。

バリケード （英／barricade）
入り口や道路などを封鎖するために置かれる障害物。

ブロック （英／block）
塞ぐ、妨げる、妨害する。

プロテクト （英／protect）
防護する。壁や道具によって隔てて守る。

助ける

アシスト／エイド／サポート／セイブ／ヘルプ／リリーフ／レスキュー

アシスト （英／assist）
補助する。主体となる人のとなりで手

人／動作

を貸す。

エイド（英／aid）
援助する。上から手を差し伸べる。新聞などに使われる硬い表現。

サポート（英／support）
支える。支持や応援など、誰かを下から支える。

セイブ（英／save）
救う。安全な状態にする。

ヘルプ（英／help）
手伝う、力を貸す。最も一般的な表現。アシストより干渉の度合いが高い。

リリーフ（英／relief）
救援。負荷を軽くする助け。安堵、息抜きの意味もある。

レスキュー（英／rescue）
救助する。差し迫った危険から遠ざける。

治療する
キュア／セラピー／デトックス／トリート／ヒール／リカバリー／レメディ

キュア（英／cure）
治療する。病気、けがをいやして健康な状態に戻す。

セラピー（英／therapy）
治療法。アニマルセラピーなど複合語をつくることが多い。

デトックス（英／detox）
解毒。アルコール依存、薬物依存を治療する。

トリート（英／treat）
対処する。病気、けがを手当、処置する。

ヒール（英／heal）
手当する。外傷に対応する。キュアより局部的。

リカバリー（英／recovery）
回復、全快。健康を取り戻す。

レメディ（英／remedy）
薬を用いて病状や苦痛を緩和する。古風な表現。

救難信号
SOS／メーデー

SOS
モールス信号で助けを求める際の符号。船舶などで無線を使ったモールス信号の通信が使われていた際に制定さ

メーデー（英／mayday）
無線電話信号で助けを求める際の符号。「メーデー」を3回繰り返す。フランス語の「m'aidez（私を助けて）」が語源。救助目的以外で発信すると犯罪になる。

殺す

アサシネイト／エクセキュート／キル／スーサイド／スレイ／ブッチャー／ホミサイド／ホロコースト／マーサカー／マーダー

アサシネイト（英／assassinate）
著名な政治家など重要人物を暗殺する。

エクセキュート（英／execute）
処刑する。法的に死刑を執行する。

キル（英／kill）
殺す、生命を奪う。人、動物、植物にも使われる一般的な表現。効果や勢いを殺す意味で、鎮める、中和するという表現にもなる。

スーサイド（英／suicide）
自分で自分を殺す。自殺、自滅。

スレイ（英／slay）
暴力をふるって殺す。硬い表現。俗語的な表現として、笑い転げさせる、抱腹絶倒させるという意味もある。

ブッチャー（英／butcher）
動物を食用に殺す。人を残虐に殺す。もともとは食用肉を扱う肉屋のこと。

ホミサイド（英／homicide）
殺人、殺人犯。法的には罪にならない場合にも使われる。

ホロコースト（英／holocaust）
もともとはユダヤ教の祭事で神に捧げる生け贄のことで、火にくべられた。そこから、火による大量虐殺、また第二次世界大戦でナチスがユダヤ人に対して行った虐殺の意味になる。

マーサカー（英／massacre）
罪のない人を大量に殺す。大虐殺、皆殺し、惨殺。

マーダー（英／murder）
殺害する、殺人。不法に、意図的に人を殺す。

盗む・奪う

スティール／スナッチ／セフト／ルート／ロブ

スティール（英／steal）
盗み取る。気づかれないようこっそり盗む。

人／動作

スナッチ（英／snatch）
ひったくる。かっぱらう。

セフト（英／theft）
盗み、窃盗、盗難。

ルート（英／loot）
分捕る、略奪する、横領する。略奪品、戦利品。

ロブ（英／rob）
強奪する。押し入って奪い取る。

つかまえる
アレスト／インプリズン／キャッチ／キャプチャー／トラップ

アレスト（英／arrest）
逮捕する。警察などが人を捕らえる、検挙する。

インプリズン（英／imprison）
投獄する。捕らえて刑務所などに入れる。

キャッチ（英／catch）
捕捉する。動いているものをとらえる。

キャプチャー（英／capture）
分捕る、占領する。困難を排して捕まえる、また心や関心をとらえる。データや画像を保存する際にも使う。

トラップ（英／trap）
わなにかける。人、獣を罠にかけてとらえる。

信じる
カウント／トラスト／ビリーブ

カウント（英／count）
あてにする、期待する。数を数えるの意から、数えられるという意味になる。

トラスト（英／trust）
信頼、信用。信頼して預ける、任せるという使い方もする。

ビリーブ（英／believe）
何かを正しいと思う。人の言うことを信じる。そうであると思う。

裏切る
ダブルクロス／トレイター／ビトレイ

ダブルクロス（英／double-cross）
仲間を裏切る。口語的な表現。

トレイター（英／traitor）
裏切り者、反逆者、売国奴。

ビトレイ（英／betray）
裏切る、寝返る、敵に売る。

忘れる
アムネシア／オブリビオン／ネグレクト／フォーゲット

アムネシア（西／amnesia）
記憶喪失、忘れる。

オブリビオン（英／oblivion）
忘却。

ネグレクト（英／neglect）
必要なことをし忘れる。

フォーゲット（英／forget）
忘れる、思い出せなくなる。

疑う
クエスチョン／ダウト／ワンダー

クエスチョン（英／question）
疑問に思う、質問する。

ダウト（英／doubt）
疑う、信用しない。ノーダウトで確実の意味。

ワンダー（英／wonder）
不思議に思う、いぶかる。もともとの意味が未知への好奇心や疑問。

間違い
エラー／スリップ／フォールト／ミステイク

エラー（英／error）
間違い、失敗。正解があるうえで正しい動作をしなかった間違い。非難するニュアンスが含まれる。

スリップ（英／slip）
書き間違い、言い間違いなどの軽い間違い。

フォールト（英／fault）
落ち度、過失。欠点の意味もある。非難されるほどでもない軽い間違い。

ミステイク（英／mistake）
誤り、失敗。不注意や思い違いで起こってしまう間違い。最も一般的な表現。

反乱
クーデター／リベリオン／リボルト／レジスタンス／レボリューション

クーデター（仏／coup d'État）
政変。支配階級内部で非合法的に政権を奪うこと。レボリューションやリベリオンのように社会体制そのものを変えるのではなく、権力者が変わる。

人／動作

リベリオン（英／rebellion）
反乱、暴動、謀反。暴力によるもので、不成功に終わったものをいう場合が多い。

リボルト（英／revolt）
反抗、反乱。権力や政府などに公然とあらがうこと。

レジスタンス（英／resistance）
抵抗、反抗。抵抗組織。

レボリューション（英／revolution）
革命、変革。暴力を伴うもので、社会体制を変えるのに成功したものを指す場合が多い。

ごまかし・不正

イリーガル／カモフラージュ／シャム／チート／トリック／フェイク／ミスリード／ライ

イリーガル（英／illegal）
違法の、不法の。法律に背く。

カモフラージュ（英／camouflage）
偽装、迷彩、ごまかし。

シャム（英／sham）
ごまかし、いんちき、贋作、ペテン師。

チート（英／cheat）
自分の利益のために不正な手段でだます、欺く。詐欺を働く。

トリック（英／trick）
たくらみ、策略、計略。計画的に相手の目を欺くこと。手品や錯覚などにも使われる。

フェイク（英／fake）
偽造する、ふりをする。模造品。

ミスリード（英／mislead）
誤解させる、誤った方向に導く。

ライ（英／lie）
嘘。人をだますための偽りの発言。

協力する

コーポレート／コントリビュート／コラボレイト

コーポレート（英／cooperate）
手を組む。共通の目的のために協働する。

コントリビュート（英／contribute）
貢献する。事業などにお金を寄付する。

コラボレイト（英／collaborate）
共同制作、共同研究をする。科学や芸術の分野でひとつのものを一緒につく

望む

アンビシャス／ウィッシュ／グリード／クレーム／デザイア／ホープ／リクエスト

アンビシャス（英／ambitious）
大望のある、野心的な。仕事での成功や権力を求める姿勢。

ウィッシュ（英／wish）
願望、憧憬。自分ではできないこと、実現が難しいことにそうであったらいいのにと望む。

グリード（英／greed）
貪欲、欲張り。キリスト教の7つの大罪のうちのひとつ。

クレーム（英／claim）
当然の権利として要求する、請求する。

デザイア（英／desire）
熱望。強く欲して求める。

ホープ（英／hope）
希望。実現可能な未来を願う。

リクエスト（英／request）
要望。相手にそうして欲しいと伝える。

命令

アサイン／オーダー／コマンド／ディレクト／ネーム／アポイント

アサイン（英／assign）
割り当てる、任命する、命じる。

オーダー（英／order）
命令する。上のものが下のものに指令を伝える。

コマンド（英／command）
指揮する。権限のあるものが部隊全体に命じる。硬い表現。

ディレクト（英／direct）
指示する、指導する。命令の意味合いはやや弱い。

ネーム（英／name）
名指しする。

アポイント（英／appoint）
任命する。

はじまる

イニシエイト／オープン／スタート／バース／ビギン／ブレイクアウト／ライズ／ローンチ

イニシエイト（英／initiate）
創始する。新分野や新事業を開拓する。硬い表現。

人／動作

オープン（英／open）
開業。店や建物が開く。

スタート（英／start）
始動。止まっていたものが動き出す。

バース（英／birth）
誕生、誕生する。生物の出生、出産。物事の出現。

ビギン（英／begin）
開始、着手。最初の一歩を踏み出す。

ブレイクアウト（英／break out）
突発。暴動や戦争が起こる。吹き出る。

ライズ（英／rise）
立ち上がる、起きる、飛び立つ。嵐や事件が起きる。思いや物事が現れる、見えてくる。

ローンチ（英／launch）
進水、発進。新しい船を水に降ろすこと。新事業の立ち上げ、新製品の売り出しなど。

進む

アドバンス／イヴァルブ／グロウ／ディベロップ／プログレス／プロシード

アドバンス（英／advance）
進める、促進する、発展。昇進や研究の発展などレベルが上がっていく進行。

イヴァルブ（英／evolve）
生物が進化する。発展する。

グロウ（英／grow）
植物が芽生える、生長する。人や物事が成長する、育つ、伸びる。

ディベロップ（英／develop）
発達させる、開発する。土地の造成や鉱山の開発など。持っている特質が明らかになる、高まる。

プログレス（英／progress）
進歩、発達。ある方向、目的に向かって進んでいく。

プロシード（英／proceed）
続行する、続けて進む。次の議題に進む、次の計画に進むなど、一区切りついたものを更に次へ進める。

終わる

エンド／ギブアップ／クローズ／コンプリート／ストップ／フィニッシュ／リタイア／リフレイン

エンド（英／end）
終了する。今までやっていたものをやめる。途中でやめてもエンド。

ギブアップ（英／give up）
断念、あきらめる。やめる、手放す、放棄する。

クローズ（英／close）
終業する。お店が閉まる、取引をやめる。

コンプリート（英／complete）
完了する。目的を達成する。フィニッシュより時間をかけて到達するもの。

ストップ（英／stop）
停止する。動きが止まる。再開の可能性も含む。

フィニッシュ（英／finish）
完了する。目的を達成する。

リタイア（英／retire）
定年退職する。職や地位、活動から引退する。

リフレイン（英／refrain）
我慢する。控える、断つ。やりたいことを一時的にやめておく。

消える・消す

イレイズ／キャンセル／スナッフ／ディサピア／デリート／バニッシュ／フェイド／ラプス

イレイズ（英／erase）
こすって消す、削り取る、拭い去る。俗語として人を殺すという意味にもなる。

キャンセル（英／cancel）
取り消す、中止する、相殺する。

スナッフ（英／snuff）
消滅させる、滅ぼす。ろうそくを消す。俗語として人を殺すという意味にもなる。

ディサピア（英／disappear）
姿を消す。見えなくなる。

デリート（英／delete）
削除する。

バニッシュ（英／vanish）
消滅する。視界から消える。突然消えるイメージ。

人／動作

フェイド（英／fade）
徐々に消える。薄れていく。

ラプス（英／lapse）
消滅、失効。法的な権利をなくす。失敗、へま、堕落、信仰を失うといった意味もある。

隠す
キャッシュ／コンシール／ハイド／ベリィ

キャッシュ（英／cache）
盗難や災害に備えて隠す、蓄える。また貯蔵品、隠してある貴重品。

コンシール（英／conceal）
隠す、隠れる、秘密にする。意図的に見えないようする場合に使う。

ハイド（英／hide）
隠す、隠れる。意図的な場合も、意図していない場合も使う。最も一般的な表現。

ベリィ（英／bury）
埋める、覆い隠す。上から何かをかぶせて見えないようにする。埋葬する、葬り去るという意味にもなる。

捨てる
ダンプ／ディスコード／ディスポーズ／リサイン／リジェクト

ダンプ（英／dump）
投げ捨てる。ごみなどをぞんざいに捨てる。人を見限る、投げ売りをするさいにも使う。

ディスコード（英／discard）
捨てる、処分する。不要物を捨てる。

ディスポジション（英／disposition）
廃棄、処分。

リサイン（英／resign）
権利を放棄する、辞職する。

リジェクト（英／reject）
却下する、拒否する、はねのける。不良品などを取り除く。

探す・追う
クエスト／サーチ／シーク／スパイ／チェイス／ハント／リサーチ

クエスト（英／quest）
探求。探し求める。富や真実といった抽象的なものにも使われる。

サーチ（英／search）
時間をかけて捜索する。

人／動作

シーク（英／seek）
探し求める。時間や労力をかけて探し回る。やや硬い言葉。

スパイ（英／spy）
ひそかに探し出す。スパイ行為をする。

チェイス（英／chase）
追跡する。狩る、追い求める。

ハント（英／hunt）
ある場所をくまなく探す。

リサーチ（英／research）
調査する、研究する。

旅

オデッセイ／クルーズ／ジャーニー／ツアー／トラベル／トリップ／ピルグリミッジ／ボヤージュ

オデッセイ（英／odyssey）
長期の放浪、遍歴。もともとはギリシア神話の叙事詩『オデュッセイア』のこと。故郷に戻るための長い長い旅路。

クルーズ（英／cruise）
船旅。客船でさまざまな場所に立ち寄り、楽しむ船旅。

ジャーニー（英／journey）
旅行。比較的長い陸路の旅路。

ツアー（英／tour）
周遊旅行。ぐるっと回ってくること。劇団や演奏、スポーツで各所を回ることも指す。

トラベル（英／travel）
旅行する、旅行。スペーストラベル、タイムトラベルのような複合語としても使われる。

トリップ（英／trip）
短期旅行。目的があって行って戻ってくる旅行。

ピルグリミッジ（英／pilgrimage）
巡礼の旅。宗教的に重要な土地を信者が訪れること。

ボヤージュ（英／voyage）
船旅、空の旅。本来旅の準備金や食料を意味する。しっかりと準備する長い旅。

冒険

アドベンチャー／アバンチュール／クエスト

アドベンチャー（英／adventure）
冒険、冒険心、危険を冒す。

147

人／動作

アバンチュール （仏／aventure）
冒険、意外な出来事。恋の冒険、恋愛事件。古語では運命。

クエスト （英／quest）
探求。何かを探し求める。中世騎士の探究の冒険。

さまよう
ストレイ／ランブル／レンジ／ロウム／ワンダー

ストレイ （英／stray）
はぐれる、迷い込む。あるべき場所からそれたもの。迷子や野良犬、野良猫といった意味もある。

ランブル （英／ramble）
行き先や目的を決めずに歩き回る。散策する、とりとめなく話す。

レンジ （英／range）
広い地域を歩き回る。放牧する。

ロウム （英／roam）
放浪する。広い地域を当てもなく歩き回る。自由と喜びを含む表現。

ワンダー （英／wander）
目的もなく動き回る。ぶらぶらする。

運命
カルマ／業／シックザール／ジンクス／ディスティニー／ドゥーム／ファタル／フェイト／フォーチュン／マレフィック／ラッキー

カルマ （サンスクリット／कर्म）
ヒンドゥー教、仏教の概念で、人の行い、言葉、行動。また、それらがもたらす苦楽の結果。

業 （日／ごう）
カルマの日本語訳。

シックザール （独／schicksal）
天命、神意。運命、宿命。

ジンクス （英／jinx）
縁起。本来は縁起の悪いものに対して使う表現。

ディスティニー （英／destiny）
運命、宿命。神に定められた逃れようのない必然的な運命で、どちらかと言えばいい結果を暗示する。

ドゥーム （英／doom）
宿命、悲運。もともとは判決の意味。破滅や死など逃れられない悪い結果。

ファタル （仏／fatale）
運命の、宿命的な。運命の女性ファム・ファタルというテーマで有名。

ファム・ファタルは単に運命的な恋に落ちる女性ではなく、その結果相手を破滅に導く魔性を秘めた女性を指す。

フェイト（英／fate）
運命。避けられない災い、悲運の意味がある。

フォーチュン（英／fortune）
運命、幸運、果報。人生を左右するような運で、幸不幸どちらもあるが、もともとは幸運を意味する。

マレフィック（英／malefic）
不吉な、凶星の。

ラッキー（英／lucky）
幸運。運がいい、ついている。

魅了

アトラクト／アルア／エンチャント／ヴァンプ／グラマー／チャーム／ビーウィッチ／ファサネイト

アトラクト（英／attract）
ひきつける、魅了する。ひきつけられる方にもある程度の興味はあることが前提になる。

アルア（英／allure）
えさで意図的にひきつける。おびき寄せる、魅惑する。

エンチャント（英／enchant）
魅了する、魔法をかける。喜びや美しさで人の心を奪う。

ヴァンプ（英／vamp）
女が男を誘惑する、誘う。

グラマー（英／glamour）
蠱惑、誘惑的な魅力。

チャーム（英／charm）
元来はまじない、呪文。派生して、魔力、護符、操るなど多様な意味を持つ。現代では魅了、美貌、色香。

ビーウィッチ（英／bewitch）
魔法をかける、うっとりさせる。化かす。

ファサネイト（英／fascinate）
呪文で縛る、魅惑する、悩殺する、魂を奪う。

約束

アポイントメント／エンゲージ／オウス／コヴェナント／コントラクト／プロミス／ランデブー

アポイントメント（英／appointment）
予約、取り決め。面会や会合の約束。

エンゲージ（英／engage）
雇う、予約する。婚約する。

オウス（英／oath）
誓い、宣誓。神や聖なるものにかけてする誓い。裁判などで聖書に片手を載せて行う真実を誓う宣誓。

コヴェナント（英／covenant）
契約、誓約。『旧約聖書』では、神と人との間に結ばれた契約を指す。

コントラクト（英／contract）
契約、約定。商業的な売買や請負の契約。

プロミス（英／promise）
約束、誓い。口頭でする約束。

ランデブー（仏／rendez-vous）
待ち合わせ、予約。会う約束。宇宙船のドッキングや店の予約、商談など。逢い引きや密会でも使われる。

復讐
アヴェンジ／ヴェンジャンス／リヴェンジ

アヴェンジ（英／avenge）
正義に基づく復讐。かたき討ち、悪事への仕返し。

ヴェンジャンス（英／vengeance）
復讐。リヴェンジよりも硬い表現。

リヴェンジ（英／revenge）
報復、復讐。憎しみや悪意からやり返す。試合などで負けた相手に雪辱を果たす場合も使われる。

清掃
ウォッシュ／クリーン／スイープ／スクラブ／ダスト／ブラッシュ／ポリッシュ／ワイプ

ウォッシュ（英／wash）
洗う、洗濯する。

クリーン（英／clean）
汚れを取り除く。最も一般的な表現。汚れていない、未使用で新しい、という意味にもなる。

スイープ（英／sweep）
掃く。箒やはたきで埃などを取り除く。邪魔なものを一掃する、追い払うという意味にもなる。

スクラブ（英／scrub）
こする。ごしごしこすって綺麗にする。

ダスト（英／dust）
埃を払う。拭く、掃く、叩くなど手段は問わない。

ブラッシュ（英／brush）
ブラシをかける、磨く。

ポリッシュ（英／polish）
研磨する。家具や靴などを磨いてつやつやにする。芸などに磨きをかけるという意味でも使われる。

ワイプ（英／wipe）
拭く。拭いて綺麗にする。

形容

- 形状
- 性質
- 宗教

■ 形状

大きい／小さい／美しい／かわいい／かっこいい／中心／端／頂点／底辺／全部／一部・部分／領域・地帯／区分け／範囲／図形

大きい

ギガンテック／ヴァスト／グレート／ビッグ／ヒュージ／マッシブ／ラージ

ギガンテック（英／gigantic）
巨大な。「巨人」を語源とする。

ヴァスト（英／vast）
広大な、莫大な、膨大な。見渡す限り一面に広がる空や海原を表すような表現。

グレート（英／great）
大きい。感情的、非物質的な大きさも指す。

ビッグ（英／big）
大きい。主観的な大きさを表し、最も一般的で幅広く使う。人に使うと重要度や年齢など外見以外の大きさも指す。

ヒュージ（英／huge）
巨大。サイズや規模が非常に大きい。ビッグの誇張表現としても使われる。

マッシブ（英／massive）
重量のある大きさ。ずっしりとした

塊。

ラージ（英／large）
面積、容量が大きい。ビッグに比べるとやや硬く、書き言葉。客観的に大きい。人に使うと単に外見的に大きい。

小さい
コンパクト／ショート／スモール／タイニー／マイニュート／ミニチュア／リトル／ロウ

コンパクト（英／compact）
小型の。小さくまとまっている。無駄な大きさがなく詰まっている。

ショート（英／short）
短い。丈、背などが小さい。

スモール（英／small）
小さい。客観的に見て小さい。ラージの対義語。一般的に使われる。

タイニー（英／tiny）
とても小さい。スモールやリトルよりも小さい。

マイニュート（英／minute）
微小な、微細な。分を表すミニットと同じ単語。目に見えないほど小さい。

ミニチュア（英／miniature）
小型の。標準より小さいもの。

リトル（英／little）
小さい。かわいらしく小さい。ビッグの対義語。

ロウ（英／low）
音が小さい。位置が低い。

美しい
エレガント／グレイス／ゴージャス／セレスタル／ビューティフル

エレガント（英／elegant）
優雅な、気品あふれる。上品で洗練されている美しさ。

グレイス（英／grace）
優美、優雅、気品。ユア・グレイスで公爵や公爵夫人、大主教の敬称になる。

ゴージャス（英／gorgeous）
絢爛豪華。壮麗。華やかで美しい。異性としての性的魅力がある、という意味合いもある。

セレスタル（英／celestial）
神々しいほどに美しい。天の、天国の。人の手を超えた美しさ。天文用語で天球を指す語としても使われる。

ビューティフル（英／beautiful）
美しい。最も一般的な表現。物質にも

形容／形状

音楽などの無形のものにも使う。

かわいい

キュート／スイート／チャーミング／プリティ／ラブリー

キュート （英／cute）
かわいい。動物や子供など、守ってあげたい種類の可愛さ。

スイート （英／sweet）
愛くるしい、魅力的。子供や動物などかわいいもののほか、恋人や歌、声などのうっとりするような魅力の表現にもなる。

チャーミング （英／charming）
感じのいい、人あたりのいい。態度や行動が好感の持てること。

プリティ （英／pretty）
かわいい、きれい。ビューティフルよりも愛らしさ、可憐さを重視した表現。

ラブリー （英／lovely）
美しい。おもに女性の美しさに対して使われ、愛すべき美しさを指す。外見のみでなく、行動や精神の美しさにも使う。

かっこいい

クール／スタイリッシュ／スマート／ダンディー／ハンサム

クール （英／cool）
かっこいい、素敵。おもに話し言葉で使われる。

スタイリッシュ （英／stylish）
おしゃれな、いまどきの。

スマート （英／smart）
きちんとした、そつのない。

ダンディー （英／dandy）
男性の服装やものごしが洗練されていること。

ハンサム （英／handsome）
凛々しい。男性にも女性にも使われる。

中心

アクシス／エンファシス／コア／センター／セントラル／ハート／ハブ／ピボット／フォーカス／ミドル／メイン

アクシス （英／axis）
軸、中心線、中枢、枢軸。アース・アクシスは地軸。

エンファシス （英／emphasis）
重要視されるもの、主眼点。力点、力

を入れるところ。

コア (英／core)
中心部、核心。物事の中心で最も重要な部分。実際の物の部分を指す際にも、思想などの抽象的なものにも使う。

センター (英／center)
中心、真ん中。円や球の物理的中心のこと。そこから、中心街や中心的存在の人なども指す。

セントラル (英／central)
中心の、中央の。中核の、主要な。

ハート (英／heart)
核心、本質。体の心臓部分を指す言葉。そこから、最も重要な部分を指す。

ハブ (英／hub)
中心、中央。もともとは車輪の中央部のこと。そこから、活動の中心となる拠点を表す。

ピボット (英／pivot)
中心、要、軸。旋回する中心部、物事の要点。

フォーカス (英／focus)
焦点、中心。興味や活動の中心、震源地、台風の目。

ミドル (英／middle)
真ん中。空間的中心、時間的中心。部屋や道路などの中央、動作の最中を指す。

メイン (英／main)
主な、主要な。ガスや電気などの本管、幹線なども指す。最も重要な部分。

端

エッジ／エンド／フロンティア／ボーダー／マージン／リミット／ローカル

エッジ (英／edge)
へり、縁、端っこ。刃物の刃部分、鋭さという意味もある。

エンド (英／end)
末端、末尾。細長いものの端。最果て。

フロンティア (英／frontier)
辺境、未開拓地、新分野、最先端。もともとは隣の領地との隣接地。

ボーダー (英／border)
境界線、縁飾り。国境など領域の境目を意味する。

形容／形状

マージン （英／margin）
余白、欄外、岸、縁。時間的余裕など、余分に取っておく部分。

リミット （英／limit）
境界、限界、極限。時間や速度の制限、行けるぎりぎりのところ。

ローカル （英／local）
地方の、地元の、局所的な。

頂点

エイペックス／クライマックス／クレスト／サミット／ゼニス／トップ／ピーク／ピナクル／ボルテックス

エイペックス （英／apex）
先端、頂点。極致、絶頂。

クライマックス （英／climax）
最高潮、最高点。事件や劇などの最も盛り上がる場面。

クレスト （英／crest）
山頂、波頭、とさか。ものの上の部分。兜や盾の上の飾り。

サミット （英／summit）
山の頂上、最高到達点。国家の最高レベル。到達するのに努力を要する頂点。

ゼニス （英／zenith）
天頂、絶頂。天球の真上を指し、アラビア語に由来する。

トップ （英／top）
ものの一番上の部分。最も一般的な表現。

ピーク （英／peak）
峰。山脈の最高点。グラフの最高点など、連続したもののなかの最高点。

ピナクル （英／pinnacle）
尖峰、頂上。教会の小尖塔もピナクルという。

ボルテックス （英／vertex）
頂点、最高点。幾何学的な図形の頂点。

底辺

アンダー／ナディア／ベース／ボトム

アンダー （英／under）
真下、下に。

ナディア （英／nadir）
天底。天球の底の部分。ゼニスの反対語。

ベース （英／base）
基礎、土台、ふもと、出発点。軍の基

地もベースという。

ボトム〔英／bottom〕
底、基底部。根本や基礎という意味合いと最低部分、末席という意味合いがある。

全部

エブリシング／オール／グロス／トータル／ホール

エブリシング〔英／everything〕
複数あるものをすべて。何もかも。

オール〔英／all〕
全体をひとまとめにして全部。全部でひとつのものとして全部。

グロス〔英／gross〕
総体の、全般的な、おおまかな。

トータル〔英／total〕
全体の、総計の、全部合わせた。

ホール〔英／whole〕
欠けていない全体、そのまま全部。ホールケーキはカットされていないケーキまるまるひとつ。

一部・部分

セクション／セグメント／パート／ピース／ビット／フラグメント／ポーション

セクション〔英／section〕
部分、文章の段落。建物のなどの区切られた一部。

セグメント〔英／segment〕
節、部分。植物や昆虫などで自然に分かれた部分。

パート〔英／part〕
一部、要素。全体のなかのある部分。

ピース〔英／piece〕
何かから切断、分離された一部。切り分けられたケーキがケーキのピース。

ビット〔英／bit〕
かけら、細片。ほんの少しの小さなもの。

フラグメント〔英／fragment〕
破片、断片。破壊などで生じた小さく分離した部分。

ポーション〔英／portion〕
切り離された一部、分け前、割り当て分。

形容／形状

領域・地帯

エリア／スフィア／セクター／ゾーン／ディビジョン／ドメイン／フィールド／ベルト／リージョン

エリア（英／area）

範囲、領域、地域、地帯。国、都市、建物などの一部、一定の範囲。

スフィア（英／sphere）

活動や影響の及ぶ範囲、社会的階層。

セクター（英／sector）

経済、産業の一部門。

ゾーン（英／zone）

区域。ある特徴、用途のある一帯。戦闘地域、危険区域など。

ディビジョン（英／division）

区分、部局や課。

ドメイン（英／domain）

活動、学問の担当分野。パブリック・ドメインは公の領域にするという意味での一般公開。

フィールド（英／field）

仕事、研究の分野。

ベルト（英／belt）

地帯。特徴のある土地一帯。トウモロコシ地帯、工業地帯など。

リージョン（英／region）

広い視点で見た地域。国全体、大陸全体という規模で見た際のある地域。

区分け

カースト／カテゴリー／クラス／グループ／グレード／タイプ／ランク／レベル

カースト（英／caste）

古代インドの身分制度。バラモン、クシャトリヤ、ヴァイシャ、シュードラの4つに分かれ、職業や婚姻が規制される。カーストはポルトガル語由来の英語で、インドでは「ヴァルナとジャーティ」という。

カテゴリー（英／category）

部門、区分、範疇。

クラス（英／class）

組、階級。共通の特徴、性質を有する区分け。価値の優劣を伴う場合がある。

グループ（英／group）

集団、群れ、かたまり。同種の生物の集団や趣味、主義が共通する人の集団など、何かを同じくする個体の集まり。

グレード（英／grade）
等級、階級。何かしらの評価基準で区切られた評価の度合いを表す。学校の学年にも使われる。

タイプ（英／type）
型。明確に定義できる特徴を共有する人や物の区分け。優劣の概念は含まれないことが多い。

ランク（英／rank）
等級、地位。軍の階級や高官など社会的な地位を指すことが多い。

レベル（英／level）
水準、程度。もともとは平坦な、水平のという意味の言葉。

範囲
コンパス／スコープ／リーチ／レンジ

コンパス（英／compass）
範囲、限界。音楽的には音域を指す。

スコープ（英／scope）
研究や活動の及ぶ範囲、視野。マイクロスコープで顕微鏡、テレスコープで望遠鏡、カレイドスコープで万華鏡など、見る器械につけられることも多い。

リーチ（英／reach）
手の届く範囲。「手」を象徴的にして影響力の及ぶ範囲という意味にもなる。

レンジ（英／range）
知識、活動の及ぶ範囲、区域。

図形
アーク／アーチ／オーバル／オーブ／キューブ／グリッド／グローブ／サークル／シンメトリー／スフィア／スパイラル

アーク（英／arc）
円弧。

アーチ（英／arch）
弓形、円弧。

オーバル（英／oval）
卵形、楕円形。

オーブ（英／orb）
球、球体。詞的な意味では天体や日輪を指す。

キューブ（英／cube）
立方体。

グリッド（英／grid）
格子。

形容／性質

グローブ（英／globe）
球、球体。天体や地球儀の意味もある。

サークル（英／circle）
円、環。記号としては永遠、全を象徴する。

シンメトリー（英／symmetry）
左右対称。非対称はアシンメトリー。

スフィア（英／sphere）
球、球体。

スパイラル（英／spiral）
螺旋。

■ 性質

輝く・光／暗い・闇／強い／弱い／はやい／おそい／かたい／やわらかい／あつい／つめたい／かしこい／愚か／勇敢／残酷・ひどい／純粋／しずか／簡単／謎／問題／からっぽ／奇妙／危険／災害／致命的／自由／安全／混乱／矛盾／完全な／永遠・無限／古い／新しい／起源・始まり／原因／最後・終わり／真実／架空／模倣／見本／普通／特別／超／高級／すばらしい

輝く・光

イルミネイト／グリッター／グリーム／グリント／グロウ／シャイン／スパーク／ダズル／トゥインクル／ブライト／フラッシュ／フレア／ビーム／ライト／リヒト／リュミエール／ルクス／ルミナス／レイ／レーザー

イルミネイト（英／illuminate）
照らす、火を灯す。啓蒙する、解明するという意味もある。

グリッター（英／glitter）
きらめく。反射した光などがきらきら光る。明るい星の輝き、太陽を反射した水面の輝きなどの表現。

グリーム（英／gleam）
かすかに光る、微光。暗いところでかすかに見える光。

グリント（英／glint）
きらめく。一瞬光る。瞳に一瞬ユーモアの光が浮かぶなどの表現に使われる。

形容／性質

グロウ（英／glow）
白熱、赤熱、赤い光。紅潮する、ぽかぽかするという意味もある。熱を発する光。

シャイン（英／shine）
輝く、光る。太陽の光や際立った才能などの絶えない強く明るい輝き。

スパーク（英／spark）
火花、閃光。瞬間的に現れて消える光。ひらめき、才気といった意味もある。

ダズル（英／dazzle）
目をくらませる、幻惑させる。

トゥインクル（英／twinkle）
またたいて光る。星の光の表現に多く使われる。

ブライト（英／bright）
明るい、輝く、晴朗な。晴れた日のような明快な明るさ。

フラッシュ（英／flash）
ぱっと光る。

フレア（英／flare）
短時間にぱっと燃え上がる光。

ビーム（英／beam）
光線、光条。レイを束ねた強い光線。

ライト（英／light）
輝き、光、明かり。発光体が放つ光。

リヒト（独／licht）
光、照明、明るい。

リュミエール（仏／lumière）
光、日光。

ルクス（羅／lux）
光。昼の光、明るさ。

ルミナス（英／luminous）
光を発する、輝く、明るい。

レイ（英／ray）
光線、熱線。光源から照射される一筋の光。

レーザー（英／laser）
光を増幅させて一方向に放射する装置。

暗い・闇

オンブル／グルーム／シェイド／シャドウ／ダーク／ダスク／ディム／ナハト／ノクス／ノワール

オンブル（仏／ombre）
日陰、影。詞的な表現では闇や夜、幻

形容／性質

影、亡霊などの意味でも使われる。

グルーム （英／gloom）
薄暗がり、薄暗闇。ダークよりやや明るい。

シェイド （英／shade）
陰。物陰、日陰。光を遮られたところ。

シャドウ （英／shadow）
影。光が遮られてできる暗い部分。

ダーク （英／dark）
闇の、暗い。光のない状態。

ダスク （英／dusk）
夕闇、黄昏の薄暗がり。

ディム （英／dim）
ほの暗い、かすんだ。

ナハト （独／nacht）
夜、夜間。夜の暗闇。

ノクス （羅／nox）
夜。

ノワール （仏／noir）
暗い、暗闇。非合法、災い、凶といったイメージもある。

強い
ストロング／タフ／ドミナント／マイティ／パワフル

ストロング （英／strong）
強い、丈夫な。最も一般的な表現。身体的な強さのほか、権力などの強さにも使う。

タフ （英／tough）
たくましい。負荷に耐えられる強さ。語源は折れにくい。

ドミナント （英／dominant）
有力な。支配的で優越した立場にある。

マイティ （英／mighty）
強大な。ストロングよりも大きな力を指す。

パワフル （英／powerful）
力強い。力に満ちている。身体的な強さより対人的な影響力や権力に対して使われることが多い。

弱い
ウィーク／デリケート／フラジール／ブリトル／フレイル

ウィーク （英／weak）
弱い。ストロングの対義語で、最も一般的な表現。

形容／性質

デリケート（英／delicate）
傷つきやすい。繊細な、病弱な。いい意味で使われることもある。

フラジール（英／fragile）
脆い。壊れやすい。

ブリトル（英／brittle）
砕けやすい、あてにならない。弾性がないために壊れやすいものを指す。

フレイル（英／frail）
弱っている。老化などで衰えている。やや硬い表現。

はやい
アジール／クイック／スイフト／ソニック／ラピッド

アジール（英／agile）
機敏な。素早く動く、頭の回転が速い。

クイック（英／quick）
敏捷な。動作が素早い。

スイフト（英／swift）
なめらかで素早い。スムーズに動く。

ソニック（英／sonic）
音速の。

ラピッド（英／rapid）
迅速な。短時間でさっと動く。クイックに近いがより硬い表現。

おそい
スロウ／ダル

スロウ（英／slow）
遅い、時間がかかる。ゆっくりとした。

ダル（英／dull）
鈍い、ぼんやりとした。なまくら、愚鈍。

かたい
ストロング／タイト／タフ／ソリッド／ハード／リジッド

ストロング（英／storong）
ゆるぎなく固い。団結や信念がしっかりしている。

タイト（英／tight）
しっかり閉まっていて堅い。結び目や瓶の口など。

タフ（英／tough）
耐久性がある。折れにくい、破れにくい、切れにくい。

ソリッド（英／solid）
均質にかたまっていて硬い。

163

形容／性質

ハード（英／hard）
かたちがしっかりしていて固い。最も一般的な表現。

リジッド（英／rigid）
硬直していて固い。無理に曲げると折れる硬いもの。厳格な、頑固なという意味にもなる。

やわらかい
ジェントル／スムース／ソフト／テンダー／フラッフィ／フレキシブル／マイルド

ジェントル（英／gentle）
穏やかな、控えめ。マイルドよりプラスの印象を含んだ言葉。

スムース（英／smooth）
口あたり、人あたりがいい。誠実さがないというマイナスの意味も含まれる。

ソフト（英／soft）
柔らかい。物質から人の性質まで広く使われる。

テンダー（英／tender）
当たりがいい。肉が柔らかい、人が親切。傷つきやすい。

フラッフィ（英／fluffy）
ふわふわの、ふんわりした。綿毛や長毛の犬猫の毛並み。

フレキシブル（英／flexible）
柔軟な。人やものが曲げやすい、融通の利く。

マイルド（英／mild）
激しくない。控えめ、温和。

あつい
ウォーム／サーマル／ホット

ウォーム（英／warm）
あたたかい。暖かいも温かいも両方含まれる。

サーマル（英／thermal）
保温の良い、熱の。温度を保っているという意味合い。サーマル・スプリングで温泉。

ホット（英／hot）
あつい。暑いも熱いも両方含まれる。

つめたい
アイシー／クール／コールド／チリィ／フリーズ

アイシー（英／icy）
氷のような、とても冷たい。冷ややかなという意味もある。

クール（英／cool）
涼しい、ひんやりする。心地よい涼しさ。冷静な、冷淡なという意味もある。

コールド（英／cold）
寒い、冷たい、ぞっとする。冷酷な、無情な、という意味もある。

チリィ（英／chilly）
肌寒い、寒気がする。

フリーズ（英／freeze）
氷がはる、とても寒い。凍って固まる。よそよそしくなる、態度が硬くなるという意味もある。

かしこい

インテリジェント／クレバー／スマート／セイジ／ソフィア／ブライト／プルーデント／ワイズ

インテリジェント（英／intelligent）
知能が高い。知的な賢さ。

クレバー（英／clever）
頭がきれる。賢い、抜け目のない、理解力が高い。「悪賢い」というイメージが付く場合もある。

スマート（英／smart）
気の利いた、洗練された、抜け目のない。「悪賢い」というイメージが付く場合もある。

セイジ（英／sage）
経験を持ち思慮深く賢い。哲学的賢人、哲人。

ソフィア（希／σοφία）
賢さ、知恵。

ブライト（英／bright）
聡明な。とくに子供がはきはきしている様子。

プルーデント（英／prudent）
慎重な、分別のある。軽はずみなことはしない賢さ。

ワイズ（英／wise）
賢明な。経験や知識が豊富で思慮分別に富む賢さ。

愚か

イディオット／シーリー／ステューピッド／フール

イディオット（英／Idiot）
まぬけ、ばかもの。

シーリー（英／silly）
分別のない、愚かな、ばかばかしい。

ステューピッド（英／stupid）
ばかな。一般的な表現。感情的で非難の意味合いが含まれる。

フール（英／fool）
ばかにする、おどける、愚か者、道化師。何かに熱狂している人の表現にも

形容／性質

なる。

勇敢

カレイジャス／ギャラント／ヒロイック／フィアレス／ブレイブ／ボールド／レクラス

カレイジャス (英／courageous)
不屈の。危険、困難に屈せず立ち向かう勇敢さ。ブレイブより硬い表現。

ギャラント (英／gallant)
雄々しい。戦いにおいて勇敢であり、女性に優しい騎士的な勇敢さ。形式ばった言い方。

ヒロイック (英／heroic)
称賛されるほど勇敢な。英雄的な活躍をした。

フィアレス (英／fearless)
大胆不敵、怖いもの知らず。

ブレイブ (英／brave)
勇気のある、勇敢な。最も一般的な表現。

ボールド (英／bold)
果敢な、大胆な。図太い、奔放といった意味合いもある。

レクラス (英／reckless)
無謀、猪突猛進、無鉄砲。

残酷な・ひどい

アトローシャス／ヴィシャス／ヴァイオレント／グリム／クルーエル／ブルータル

アトローシャス (英／atrocious)
極悪な、ひどい。

ヴィシャス (英／vicious)
悪意のある、邪悪な、非道の。

ヴァイオレント (英／violent)
暴力的な、壮絶な。

グリム (英／grim)
厳めしい、冷酷な、ぞっとするような、残忍な。

クルーエル (英／cruel)
残酷な、むごい。

ブルータル (英／brutal)
冷酷な、獣のように残忍な。古代ローマの英雄カエサルを暗殺したブルータスに由来する。

純粋

イノセント／シアー／ジェニュイン／ピュア

イノセント (英／innocent)
無垢な、無邪気な、世間知らずな。

シアー(英／sheer)
全くの。混ざりもののないそのもの。

ジェニュイン(英／genuine)
正真正銘の、純正の、偽りのない。人造、贋作、代替品などではない本当のもの。

ピュア(英／pure)
混じりけがなく純粋な。澄んでいて汚れのない。

しずか
カーム／クワイエット／サイレント／静寂／シリーン／スティル

カーム(英／calm)
海が凪いでいること。静かで穏やか、波風がたたない。

クワイエット(英／quiet)
音が少ない、ひっそりしている。

サイレント(英／silent)
音が全くない。

静寂(日／しじま)
音がなく静まり返っている。

シリーン(英／serene)
穏やかな、静かな。雲ひとつなく澄み渡っている晴朗な空。

スティル(英／still)
静止した。しんとした、動きのない静かな状態。

簡単
イージー／カジュアル／シンプル／スムース／ブリーフ

イージー(英／easy)
容易な、楽な。努力を必要としない。最も一般的な表現。

カジュアル(英／casual)
気取らない、くだけた。

シンプル(英／simple)
簡潔な、簡素な。複雑ではない。

スムース(英／smooth)
障害のない。

ブリーフ(英／brief)
手短な、短時間の。短命、そっけないという意味もある。

謎
エニグマ／クリプト・グラフィ／パズル／ミステリー／リドル

エニグマ(英／enigma)
謎。あいまいで意味が隠されているもの。第二次世界大戦時にドイツ軍が使った暗号機の名称でもある。

形容／性質

クリプトグラフィ（英／cryptography）
暗号法、暗号文。

パズル（英／puzzle）
難問。困らせる、悩ませる人や物にも使う。

ミステリー（英／mystery）
神秘、不可解。原因や方法がわからず理解できないもの。

リドル（英／riddle）
なぞなぞ。解かれることを目的とした謎。

問題
トラブル／クエスチョン／ハードル／プロブレム

トラブル（英／trouble）
心配、面倒、困難、もめごと。さまざまな状況で起きる困ったこと。

クエスチョン（英／question）
論点、問題。解決や話し合いが必要な問題。

ハードル（英／hurdle）
障害、困難。障害物を飛び越えることもハードル。

プロブレム（英／problem）
難問。困難な問題。

からっぽ
ヴォイド／エンプティ／ブランク／ベイカント／ホロウ

ヴォイド（英／void）
まったくない、空の、空虚な。効果がない、法的に無効なという意味もある。

エンプティ（英／empty）
中身のない、空の、空虚な。入れ物や通りなど満たされることもあるものが空っぽの状態。

ブランク（英／blank）
空白の、白紙の。文字の書かれていない紙、録音されていないテープのような空き。

ベイカント（英／vacant）
空の、空虚な。本来あるべきものが欠けている。

ホロウ（英／hollow）
うつろの、中空の。中身のない、無意味な。

形容／性質

奇妙

ウィアード／エキセントリック／オッド／キュリオス／グロテスク／ストレンジ／ビザール／マカブル／ミステリアス

ウィアード（英／weird）
異様な、気味悪い。幽霊や怪物など超自然のものに対する不気味さ。

エキセントリック（英／eccentric）
突飛な。普通からかけ離れている。いい意味でも悪い意味でも使われる。

オッド（英／odd）
風変わりな、普通とは違う。奇数の、余分な、という意味もある。偶数はイーブン。

キュリオス（英／curious）
奇異な、興味を引く。

グロテスク（英／grotesque）
怪奇な、異様な。外観が歪められている。グロテスク様式はローマ皇帝ネロのつくらせたドムス・アウレアの装飾から発祥した近世ヨーロッパの美術様式。

ストレンジ（英／strange）
奇妙な、不思議な。最も一般的な表現。

ビザール（英／bizarre）
奇怪な。調和を欠いた驚くべき、風変わりな。

マカブル（英／macabre）
気味の悪い、ぞっとする。フランス語のダンス・マカブル（死の舞踏）に由来する。

ミステリアス（英／mysterious）
神秘的な、不可思議な、怪しげな。魅力的な謎を秘めたものに対するイメージ。

危険

エマージェンシー／クライシス／死線／デスパレート／デンジャー／ハザード／ペラル／リスク／ピンチ

エマージェンシー（英／emergency）
非常時、緊急時。

クライシス（英／crisis）
危機、瀬戸際。危険なところ、運命の分かれ目。

死線（日／しせん）
死ぬか生きるかの境目。もともとは捕虜収容所の周囲に設けられた境界線。これを越えると逃亡とみなされて殺された。

形容／性質

デスパレート（英／desperate）
絶望的な、死に物狂いの。自暴自棄、すてばち、やけくそ。

デンジャー（英／danger）
危険。最も一般的な表現。

ハザード（英／hazard）
危険、冒険、災厄。運の意味もあり、偶然遭う危険、人の力では避けられない危険。

ペラル（英／peril）
危険、脅威。差し迫った大きな危険。

リスク（英／risk）
危険、冒険。自分が何らかの行動をした場合に伴う危険。

ピンチ（英／pinch）
困難、危機、切迫した状況。

災害
カタストロフィ／カラミティ／ディザスター

カタストロフィ（英／catastrophe）
大惨事、大失敗、破滅。大きな不幸をもたらす出来事。破滅する、ボロボロになるという結果に比重が置かれる。

カラミティ（英／calamity）
災難、惨禍、苦難。大きな悲しみや苦しみをもたらす不幸な出来事。悲しみや苦しみのある、という点に比重が置かれる。

ディザスター（英／disaster）
大災害、大惨事。生命や財産などの損失を伴う大きな災難。個人に対しても社会全般に対しても使われる。ナチュラル・ディザスターで天災。

致命的
デッドリー／フェイタル／モータル／リーサル

デッドリー（英／deadly）
命に係わる。死をもたらす危険がある。

フェイタル（英／fatal）
死の要因となった、極めて重大な。

モータル（英／mortal）
死ぬ運命にある、死をもたらす。

リーサル（英／lethal）
致死性の、死をもたらす。リーサル・ウェポンで凶器、殺人兵器。

自由
フリーダム／リバティ／リベレーション／リベロ／リリース

フリーダム（英／freedom）
束縛がない。

リバティ（英／liberty）
権利として守られた自由。フリーダムより形式ばっていて抽象的。

リベレーション（英／liberation）
解放、釈放。

リベロ（伊／libero）
自由な、拘束のない。

リリース（英／release）
解き放つ、自由にさせる。

安全

オーダー／セーフ／セキュア

オーダー（英／order）
秩序、整然。きちんと並べられて整えられた状態。治安はパブリック・オーダー。

セーフ（英／sate）
安全な、危険のない。

セキュア（英／secure）
守られている。損なわれる心配のない。

混乱

アナーキー／カオス

アナーキー（英／anarchy）
無政府状態。社会秩序の混乱した状態。

カオス（英／chaos）
混沌、無秩序。

矛盾

アンチノミー／アンビバレンス／ジレンマ／パラドックス

アンチノミー（独／antinomie）
二律背反。相互に矛盾するふたつの命題が妥当性を持って主張されること。

アンビバレンス（英／ambivalence）
同じものに対して、愛憎のような相反する感情や評価を同時に持つこと。

ジレンマ（英／dilemma）
板挟み。望む二つの事柄のうち、片方が為されると片方が阻害されるという状態。

パラドックス（英／paradox）
矛盾なようで正しい言葉、正しいようで矛盾した言葉。タイムパラドックスはSFの概念で、時間をさかのぼって行動した場合、現在の存在に矛盾が生じる状態。

形容／性質

完全

アブソリュート／コンプリート／パーフェクト

アブソリュート（英／absolute）
完全な、絶対的な、無条件の。哲学用語としてジ・アブソリュートで絶対者、神を指す。絶対零度はアブソリュート・ゼロ。

コンプリート（英／complete）
完全な。必要なものが全部そろっている。

パーフェクト（英／perfect）
完璧な。すべてあって欠点がない。

永遠・無限

イモータル／インフィニット／永劫／エターナル／エンドレス／久遠／パーマネント／フォーエバー

イモータル（英／immortal）
不死の、不滅の。古代ペルシアの近衛隊は常に1万人の定員を維持したため、「イモータル」と呼ばれた。

インフィニット（英／infinite）
無限の、無数の、果てしない。ザ・インフィニットといった場合、無限なるもので神か無限量を表す。

永劫（日／えいごう）
非常に長い間。劫は仏教、ヒンドゥー教の用語で、時間の単位の中で最も長い時間を指す。

エターナル（英／eternal）
永遠の。始まりも終わりもない。

エンドレス（英／endless）
果てしない。

久遠（日／くおん）
永遠の意味の漢語的表現。

パーマネント（英／permanent）
永続する、永久的な。

フォーエバー（英／forever）
永久に、絶えず、常に。

古い

アルカイック／アンティーク／エルダー／エンシェント／オールド／クラシック／ユーズド

アルカイック（英／archaic）
古風な、昔風の。いまではすたれてしまったもの。

アンティーク（英／antique）
年代物の。古くて値打ちがあるもの。骨董品。

エルダー（英／elder）
年上の、上位の、昔の。部族などの長

形容／性質

老や古老を指すこともある。

エンシェント（英／ancient）
古代の、太古の。オールドより古い。

オールド（英／old）
年月を重ねた。古い。最も一般的な単語。

クラシック（英／classic）
古典的な、伝統的な。芸術に使われる場合が多い。

ユーズド（英／used）
中古の、使用済みの。

新しい
オリジナル／フレッシュ／ホット／モダン

オリジナル（英／original）
最初の。その種のなかで最も先に存在したもの。

フレッシュ（英／fresh）
新鮮な。食べ物や記憶など変化が早いものがまだ変化していない。

ホット（英／hot）
最新の、あつあつの。くだけた表現。

モダン（英／modern）
現代の。現代に属する、現代の特徴を有するものや人に対して使われる。

起源・始まり
アイン／アルファ／エース／オリジン／ジェネシス／ファースト／プリモ／ルート

アイン（独／eins）
数字の1。最初の、先頭の、1番目の。

アルファ（希／α）
ギリシア文字のアルファベットの第一字。最初の、先頭の、1番目の。

エース（英／ace）
トランプやさいころの1。スポーツやパイロットの主戦力。

オリジン（英／origin）
起源、始まり、発端。原罪は「オリジナル・シン」。

ジェネシス（英／genesis）
起源、発端。ギリシア語の起源を語源とし、聖書の「創世記」の英訳としても使われる。

ファースト（英／first）
最初の、先頭の、1番目の。

プリモ（伊／primo）
最初の、先頭の、1番目の、主要な。

形容／性質

ルート（英／root）
根源、始まり。木の根を意味し、自分の育った場所や祖先も指す。

原因

コーズ／ソース／トリガー／ファクター／モーティブ／リーズン

コーズ（英／cause）
原因。何かを引き起こした要因。

ソース（英／source）
発生源、情報源。元となる場所。

トリガー（英／trigger）
行動や状況の元となる出来事。銃の引き金のこと。

ファクター（英／factor）
要因。ある事象を引き起こす元となるもの。

モーティブ（英／motive）
動機、真意、目的。行動を起こさせる内面的な衝動。

リーズン（英／reason）
理由。その行動の元となる動機。

最後・終わり

アルティメット／エンド／オメガ／ターミナル／ファイナル／ラスト

アルティメット（英／ultimate）
最後の、究極の。最後を意味し、それ以上は続かない。最高の、最大のという意味にもなる。

エンド（英／end）
終わり、最後、結末、端。

オメガ（希／ω）
ギリシア文字のアルファベットの最終字。最後の、終わりの。

ターミナル（英／terminal）
末端の、終末の、終点の。バスや電車の終着でもあり、始発でもある。

ファイナル（英／final）
最終、終結。ある物事がそこで終わりになる。

ラスト（英／last）
最後の、最終の。ある連続した物事のその時点での最後。おしまいとは限らない。

形容／性質

真実

アクチュアル／トゥルー／リアル

アクチュアル（英／actual）
現状の。実際にそこにあるもの。

トゥルー（英／true）
真実の。正確な、間違いない。

リアル（英／real）
実在の。現実に存在している。

架空

イマジナリー／バーチャル／ファンシー／ファンタジー／フィクション

イマジナリー（英／imaginary）
実在しない、空想の。リアルの対義語。

バーチャル（英／virtual）
虚像の、仮想の。バーチャル・リアリティーで仮想現実。

ファンシー（英／fancy）
とりとめのない空想、夢想。気まぐれで深みのない思い付きの想像。

ファンタジー（英／fantasy）
幻想、空想。現実とは隔絶した途方もない想像、イメージ。

フィクション（英／fiction）
虚構、作り話。想像上のもの、仮説、捏造。

模倣

イミテイト／コピー／クローン／シミュレート／ダミー／ミミック／レプリカ

イミテイト（英／imitate）
まねる、模倣する。何かを手本に似せる、近づける。一般的な表現で、悪い意味を含まない。

コピー（英／copy）
複写、写し。写す、まねるの意味で使った場合、悪い意味が含まれる場合もある。

クローン（英／clone）
単一の祖先細胞から生じた細胞、個体、個体群。遺伝的に同一の存在になる。無性生殖をする生物はクローンを増殖する。

シミュレート（英／simulate）
ふりをする、装う、擬態する。模擬実験をする。

ダミー（英／dummy）
模型、型見本。マネキンやスポーツの練習に使う人形。他人の手先や替え玉という意味もある。

175

形容／性質

ミミック（英／mimic）
ものまねをする。擬態する。人の仕草を真似してからかう。

レプリカ（英／replica）
原作者の行う写し。模写、複製品。

見本
アーキタイプ／アイディール／サンプル／スタンダード／パターン／モデル

アーキタイプ（英／archetype）
原型。その後につくられるもののもととなるもの。

アイディール（英／ideal）
理想。心に描く理想、またはそれを具現化した人や物。

サンプル（英／sample）
その種を代表する標本。

スタンダード（英／standard）
標準、基準。判断のもととなるもの。

パターン（英／pattern）
模範。見習うべき例。

モデル（英／model）
模型、手本。望ましい形の見本。

普通
アベレージ／オーディナリー／コモン／ジェネラル／スタンダード／ティピカル／ノーマル／プレーン／ポピュラー／レギュラー／ユニバーサル

アベレージ（英／average）
平均の。変わったところのない平凡な。少しネガティブなイメージがある。

オーディナリー（英／ordinary）
通常の、ありふれた。いつもと変わらずに普通の。

コモン（英／common）
共通の、よくある普通の。ある集団で共有されるごく一般的なもの。

ジェネラル（英／general）
全体的な、一般的な。一部ではなく大多数の人が共感すること。

スタンダード（英／standard）
標準的な、規格に沿った。

ティピカル（英／typical）
典型的な。あるグループの象徴的な、代表的な特徴を持っている人や物。

ノーマル（英／normal）
標準の、正常な。基準から外れない範囲のもの。

形容／性質

プレーン（英／plain）
普通の、気取らない。肯定的な意味合いが含まれる。

ポピュラー（英／popular）
大衆的な。一般的に広く受け入れられているもの。

レギュラー（英／regular）
標準的な。規定に合致する。

ユニバーサル（英／universal）
普遍的な。ある範囲に例外なしに適用できる。

特別

エクストラ／スペシャル／プレミアム／ユニーク／リミテッド／レア

エクストラ（英／extra）
特別な、格別な臨時の。

スペシャル（英／special）
特別な、独特な。他とは違った特徴を持つ。

プレミアム（英／premium）
特別高価な、高級な。

ユニーク（英／unique）
唯一の、比類のない。

リミテッド（英／limited）
限られた、特別な。

レア（英／rare）
希少な、めったにない。

超

アルティメット／ウルトラ／スーパー／ハイパー／マキシマム／メガ

アルティメット（英／ultimate）
究極の。

ウルトラ（英／ultra）
極端な、過度の。ほかの語について複合語をつくる。

スーパー（英／super）
とびぬけている、素晴らしい。

ハイパー（英／hyper）
度をこした、極度の。スーパーより上の状態。

マキシマム（英／maximum）
最大限の。

メガ（英／mega）
単位につける言葉で、キロの上の規模。10の6乗、100万倍を意味する。その上にギガ、テラ、ペタ、エクサ、ゼタ、ヨタと続く。

形容／性質

高級

エクスペンシブ／エグゼクティブ／ノーブル／プライム／プリンシパル／マジェスティ／ラグジュアリー

エクスペンシブ（英／expensive）
高価な。ものの値段が高い。

エグゼクティブ（英／executive）
英語での意味は経営者、管理職、重役。日本ではハイクラスの呼び方のひとつとして使われることもある。

ノーブル（英／noble）
高貴な、高潔な、気高い。貴族という意味合いもある。

プライム（英／prime）
最上級の、よりすぐりの。食料品などで最もいいもの。

プリンシパル（英／principal）
ほかよりも優れている。最上等の。

マジェスティ（英／majesty）
威厳、荘厳。陛下の尊称にもなる。

ラグジュアリー（英／luxury）
ぜいたく品、高級品。奢侈といった不必要な贅沢の意味合いも含まれる。

すばらしい

アウェサム／アメイジング／エクセレント／グレート／トレビヤン／ハラショー／ファンタスティック／ブラボー／ブリリアント／マーベラス／ワンダフル

アウェサム（英／awesome）
畏怖、畏敬を感じさせるようなすごいこと。

アメイジング（英／amazing）
驚くべき、驚異的な。

エクセレント（英／excellent）
非常に優れた、優秀な。成績や業績が優れている際の誉め言葉。

グレート（英／great）
すごい。最高の。砕けた言い方。

トレビヤン（仏／très bien）
大変結構。トレもビヤンも非常に、極めてという意味。よし、よし。というイメージ。

ハラショー（露／Хорошо）
よい、素晴らしい。

ファンタスティック（英／fantastic）
夢のように素晴らしい。現実離れした。

ブラボー (伊／bravo)
お見事。喝采を送る掛け声。ブラボーは男性に対して送られ、女性に対してはブラーヴァという。

ブリリアント (英／brilliant)
華々しい、光り輝く、才気あふれた。

マーベラス (英／marvelous)
驚くべき、信じられないほど素晴らしい。

ワンダフル (英／wonderful)
とてもいい、素晴らしい。

■ 宗教

神聖／邪悪／呪い／祝福・神託／魔法／讃美歌／犠牲・贄／異教徒／狂信者／霊力

神聖

セイクリッド／ディヴァイン／ホーリー

セイクリッド (英／sacred)
神に捧げられた神聖なもの。

ディヴァイン (英／divine)
神に属する、神から得た。神性のある、神々しい。

ホーリー (英／holy)
聖なる、徳の高い。最も強い意味を持ち、この言葉だけが神を修飾できる。

邪悪

イビル／ヴァイス

イビル (英／evil)
道徳に反するような悪い、邪悪な。不吉、悪行、魔性。

ヴァイス (英／vice)
悪徳、不道徳、堕落、腐敗。

呪い

アナサマタイズ／カース／呪詛

アナサマタイズ (英／anathematize)
キリスト教の権力者が公に呪う。弾劾する、破門する。格式ばった表現。

カース (curse)
呪い、呪いの言葉、呪物。教会用語としては「破門」。

呪詛 (日／じゅそ)
日本で陰陽道などの術のひとつである呪い。

祝福・神託

エヴァンジェリオン／オラクル／オラソン／ゴスペル／祝詞／ブレス

エヴァンジェリオン
(希／ευαγγέλιο)
よい知らせ。古代ギリシアでは戦場からもたらされる勝利の知らせ。キリス

ト教では神からもたらされる福音。

オラクル（英／oracle）
神託、託宣。古代ギリシア、ローマで神が人を通して伝えたお告げのこと。また、『旧約聖書』で神が預言者に語らせた預言。

オラシオン（西／oración）
祈り、祈りの言葉。

ゴスペル（英／gospel）
福音。神がもたらす良い知らせ。

祝詞（日／のりと）
神道で神主が祭りなどの儀式に唱えて祝福する言葉。特に強い意味の祝詞を寿詞という。

ブレス（英／bless）
聖別する、清める。聖職者が神の恵みを祈る。

魔法

アルケミー／ウィザードリー／ウィッチクラフト／エクソシズム／ソーサリー／ネクロマンシー／マギア／マジック

アルケミー（英／alchemy）
錬金術。金属を金に変えることを目指した中世の学問的魔術。

ウィザードリー（英／wizardry）
男性魔法使いウィザードが使う魔法。

ウィッチクラフト（英／witchcraft）
魔女術。人や家畜に病気をもたらしたり、不作を招いたりする不吉な術と考えられた。

エクソシズム（英／exorcism）
悪魔祓い。キリスト教のカトリック派では正式な手順が決められている。

ソーサリー（英／sorcery）
妖術。悪霊と契約して行使する魔法。

ネクロマンシー（英／necromancy）
死霊術。死者の霊を呼び出して未来を占う術。

マギア（羅／magia）
魔法、魔術。

マジック（英／magic）
魔法、魔術、呪術。

讃美歌

キャロル／サーム／ヒム

キャロル（英／carol）
季節に歌われる祝歌。クリスマスに歌われるクリスマス・キャロルが有名。

形容／宗教

サーム（英／psalm）
聖書のひとつ、詩篇に収録された詩に節をつけて歌う讃美歌。

ヒム（英／hymn）
教会で参列者が合唱する讃美歌。聖書の一節ではなく、新しくつくられることもある。

犠牲・贄
サクリファイス／人身御供／マーダー

サクリファイス（英／sacrifice）
犠牲、生け贄、供儀。

人身御供（日／ひとみごくう）
古くから各地で行われた神や災厄に対して人を捧げる風習。

マーダー（英／martyr）
殉教者。特にキリスト教の殉教者を指す。改宗を拒み異端として処刑された人。

異教徒
ジェンタイル／ヒーザン／ペイガン

ジェンタイル（英／gentile）
ユダヤ教から見たキリスト教徒、またはユダヤ教以外の人。

ヒーザン（英／heathen）
『旧約聖書』でいうユダヤ人でない人たち。ユダヤ教、キリスト教、イスラム教徒がそれぞれを指して言う。古風にはアブラハムの宗教以外を信じる人。

ペイガン（英／pagan）
キリスト教以前の多神教徒のようなマイナーな宗教を信奉する人、または無宗教の人。

狂信者
ジーロット／ファナティック

ジーロット（英／zealot）
特に宗教や政治などの分野で、極端に熱狂的な人。軽蔑的な意味合いを含む。

ファナティック（英／fanatic）
宗教を含めあることに極端に熱狂的な人。軽蔑的な意味合いを含む。

霊力
エーテル／オド／気／言霊／チャクラ／マナ

エーテル（希／αιθέρας）
古代ギリシアで空気を意味し、火水風土の四要素に加えて空間を満たす第5の要素と考えられた。

形容／宗教

オド （独／od）
19世紀のドイツの化学者ライヘンバッハが提唱したエネルギー。自然界に遍在する力。

気 （日／き）
古代中国で万物のエネルギーとされたもの。この世のすべては気が固まってできたものであり、気を操ることですべての事象をコントロールできると考えられた。

言霊 （日／ことだま）
言葉には力が宿り、言葉を発することで事象に影響を及ぼすとする考え。

チャクラ （サンスクリット／चक्र）
古代インドの概念で、人体にめぐるエネルギーが集積する場所。サンスクリット語の輪の意味で、円形の武器を指すこともある。

マナ （英／mana）
メラネシアやポリネシアの概念で、自然物か人工物かに関わらず、すべてのものに宿っている力。立派なものには多くのマナが宿っており、土地や親族など、自分に属するものが増えるとマナも増える。聖職者はタブーを課すことでマナを増やすことができる。

ものの名前

- 建築物
- 服飾品
- 日用品
- 文学
- 音楽
- 文化
- 武器
- 乗り物

■建築物

たてもの／神殿・寺院／墓地／広場／道・街路／病院・医院／監獄・牢獄／学校／城・砦・宮殿／家／宿泊施設／ホール・劇場／迷宮

たてもの

アーキテクチャ／ストラクチャー／ビルディング／摩天楼

アーキテクチャ（英／architecture）
建築学、建築様式、建物。○○造りの建物という意味合い。

ストラクチャー（英／structure）
建造物。多くの部分からなる建物を指し、設計や建築材料などに目を向けた表現。

ビルディング（英／building）
英語での意味は建物全般。日本では会社のオフィスが入る高層建築物を指すことが多い。

摩天楼（日／まてんろう）
天をこするほどの高層建築。スカイクレーパー（ニューヨークの超高層建築）の訳語。

ものの名前／建築物

神殿・寺院

アビー／カテドラル／伽藍／クリプト／クロイスター／ジッグラト／シナゴーグ／テンプル／ドゥオーモ／チャーチ／チャペル／ミンスター／モスク／パルテノン／パンテオン

アビー（英／abbey）
キリスト教の宗教施設のひとつ。規模の大きな修道院。

カテドラル（英／cathedral）
キリスト教の聖堂のうち、カテドラと呼ばれる司教の席、司教座があるもの。日本語では大聖堂と訳されることが多い。

伽藍（日／がらん）
仏教寺院で僧が集まって修行するところ。

クリプト（英／crypt）
地下聖堂。教会や城の地下に設けられた礼拝所、納骨所。

クロイスター（英／cloister）
キリスト教の宗教施設のひとつ。修道院。修道院のうち、男子修道院はモナストリー、女子修道院はコンベントと呼ばれる。

ジッグラト（英／ziggurat）
古代メソポタミアや周辺地域の神殿。大きく階段状になった建物で、頂上に神殿がある。

シナゴーグ（英／synagogue）
ユダヤ教の会堂。礼拝や祈祷が行われる。宿泊施設や保護施設、集会場の役割もあり、コミュニティセンターとして機能している。

テンプル（英／temple）
聖堂、神殿、寺院。キリスト教以外の神を祀る宗教施設。

ドゥオーモ（伊／duomo）
大聖堂。

チャーチ（英／church）
キリスト教の教会。イギリスでは国に所属する公的な教会がチャーチといわれ、担当地区が決められている。

チャペル（英／chapel）
礼拝堂。学校や病院などの施設に付属する礼拝をする場所。イギリスでは英国国教会以外の教会堂も指す。

ミンスター（英／minster）
修道院の教会堂。

モスク（英／mosque）
イスラム教の礼拝所。モスクは英語よみで、アラビア語ではマスジド。

パルテノン (希／Παρθενών)
古代ギリシアの都市アテネの丘に建つ神殿。紀元前5世紀に建設された、女神アテナの神殿。

パンテオン (英／pantheon)
多神教のすべての神々を祀る神殿。ローマ市内には紀元2世紀に建てられたローマ・コンクリートのパンテオンが現在も残されている。日本語では万神殿と訳される。

墓地

エピタフ／奥津城／カタコンベ／グレイブ／セネタフ／セメタリー／チャーチヤード／トゥーム／ネクロポリス／マスタバ／陵／モーソリアム

エピタフ (英／epitaph)
墓碑銘。キリスト教圏で、墓石に個人の記録を短い詩の形で刻んだもの。

奥津城 (日／おくつき)
墓地の古い言い方。現代では神道の墓を指す。

カタコンベ (伊／catacombe)
地下墓所。ローマ帝国時代から教会に設けられており、ヨーロッパ各地でみられる。

グレイブ (英／grave)
墓地、墓場。死者を葬った場所全般。最も一般的な表現。

セネタフ (英／cenotaph)
慰霊碑。死者を記念して建てた記念碑。

セメタリー (英／cemetery)
共同墓地。特定の教会に所属していない墓地。

チャーチヤード (英／churchyard)
教会の所有している土地にある、教会の信者のための墓地。

トゥーム (英／tomb)
墓地、墓場。墓石や記念碑のある立派な墓。

ネクロポリス (希／νεκρόπολη)
古代都市の近郊にある大規模な共同墓地。死者の都の意味。

マスタバ (英／mastaba)
ピラミッドより前の古代エジプトの王侯貴族の墳墓。長方形で平たい構造物。

陵 (日／みささぎ)
天皇や皇后などの墓所のこと。

モーソリアム (英／mausoleum)
陵墓、霊廟。権力者の建設した大規模な墳墓。ギリシアのハルカリナッソスにある王マウソロスの墓廟マウソレウ

ものの名前／建築物

ムからきている。

広場

アゴラ／スクエア／フォーラム／プラザ

アゴラ （希／Ἀγορά）
古代ギリシアの都市国家の中心部にある広場。ここで市民の集会や討論が行われた。

スクエア （英／square）
住宅に囲まれた広場。四角い広場。

フォーラム （英／forum）
古代ローマの都市の中央にあった大広場。市場や裁判、集会などが行われた。現在では公開討論会の意味。

プラザ （西／plaza）
広場。とくにスペインの都市の広場。

道・街路

アウトバーン／アベニュー／アレイ／ストリート／ハイウェイ／レーン／ロード／ルート

アウトバーン （独／autobahn）
高速道路。ドイツのアウトバーンは一部を除き制限速度が設けられていない。

アベニュー （英／avenue）
並木のあるような大通り。

アレイ （英／alley）
路地、裏通り。

ストリート （英／street）
通り。アベニューより狭い道を指すか、南北、東西などで呼び分けされている場合もある。

ハイウェイ （英／highway）
高速道路。車専用で、制限速度が一般道より高く設定されている道路。

レーン （英／lane）
小道。

ロード （英／road）
道路、往来。

ルート （英／route）
道筋、経路。アメリカの国道はルートと番号で通称されている。

病院・医院

クリニック／サナトリウム／ファーマシー／ホスピタル

クリニック （英／clinic）
診療所、個人病院、外来診察室。日本では入院施設が0～19床の施設。

サナトリウム （英／sanatorium）
療養所、保養所。結核などで長期的な

ものの名前／建築物

療養を必要とする人のための施設。

ファーマシー（英／pharmacy）
薬局。

ホスピタル（英／hospital）
病院。「病院」は日本では入院施設が20床以上の施設。

監獄・牢獄
アルカトラズ／ケージ／ジェイル／ダンジョン／プリズン

アルカトラズ（英／alcatraz）
アメリカのカリフォルニア州にある島。1963年まで刑務所があり、島にあることから脱獄が困難な場所の代名詞とされた。

ケージ（英／cage）
動物などを入れておく檻、鳥かご。捕虜収容所、獄舎の意味でも使われる。

ジェイル（英／jail）
刑務所、拘置所、牢獄。

ダンジョン（央／dungeon）
地下牢。現代の創作物では、宝などが隠された迷宮の意で使われる。

プリズン（英／prison）
刑務所、監獄、監禁場所。

学校
アカデミア／アカデミー／カレッジ／ギムナジウム／スコラ／ドミトリー／ユニバーシティ

アカデミア（羅／academia）
古代ギリシアの哲学者プラトンがアテネの郊外で弟子に教えた場所。そこから学院、学士院の意味になった。

アカデミー（英／academy）
大学、研究所など学問の中心となる団体、機関。

カレッジ（英／college）
大学。単科大学を指すことが多い。

ギムナジウム（独／gymnasium）
ドイツの中学、高校にあたる教育機関。

スコラ（羅／schola）
学校。中世ヨーロッパの学校。

ドミトリー（英／dormitory）
学生寮、寄宿舎。

ユニバーシティ（英／university）
総合大学。

城・砦・宮殿

アジト／牙城／キャッスル／シタデル／シャトー／パレス／フォート／フォートレス／梁山泊

アジト（日／あじと）
日本の造語。扇動や騒動など非合法な活動のための司令部、集会所。

牙城（日／がじょう）
敵の総大将のいる場所。本丸。

キャッスル（英／castle）
城。国王、貴族の住む防御を固めた住まい。

シタデル（英／citadel）
街を見下ろす砦。小高いところにあり、町の守護をする。抽象的な「最後の砦」という表現でも使われる。

シャトー（仏／château）
城、宮殿、城塞、大邸宅。

パレス（英／palace）
宮殿。邸宅、御殿。

フォート（英／fort）
砦。周辺の防御のためにつくられた建物。部隊の駐屯地。

フォートレス（英／fortress）
要塞、要塞都市。大規模で永久的な砦。周辺の都市を含むこともある。

梁山泊（りょうざんぱく）
中国の小説『水滸伝』に登場する、星に導かれた武侠集団の本拠地。湖に浮かんだ島の中にある。志と才能のある人が集まる場所の例え。

家

アトリエ／アネックス／アパート／イグルー／ヴィラ／カーサ／ゲル／コテージ／コンドミニアム／セラー／ハウス／バラック／バンガロー／ペントハウス／マンション／メゾン／ロッジ

アトリエ（仏／atelier）
職人の仕事場、工場。画家や芸術家の作業場、工房。

アネックス（英／annex）
別館。

アパート（日／あぱーと）
一棟の建物の内部を区切り、それぞれを住居として貸し出す建物。アパートメントハウスの略。日本では、比較的低層で安価な貸家を指す。

イグルー（英／igloo）
雪のブロックを積み上げてつくった住居。北極圏の民族が使用する。現地の言葉で家の意味。

ものの名前／建築物

ヴィラ（英／villa）
一戸建ての郊外の住宅。領主が領内に置く別邸。

カーサ（西／casa）
家、住宅。家庭や家族といった意味もある。

ゲル（モンゴル／гэр）
中央アジアの遊牧民が使う移動式の家。中国語ではパオ。木で骨組みをつくり、フェルトで覆う。

コテージ（英／cottage）
山小屋。田舎にある小さな家。

コンドミニアム（英／condominium）
分譲マンション、分譲ホテル。

セラー（英／cellar）
地下貯蔵室。

ハウス（英／house）
家。人が住むための建物。ひとつの家にひとつの家族が住むことが一般的。

バラック（英／barrack）
兵舎。大勢を収容するための仮小屋。日本語では粗末な木造の掘っ立て小屋。

バンガロー（英／bungalow）
平屋の家。階段のない家。

ペントハウス（英／penthouse）
豪華で高価な居住用の一室。ビルやホテルの最上階にあり、一般の客室や賃貸用の部屋とは区別される。

マンション（英／mansion）
英語では大邸宅、豪邸を指す。日本語ではアパートより値段帯の高い分譲型の集合住宅。

メゾン（仏／maison）
家屋、住宅。自宅、家庭。

ロッジ（英／lodge）
狩猟小屋、山小屋。一時期だけ使用する小屋。

宿泊施設
イン／オーベルジュ／サライ／モーテル

イン（英／inn）
階下で飲食店を営業する二階建ての宿屋。飲み屋、酒場の意味もある。旧式、昔ながらの施設。

オーベルジュ（仏／auberge）
村や町の料理屋兼旅館。都市の高級な宿泊施設つきレストラン。

サライ （英／serai）
宿舎、隊商宿。

モーテル （英／motel）
自動車旅行者用の宿泊施設。

ホール・劇場
アリーナ／コロシアム／シアター／ブロードウェイ／ホール

アリーナ （英／arena）
コロシアム内の闘技場。現在では、周囲に観客席のある競技場、劇場。

コロシアム （英／coliseum）
円形の競技場。西暦80年にローマに建築された円形競技場コロッセウムを由来とする。

シアター （英／theater）
劇場、映画館。

ブロードウェイ （英／Broadway）
言葉の意味としては広い道のことであり、各都市のメインの通りをいう。その中でも特にアメリカのニューヨーク市のメインストリートはミュージカルを上映する劇場が集まっているため、ブロードウェイはミュージカルの代名詞として定着している。

ホール （英／hall）
大広間、会館。

迷宮
ダンジョン／メイズ／ラビリンス

ダンジョン （英／dungeon）
地下牢。現代の創作物では、宝などが隠された迷宮の意で使われる。

メイズ （英／maze）
迷路、迷宮。

ラビリンス （英／labyrinth）
迷宮。ギリシア神話で、クレタ王がミノタウロスを閉じ込めるためにダイダロスに造らせた迷宮ラビュリントスに由来する。

■ 服飾品

衣服／外衣／頭衣／宝飾品／冠／帽子／仮面

衣服
アパレル／ガーメント／ガーブ／クロス／コスチューム／スーツ／ドレス／ユニフォーム

アパレル （英／apparel）
ショップや衣料品業界でいう衣服。着飾る、きれいな服を着せるという印象をあたえる表現。

ガーメント（英／garment）
一点の衣服を指すやや気取った言い方。

ガーブ（英／garb）
職業、地位に特有の服装。判事服や牧師服など。

クロス（英／clothes）
着るもの。衣服全般を指し、一般的な表現。

コスチューム（英／costume）
ある地方、階級、時代などに特有の服装、装束。

スーツ（英／suit）
一そろいの服。男女ともに上下そろった服。馬具やトランプの一揃いにも使われる。

ドレス（英／dress）
狭義には婦人、少女用のワンピースタイプの衣服。礼装、正装や飾りつけることを指す場合にも使われる。

ユニフォーム（英／uniform）
制服。同型の、一様なという意味もある。

外衣
インバネス／ガウン／ケープ／コート／サーコート／ショール／トガ／ローブ／マント

インバネス（英／inverness）
取り外しのできるケープ付き男性用コート。シャーロック・ホームズや大正時代の男子学生が着用している。

ガウン（英／gown）
長くゆったりした外衣。キリスト教の聖職者や裁判官などが職務の際に着用する。イギリスやアメリカでは大学の卒業式に卒業生が羽織る。

ケープ（英／cape）
肩にかけて上半身を覆う袖なしの上衣。布に穴をあけて頭をとおすものと端を紐やピンでとめるものがある。紀元前から現代まで広く使われている。

コート（英／coat）
袖付きの上着、外套。広く使われる一般的な表現。

サーコート（英／surcoat）
騎士が鎧の上からつけるコート。紋章が描かれ、個人を識別する役割があった。

ショール（英／shawl）
布製や毛糸製の肩掛け。正方形、長方

形の1枚の布。ペルシア、インド地方の発祥。

トガ（英／toga）
古代ローマ市民が来た外衣。大きな布をゆったりと体に巻きつける。時代や身分に応じて色や形はさまざまなバリエーションがあった。

ローブ（英／robe）
裾まで垂れる長い外衣。戴冠式の王の式服や、裁判官などの礼服。

マント（英／mantle）
肩にかけて体を覆う袖なしの上衣。腰までや足首までなど長さはさまざま。

頭衣
ターバン／ヒジャブ／ベール

ターバン（英／turban）
イスラム教徒やインド、中近東諸国の男性が頭に巻く布。色や巻き方は地域や階級で異なる。

ヒジャブ（亜／حجاب）
イスラム教圏の女性が顔や体を覆う布。頭だけを覆うスカーフ状のルーサリーや全身を覆うチャドルなど、いくつかの種類があり、地域によって着用状況は違う。

ベール（英／veil）
女性の顔や頭を覆う薄い布。現代では結婚式の際に花嫁が顔にかけるベールが最もよく見られる。

宝飾品
オーブ／ジェム／ジュエル／ジュエリー／パリュール

オーブ（英／orb）
王権の象徴である、上部に十字架のついた宝玉。

ジェム（英／gem）
宝石、宝玉。研磨やカットをして美しくした貴重なもの。宝石のように大切なもの。

ジュエル（英／jewel）
装飾用に加工した宝石、宝石入りの装身具。

ジュエリー（英／jewelry）
宝石類、宝石細工の装身具。

パリュール（英／parure）
一そろいの宝石。イヤリングやネックレスでなどセットになった装身具。

冠

クラウン／コロナ／コロネット／ディアデム／ティアラ／ミトラ

クラウン （英／crown）
栄冠、王冠。王位や王権、国王そのものを指すこともある。

コロナ （英／corona）
王冠状のもの。建築などの頭頂部の飾り、天体の光冠。

コロネット （英／coronet）
宝冠。貴族や王族がつける小型の冠。

ディアデム （英／diadem）
王冠、王権。文語的な表現として使われる。ローマ皇帝の紋章の双頭の鷲の光輪もディアデム。

ティアラ （英／tiara）
ローマ教皇の三重冠。また、宝石を飾った女性の頭飾り。

ミトラ （英／mitre）
キリスト教の一派カトリックや東方正教会の主教が被る冠。司教冠や主教冠と訳される。

帽子

烏帽子／キャップ／シルクハット／ソンブレロ／ハット／ベレー／ボンネット

烏帽子 （日／えぼし）
日本で、元服した男性が被った黒塗りの被り物。貴族から庶民まで使われ、素材や形はバリエーションがある。

キャップ （英／cap）
頭部にぴったりとした縁のない帽子。現代では顔の前にひさしがついている形が一般的。

シルクハット （英／silk hat）
近世ヨーロッパの男子の礼装用の帽子。頭頂部が高く、頂上が平らになっている。黒で絹張りしたものが正式。

ソンブレロ （西／sombrero）
南米やスペインで用いられる頭頂部が高く鍔の広い帽子。

ハット （英／hat）
縁のある帽子。

ベレー （仏／beret）
丸く平たい縁なしの帽子。

ボンネット （英／bonnet）
一般には19世紀ごろ流行した婦人用の帽子。鍔がなく頭を覆う柔らかい帽

子。

仮面

ペルソナ／マスク

ペルソナ （羅／persona）
古代ギリシアの劇で役者が被る仮面のこと。ひいては劇の登場人物、役柄。心理学では他人から見える表向きの自分。

マスク （英／mask）
覆面、仮面。布などで顔の全面または一部を覆うもの。

日用品

あかり／椅子／盃／地図／薬／おくりもの／賞／酒／機器

あかり

行灯／キャンドル／シャンデリア／松明／提灯／灯篭／トーチ／ライト／ランタン／ランプ

行灯 （日／あんどん）
木などの枠に紙を張り、油の入った皿を入れて火を灯す道具。

キャンドル （英／candle）
ろうそく。

シャンデリア （英／chandelier）
複数の枝にろうそくをさし、天上から吊り下げられる燭台。本物の火を灯す燭台からガラスを飾ったもの、ガス灯、電気へと変わっていった。

松明 （日／たいまつ）
松や竹、葦などを束ねて火を灯した屋外用の照明。

提灯 （日／ちょうちん）
紙で張った籠や箱にろうそくを立てる照明器具。

灯篭 （日／とうろう）
石や竹、木や金属の枠に灯火を入れた照明器具。戸外に台座を設けた台灯篭は寺院、神社に多く見られる。お盆の終わりの日に川や海に小さい灯篭を流して先祖の魂を送る風習がある地域もある。

トーチ （英／torch）
松明、懐中電灯。手持ちの明かり。

ライト （英／light）
照明。明かりをもたらす器具。特に電気を使うものを指す。

ランタン （英／lantern）
ケースに入った明かり。日本の提灯は木の枠に紙を貼って入れるが、金属の枠にガラス製の覆いをつけるものが多い。

ものの名前／日用品

ランプ (英／lamp)
明かり。周りを照らすための器具全般。電気、ガス、油などを燃料にする。

椅子

カウチ／スツール／スローン／ソファ／チェア／ベンチ

カウチ (英／couch)
枕付きの寝椅子。

スツール (英／stool)
背もたれのない椅子。

スローン (英／throne)
王座、玉座。王の座る椅子。また、王の地位そのものを指す。

ソファ (英／sofa)
背もたれとひじ掛けのついた長椅子。

チェア (英／chair)
一人用で背もたれのある椅子。

ベンチ (英／bench)
長椅子。

盃

カップ／グラス／ゴブレット／ジョッキ／マグ

カップ (英／cup)
取手付きの器。

グラス (英／glass)
大きさや形、用途にかかわらずガラス製の器。

ゴブレット (英／goblet)
脚付きの盃。

ジョッキ (日／じょっき)
英語でいうところのマグ。英語のジャグ (jug) がなまったものだが、ジャグは水差しを指す。

マグ (英／mug)
円筒形で取っ手がついたカップ。

地図

アストロラーベ／アトラス／コンパス／セクスタント／チャート／マップ

アストロラーベ (英／astrolabe)
天測儀。天体の動きを観測する機器で、天文学者のほか航海でも使われた。

アトラス (英／atlas)
地図帳。マップを本の形にしたもの。オランダの地理学者メルカトルが、自らの地図帳に大地を支える巨人アトラスの装飾を使用したことに由来する。

コンパス (英／compass)
羅針盤。磁石を吊って南北を示す道

195

具。

セクスタント（英／sextant）
六分儀。ものの角度を測る道具で、航海では水平線と天体の角度を観測して進路をはかるのに使われた。

チャート（英／chart）
海図、航空図。船や飛行機用の地図。

マップ（英／map）
地図。

薬

アンチドート／エキス／ドラッグ／バーム／ハーブ／ピル／メディスン

アンチドート（英／antidote）
解毒剤。

エキス（日／えきす）
植物などから有効成分を抽出した液。和製カタカナ語。抽出物の意味のextractの略。

ドラッグ（英／drug）
薬品、薬剤。薬の元となる材料で、毒にもなる。麻薬や有害薬物の意味でも使われる。

バーム（英／balm）
香油。香りのする油。キリスト教で聖別する際に使われる。『旧約聖書』では薬として使われる。

ハーブ（英／herb）
薬用植物。薬草、香草。

ピル（英／pill）
丸薬。

メディスン（英／medicine）
内服薬。病気の治療、予防のために飲む薬。

おくりもの

ギフト／ドネーション／ハンドアウト／プレゼント／ラージェス／リワード／レガシー

ギフト（英／gift）
贈答品。プレゼントより価値のあるもの、改まったもの。

ドネーション（英／donation）
寄付。人や慈善団体に無償で提供する金品。

ハンドアウト（英／handout）
施し、お恵み。政府からの援助。批判的な意味合いが含まれる場合もある。

プレゼント（英／present）
贈り物。親しい間柄で贈られるちょっとした贈り物、お土産。

ものの名前／日用品

ラージェス（英／largess）
ほどこし、祝儀。地位、身分の高い人から無償で配られるもの。

リワード（英／reward）
ほうび、報酬、懸賞金。何かいいことをして見返りにもらえるもの。

レガシー（英／legacy）
遺産。受け継がれた財産。

賞

アワード／オナー／カップ／タイトル／トロフィー／プライズ／メダル

アワード（英／award）
成果、業績に対して与えられる賞。

オナー（英／honour）
名誉、叙勲、上のものから授けられる特権。

カップ（英／cup）
賞杯。勝者に与えられる盃型の優勝記念品。

タイトル（英／title）
肩書、称号、選手権。

トロフィー（英／trophy）
各種競技で入賞を称えて授与される記念の飾り物。古代ギリシア、ローマ時代の戦勝記念標に由来する。台座に像を載せたものが多い。

プライズ（英／prize）
景品、賞品。競争やくじなど何かで勝利して与えられるもの。

メダル（英／medal）
ものごとの記念や功績を称えてつくられる円形の記念品。勲章。ローマ帝国で凱旋した将軍に与えられた大型のメダルがメダイヨン。

酒

エール／シャンパン／ビール／ミード／ワイン

エール（英／ale）
ビールの一種でビールより色が濃くアルコール分も強い。イギリスではビールと同義。

シャンパン（英／champagne）
フランスのシャンパーニュ地方で生産されたスパークリングワイン。

ビール（英／beer）
麦芽を発酵させてつくった酒。麦酒。人類最古の文明である古代エジプトの時代から飲まれていた。

ミード（英／mead）
蜂蜜酒。蜂蜜を発酵させてつくった醸

造酒で、酒に蜂蜜を添加したものではない。

ワイン（英／wine）
葡萄を発酵させてつくった酒。日本語では葡萄酒と訳される。古くから飲まれているアルコール飲料であり、神話にも数多く登場する。キリスト教では救世主イエス・キリストの血の象徴とされる。

機器
アクセル／イグニッション／ガジェット／ギア／ターボ／ダイナモ／ツール／デバイス／マキナ／マシン

アクセル（日／あくせる）
車の加速装置、アクセラレーターの略。加速するのはアクセラレイト。

イグニッション（英／ignition）
点火装置。

ガジェット（英／gadget）
簡単な機械装置、小道具、小物。

ギア（英／gear）
歯車。変速装置。

ターボ（英／turbo）
タービンの、の意味。排気を圧縮してエンジンに送り込み、出力を上げるターボチャージャーという機能があり、ターボに加速するイメージがついた。

ダイナモ（英／dynamo）
発電機。

ツール（英／tool）
工具、用具。のこぎりやねじ回しなど職人が使う道具。

デバイス（英／device）
工夫をこらした装置。古語では発明の才能を指した。現代ではキーボードやマウスなどパソコンでCPUに接続して使う装置全般。

マキナ（羅／machina）
機械。

マシン（英／machine）
機械、機械装置、機械仕掛け。広く一般的に使われる表現。

■ 文学

文字・言語／言葉／媒体／記録・記事／物語／辞書・事典／風刺／構成

文字・言語

サンスクリット／ヒエログリフ／ヘブライ文字／梵字／ルーン

サンスクリット
（サンスクリット／संस्कृतम्）

古代インドで使われていた言語。サンスクリットは梵字のほか、ヒンドゥー語の表記にも用いられるデーヴァナーガリー文字でも表記される。

ヒエログリフ （英／hieroglyph）

古代エジプトで使われた象形文字。神殿やピラミッドの内部に刻まれるほか、パピルスに記されたものも多数見つかっている。知恵の神トートが発明したとされた。

ヘブライ語 （ヘブライ／עברית）

紀元前700年ごろからユダヤ民族が使っていた言語。独自のアルファベットで表記される。『旧約聖書』はこの文字で原書が記されている。母音は表記せず、子音のみで書かれる。

梵字 （日／ぼんじ）

古代インドでサンスクリットを表記するのに使われていた文字。日本では文字ひとつひとつが菩薩や仏の象徴とされ、魔よけなどにも使われた。梵天、ブラフマー神が生み出したとされる。

ルーン （英／rune）

古代ゲルマン人の社会で使われた文字。紙は存在せず、石や木に刃物で彫りつけていた。北欧神話の主神オーディンが発明したとされる。初期は24字、時代が下ると16字の文字ひとつひとつに意味がこめられ、呪術的な力を持つとされた。

言葉

アダジュ／アンチテーゼ／イディオム／エピグラム／スローガン／センテンス／フレーズ／マキシム／モットー／ランゲージ

アダジュ （英／adage）

ことわざ、格言。

アンチテーゼ （独／antithese）

反論。主張や理論に反対するために出される主張、理論。

イディオム （英／idiom）

慣用語、熟語。個人やグループに特有の語法。

エピグラム （英／epigram）

警句。思想を逆説的、風刺的など機知に富んだ形で表現した短い文。

ものの名前／文学

スローガン（英／slogan）
政治的、宣伝的な標語。

センテンス（英／sentence）
文章、ひとつの文。宣告や判決という意味もある。

フレーズ（英／phrase）
慣用語、決まり文句、言い回し、言葉遣い。

マキシム（英／maxim）
格言、金言。

モットー（英／motto）
心情を表した短い句。

ランゲージ（英／language）
言葉、言語。広く使われる一般的な表現。

媒体

コデックス／スクロール／タブレット／パピルス／ブック／羊皮紙

コデックス（英／codex）
聖書や古典の古写本。冊子の形態のもの。

スクロール（英／scroll）
巻物。1枚の紙の両端に軸をつけて巻いて保管する形態のもの。

タブレット（英／tablet）
書字板。木や象牙など硬い板状のものを加工して字を書くもの。石板はストーン・タブレット、粘土板はクレイ・タブレット。

パピルス（羅／papyrus）
古代エジプトで使われた草の繊維からつくられた紙。

ブック（英／book）
本、書籍。紙を束ねて綴じたもの。

羊皮紙（日／ようひし）
動物の皮を加工して記録用媒体にしたもの。羊、山羊、牛などの皮が使われた。英語ではヴェラム。

記録・記事

アーカイブ／アーティクル／エッセイ／クロニクル／コラム／ドキュメント／ノート／ヒストリー／マニュアル／レコード／レポート／ログ

アーカイブ（英／archive）
記録や資料の保存庫、保存館、コレクション。

アーティクル（英／article）
雑誌の記事や論説。

エッセイ（英／essay）
随筆、小論文。

もの名前／文学

クロニクル (英／chronicle)
年代記、編年史。記録、歴史。

コラム (英／column)
新聞のひとつの欄。

ドキュメント (英／document)
資料、書類。事実や用件を伝える文書。

ノート (英／note)
短い記録、覚え書き。

ヒストリー (英／history)
歴史、史実、歴史書。

マニュアル (英／manual)
手引書、取扱説明書。

レコード (英／record)
記録すること、登記、記録。登録される公式な記録。

レポート (英／report)
報告書、記事、議事録。何が起きているのかを伝えるもの。

ログ (英／log)
航海日誌、旅行日誌、運転記録。

物語

エピック／サガ／ストーリー／テイル／フェイブル／フォークロア／ミス／リリック／レジェンド

エピック (英／epic)
長編叙事詩。英雄の活躍や民族の歴史などを詩の形で編纂した長詩。

サガ (英／saga)
12世紀から14世紀に北欧で書かれた散文体の物語。神話や伝説、歴史などを題材にしたものが多い。これに由来し、王や英雄が活躍する物語をサガと呼ぶこともある。

ストーリー (英／story)
物語。人に供する目的でつくられた一連の話。創作、実話を問わず、媒体や形式も多様。最も一般的な表現。

テイル (英／tale)
伝説、架空の話で簡単なもの。フォーク・テイルで民話。

フェイブル (英／fable)
作り話、教訓的な寓話。説話。

フォークロア (英／folklore)
民間伝承、民話。古くから民間に伝わる昔話や言い伝え。

ミス（英／myth）
神話。昔から伝えられてきた神や英雄の想像上の話。ギリシア神話、北欧神話など体系を指す場合にはミソロジー。

リリック（英／lyric）
叙事詩。現代では歌の歌詞。

レジェンド（英／legend）
伝説。昔から伝わる言い伝え。

辞書・事典
エンサイクロペディア／グロッサリー／サイクロペディア／ディクショナリー／レキシコン

エンサイクロペディア（英／encyclopedia）
百科事典。大全。

グロッサリー（英／glossary）
用語集。難解な言葉や特定分野の言葉を解説、注釈したもの。

サイクロペディア（英／cyclopedia）
事典。

ディクショナリー（英／dictionary）
辞典。単語の意味や使い方を解説し並べたもの。

レキシコン（英／lexicon）
ギリシア語、ヘブライ語、アラビア語など古典を読むための語彙集。

風刺
アノニマス／カリカチュア／カートゥーン／サタイア／バーレスク／パロディ

アノニマス（英／anonymous）
作者不明、匿名。

カリカチュア（英／caricature）
戯画。人や物の特徴を面白おかしく誇張した絵画や文章。

カートゥーン（英／cartoon）
もともとは政治や時事問題をとりあげた風刺漫画。現代では、アニメ映画や動画全般を指す。

サタイア（英／satire）
風刺文学。社会や人間を皮肉、嘲笑する小説や詩、演劇など。

バーレスク（英／burlesque）
こっけいに誇張した模倣。風刺劇。

パロディ（英／parody）
他作品をこっけいにもじり、ひやかした模倣。

構成

アブストラクト／アンソロジー／インデックス／エピローグ／チャプター／パラグラフ／ピリオド／プロローグ

アブストラクト（英／abstract）
文献の要約、抜粋。

アンソロジー（英／anthology）
選集、抜粋集、句集。テーマに沿って複数の作品を集めてまとめたもの。

インデックス（英／index）
索引、見出し、表題。

エピローグ（英／epilogue）
結びの言葉、終幕。ギリシアの演劇用語に由来する。

チャプター（英／chapter）
章。

パラグラフ（英／paragraph）
段落。

ピリオド（英／period）
終わり、終止符。

プロローグ（英／prologue）
序幕、序詞。ギリシアの演劇用語に由来する。

音楽

音／形式／様式／構成

音

サウンド／ソーナンス／トーン／ノイズ／ノート／ムジカ／ユニゾン

サウンド（英／sound）
音。最も一般的な表現。

ソーナンス（英／sonance）
鳴り響くこと。

トーン（英／tone）
音の調子、音色。音の質、高さ、強さなどからみた音。

ノイズ（英／noise）
騒音。耳障りな音。

ノート（英／note）
楽器の音色、音符。

ムジカ（羅／musica）
音楽。

ユニゾン（英／unison）
同一音のこと。完全に一致した音、演奏。

ものの名前／音楽

形式

ア・カペラ／アンサンブル／オーケストラ／コーラス／カノン／ソロ／フーガ

ア・カペラ （伊／a capella）
無伴奏の合唱や歌曲。教会風の、という意味。

アンサンブル （仏／ensemble）
合奏、合唱の総称。

オーケストラ （英／orchestra）
管楽器、弦楽器、打楽器を用いる合奏。

コーラス （英／chorus）
複数のパートを複数人で歌う形態。

カノン （英／canon）
輪唱曲。ある旋律をほかのパートがずらして演奏し追いかける形式の曲。

ソロ （伊／solo）
独唱、独奏。

フーガ （英／fugue）
ひとつの旋律を各パートで規律的に反復する楽曲。

様式

アンセム／エチュード／オペラ／キャロル／コンチェルト／シンフォニー／スケルツォ／セレナーデ／ソナタ／ナハトムジーク／ノクターン／バラッド／バルカロール／ヒム／ファンファーレ／マーチ／メヌエット／ラプソディー／ララバイ／レクイエム／ワルツ

アンセム （英／anthem）
合唱曲。イギリス国教会の礼拝で歌われる。

エチュード （仏／etude）
練習曲。技術の向上のために練習される曲。

オペラ （英／opera）
歌劇。

キャロル （英／carol）
宗教的な季節の歌。クリスマス・キャロルはクリスマス時期のキャロル。

コンチェルト （伊／concerto）
協奏曲。独奏楽器と管弦楽のアンサンブルを主体とした合奏曲。

シンフォニー （英／symphony）
交響曲。管弦楽用の多楽章からなるソナタ。

スケルツォ （英／scherzo）
諧謔(かいぎゃく)曲。3拍子の明快な曲。

セレナーデ（英／serenade）
小夜曲。恋人に向けて夜の窓辺で歌う愛の歌。

ソナタ（英／sonata）
奏鳴曲。複数の楽章で構成される器楽用の楽曲。

ナハトムジーク（独／nachtmusik）
セレナーデのこと。夜の音楽の意味。

ノクターン（仏／nocturne）
夜想曲。決まった形式の楽曲を指すものではなく、夢想的なイメージのピアノ用楽曲に使われる。

バラッド（英／ballad）
譚詩曲。物語や伝承を歌う歌。

バルカロール（仏／barcarolle）
舟歌。ベネチアのゴンドラの漕ぎ手が歌う歌。

ヒム（英／hymn）
讃美歌、聖歌。キリスト教の教会で歌われる神を賞美する歌。

ファンファーレ（英／fanfare）
軍隊や儀式で合図として演奏される管楽器の信号用楽曲。

マーチ（英／mardh）
行進曲。行進するための2拍子の曲。

メヌエット（独／menuett）
フランスの地方の舞踊曲。穏やかな3拍子の曲。

ラプソディー（英／rhapsody）
狂詩曲。叙事詩的な民族色のある自由な楽曲。

ララバイ（英／lullaby）
子守歌。穏やかでゆったりとしたリズムを持つ曲を指すこともある。

レクイエム（羅／requiem）
鎮魂歌。死者のためのミサで演奏される曲。冒頭に安息を意味するレクイエムという歌詞がある。

ワルツ（独／walzer）
円舞曲。オーストリア地方の舞曲から発祥した3拍子の曲。中世ヨーロッパの宮廷で舞踏用の曲として発展した。

構成
アリア／アンコール／インタールード／シェーナ／フィナーレ／プレリュード

アリア（英／aria）
オペラなどの劇中でそれ自体が独立した曲。独唱あるいは二重唱になり、見

ものの名前／文化

せ場となるものが多い。

アンコール（英／encore）
演奏が終了した後、観客が求めて追加の演奏をすること。

インタールード（英／interlude）
間奏。

シェーナ（伊／scena）
オペラの中で特に力強く歌われる独唱。日本語では劇唱と訳され、アリアの前に歌われる。

フィナーレ（伊／finale）
オペラやソナタなど複数の曲、楽章で構成された演奏の最後の曲、最後の楽章。

プレリュード（英／prelude）
前奏。組曲の前に導入として置かれる楽曲。

文化

国／都会・町／田舎／時代／儀式／祭り／罪／罰／禁忌／標章・印／会社／仕事／客／価値／休み／ごみ・ちり

国

インペリアル／エンパイア／カントリー／キングダム／ステート／ネイション／フェデレーション／リパブリック／ユニオン

インペリアル（英／imperial）
帝国の、皇室の。議会など公的機関にも使うし、皇室御用達といったような権威のある物品にも使われる。

エンパイア（英／empire）
帝国。複数の民族、集団を統治している強大な国。

カントリー（英／country）
国、国土。祖国、故国という意味にもなる。

キングダム（英／kingdom）
王国。王が統治する領土。キリスト教では、神の国という意味になる。

ステート（英／state）
国、国家。自治を持つ法律的な意味合いでの国。

ネイション（英／nation）
国家、国民。ひとつの政府の下でまと

もものの名前／文化

まる民衆。

フェデレーション（英／federation）
連邦、連合。複数の支分国が一つの主権のもとに統合される国家。

リパブリック（英／republic）
共和国。君主制の逆で、主権が国民にあり、元首を国民が選ぶ国家。

ユニオン（英／union）
連合国。二つ以上の国が連合して一つの国をなしていること。

都会・町
アーバン／コミューン／シティ／スラム／タウン／ダウンタウン／メガロポリス／メトロポリス

アーバン（英／urban）
都会の、都会的な。

コミューン（仏／commune）
中世ヨーロッパで市民が治めた自治都市。現代では地方自治体、市町村。

シティ（英／city）
都市、都会。英国では大聖堂がある都市。タウンより人口が多く上位の行政機能のある都市。

スラム（英／slum）
貧民街。都市などで貧しい人たちの集まる区域。

タウン（英／town）
市街、都会。賑わっている場所、商業区という意味合いもある。

ダウンタウン（英／downtown）
下町、商業地域。

メガロポリス（英／megalopolis）
メトロポリスの発展形。いくつかの大中都市が帯状に連続した地域。

メトロポリス（英／metropolis）
首都、主要都市、中心地。

田舎
アウトランド／カントリーサイド／ハムレット／ビレッジ

アウトランド（英／outland）
辺境の地。古くは外国。

カントリーサイド（英／countryside）
田舎、地方。

ハムレット（英／hamlet）
村、村落。ビレッジよりも小さい集落。

ビレッジ（英／village）
村、村落。教会や学校などある程度の機能を持つ集落。

ものの名前／文化

時代

イラ／エイジ／エポック／シーズン／センチュリー／ピリオド

イラ （英／era）
歴史上大きな出来事、または大きな社会の変化によって区切る時代。江戸時代、冷戦時代など。

エイジ （英／age）
文明や技術などの特徴で区切る時代。エポックやイラより長い期間。鉄器時代、情報化時代など。

エポック （英／epoch）
時代を画するほどの重要な出来事、またその出来事で区切られた時代。

シーズン （英／season）
季節、時期。年周期で行われる何らかの出来事が起こるとき。

センチュリー （英／century）
1世紀。キリストの生誕年を基に100年を1単位とした暦の区切り。

ピリオド （英／period）
時間の長短に限らず区切られたある一定の期間。一般的に広く使われる。

儀式

イニシエーション／ウェディング／神楽／サバト／サクラメント／セレモニー／セレブレーション／フューネラル／ミサ／禊／ライト／リチュアル

イニシエーション （英／initiation）
加入儀式。成人式や入社式など、何かに加わる際に行われる儀式。秘伝の伝授、てほどきという意味もある。

ウェディング （英／wedding）
結婚式。

神楽 （日／かぐら）
神に奉納する音楽と舞。皇居及び皇室に縁の神社の神楽は御神楽、それ以外の民間の神社では里神楽と呼んで区別するときもある。

サバト （英／sabbat）
中世ヨーロッパで魔女が行っているとされた集会。ユダヤ教の安息日Sabbathからきており、4月30日のワルプルギスの夜に行われるとされたサバトが最も有名。狂騒的な宴に興じ、悪魔に生け贄を捧げたりするとされた。

サクラメント （羅／sacramentum）
キリスト教において、神の恩寵を信者に表す祭儀。日本語では秘蹟と訳される。

ものの名前／文化

セレモニー（英／ceremony）
式典、儀式。節目などで記念に行われる式。

セレブレーション（英／celebration）
祝典、祝賀会。お祝いの式。

フューネラル（英／funeral）
葬儀、告別式。

ミサ（羅／missa）
キリスト教の一派カトリックの祭儀。キリストの体としてのパンとキリストの血としての葡萄酒を聖別する。

禊（日／みそぎ）
神道の概念で、罪やけがれを洗い清めること。けがれに触れてしまったときや神事のまえに川や海で身を洗う。

ライト（英／rite）
宗教上の一連の儀式。祭式。

リチュアル（英／ritual）
伝統に則って行われる式。

祭り

イースター／オルギア／カーニバル／ガラ／ソワレ／ノエル／フェスタ／フェスティバル／マスカレード

イースター（英／Easter）
復活祭。キリスト教圏の祭礼で、キリストの復活を祝う祭り。地域により時期はずれるが、3月から4月に行われる。復活の象徴として卵が用いられる。

オルギア（英／orgy）
古代ギリシア、ローマの酒の神バッカス、ディオニュソスの秘儀の祭り。大いに飲み騒ぐ。狂宴、バカ騒ぎ、乱痴気騒ぎの意味でも使われる。

カーニバル（英／carnival）
謝肉祭。キリスト教の祭儀のひとつに肉を断つ期間を設けるものがあり、その直前に肉を食べて楽しむ習慣。転じて、騒ぐイベントやスポーツなどの祭典もカーニバルと呼ばれる。

ガラ（仏／gala）
公的な豪華な儀式。話し言葉としては大宴会。

ソワレ（仏／soirée）
夜会、夜の集い。ソワレは日没から寝るまでの宵のこと。

ノエル（仏／Noël）
12月25日のキリストの生誕祭、クリスマスのこと。

フェスタ（西／fiesta）
祭り、祝祭。祝日、休日、パーティ。

ものの名前／文化

フェスティバル（英／festival）
祝祭、祭り。

マスカレード（英／masquerade）
仮面舞踏会。中世のヨーロッパで流行した、仮面をつけて仮装して参加する舞踏会。

罪
ギルティ／原罪／クライム／シン

ギルティ（英／guilty）
有罪の、罪を犯している。

原罪（日／げんざい）
キリスト教の概念で、人がすべて生まれながらにして持つ罪。エデンの園を追放されたアダムとイブが犯した、知恵の実を食べるという罪をその子孫であるすべての人間は負っている。

クライム（英／crime）
法律上の罪、犯罪。一般的な悪事の意味でも使われる。

シン（英／sin）
神に対する罪。神の掟に背いた悪事、罪業。

罰
パニッシュメント／ペナルティ／リンチ

パニッシュメント（英／punishment）
罰。懲罰、刑罰。

ペナルティ（英／penalty）
罰金、罰則、不利益。

リンチ（英／lynch）
裁判によらず群衆が犯人を殺すこと。日本では、暴力を加える私的制裁。私刑。

禁忌
ゲッシュ／タブー

ゲッシュ（英／geis）
ケルト文化圏で使われた禁忌の誓約。自分に特定の制約を課すことで神々からの力を得るが、それを破ると災厄に見舞われる。

タブー（英／taboo）
オセアニア全域でみられる概念で、聖なるもの、禁じられたものを表す。王などの聖なるものも、死などの汚れたものもタブーで、これに触れると不漁や不幸など良くないことが起こるとされた。

標章・印

エンブレム／クレスト／サイン／シール／シジル／シンボル／トークン／マーク

エンブレム (英／emblem)
象徴、記号、しるし、紋章。

クレスト (英／crest)
紋章、兜飾り。封筒や食器などに付ける家紋、紋章。もともとは鳥のとさか、冠羽のことで、兜の羽飾りや盾に付ける紋章の上部分の飾りをいう。

サイン (英／sign)
符号、合図、標識。何かを表すもの、何かの表れ。

シール (英／seal)
印鑑、印章、封印。文書または文書を封じる際に蝋を垂らし、印章を押しつけて証明とするもの。

シジル (英／sigil)
印形。主に西洋魔術で使われる、曲線と直線、円の組み合わせで表される記号。天使や悪魔ごとに形が決まっている。

シンボル (英／symbol)
象徴。意味を持つ記号。

トークン (英／token)
象徴、形見、記念品。代用硬貨の意味もある。

マーク (英／mark)
目印。痕や刻印。それとわかるようにつける記号や傷。

会社

インダストリアル／エンタープライズ／オフィス／カンパニー／コーポレーション／コングロマリット／コンツェルン／財閥／シンジケート

インダストリアル (英／industrial)
工業会社。もともとが産業の、工業のという意味の単語なので、石油化学や鉄鋼、機械産業などの社名に使われる。

エンタープライズ (英／enterprise)
企業、事業。

オフィス (英／office)
職場、会社。作業が行われる場所。

カンパニー (英／company)
会社、商会。規模を問わず商取引をして利益を得る組織全般。

コーポレーション (英／corporation)
法人、企業。株式、有限どちらでも法人として認められた会社。

ものの名前／文化

コングロマリット（英／conglomerate）
複合企業。業種の異なる会社が合併した企業。

コンツェルン（独／konzern）
生産から販売までを手掛けるグループ。ロスチャイルド家やロックフェラー家、日本の財閥などもコンツェルンといわれる。

財閥（日／ざいばつ）
特定の一族から出資された会社、子会社の企業グループ。日本では戦前に三井、三菱、住友などの巨大財閥が存在し、大きな勢力を持っていた。

シンジケート（英／syndicate）
企業連合。特定の目的のために連携する企業。

仕事
キャリア／ジョブ／タスク／ビジネス／ワーク

キャリア（英／career）
仕事、出世。ある分野での連続した職業経歴。

ジョブ（英／job）
職、勤め。収入のある仕事。

タスク（英／task）
責務。果たすべき仕事。義務として課せられた労働。

ビジネス（英／business）
商売、事業。自分の事業のほか、自分の職業まわりの業界を指すこともある。

ワーク（英／work）
仕事、作業、職業。仕事全般に使われる最も一般的な表現。

客
オーディエンス／カスタマー／クライアント／ゲスト／ツーリスト／パッセンジャー／ビジター

オーディエンス（英／audience）
観客。舞台や演説に集まる人。テレビ番組の視聴者や読者など同じものを見聞きする人も指す。

カスタマー（英／customer）
顧客、取引先。お店から何かを購入する人。もともとは常連客、お得意様など習慣的な利用者のこと。

クライアント（英／client）
依頼人。弁護士など専門のサービスを受ける人。

ゲスト（英／guest）
来賓、招待客。来場してもてなしを受ける人。ホテルやレストランの客。

ツーリスト （英／tourist）
観光客。娯楽のために旅行している人。

パッセンジャー （英／passenger）
乗客。運転手や添乗員以外の乗り物に乗って移動している人。

ビジター （英／visitor）
来客。観光客や見舞客など招待を受けたわけではなくやってくる人。

価値

コスト／バリュー／プライス／メリット

コスト （英／cost）
原価、経費。何かを作成、維持するときに必要になる費用。

バリュー （英／value）
価格、価値。金銭的な価値かそれ以外の重要性のいずれにせよその物の持つ価値。高価なものに対して使う。

プライス （英／price）
代価、品物の値段。商品やサービスに対して払う対価。

メリット （英／merit）
称賛に値する価値、長所、美点。手柄や功績といった意味もある。

休み

シエスタ／バカンス／バケーション／ブレイク／ホリデー／レスト

シエスタ （西／siesta）
昼寝、昼の長い休憩。スペインの習慣で昼の3時間ほどが商店や官公庁も休みになる。

バカンス （仏／vacances）
長期休暇。フランスでは多くの人が数週間から1か月ほどの休みを取り、海や山、観光に出かける。

バケーション （英／vacation）
休暇、休日。私的な理由でとる、まとまった休み。旅行や娯楽のために使われる休み。

ブレイク （英／break）
小休止、休憩。作業を中断して取る短い休憩。

ホリデー （英／holiday）
休日、祝日。バケーションと同じ休暇の場合と、公的に定まった祝祭日を指す場合がある。

レスト （英／rest）
休養、休息。活動しない休みの期間。睡眠時にも使う。

ものの名前／武器

ごみ・ちり

ガーベージ／ジャンク／スクラップ／ダスト／デブリ／トラッシュ

ガーベージ（英／garbage）
生ごみ、残飯、不要データ。

ジャンク（英／junk）
がらくた、くだらないもの。麻薬、とくにヘロインの隠語にもなる。

スクラップ（英／scrap）
切れ端、断片、廃品。新聞などの切り抜き。

ダスト（英／dust）
ちり、埃。細かく舞い上がったごみ。土煙や砂塵、粉末状の細かいものも指す。

デブリ（英／debris）
破片、がれき。宇宙を漂うスペースデブリはいらなくなった衛星などの破片。

トラッシュ（英／trash）
くず、がらくた。役立たずや能なし、駄作などの意味合いでも使われる。

■ 武器

刀剣／槍・矛／杖・棒・斧／弓・弩・投擲／鎌／盾／罠／囮

刀剣

エペ／エストック／刀／カッツバルゲル／カットラス／ククリ／グラディウス／クリス／クレイモア／サーベル／シャムシール／ショーテル／ダーク／ダガー／太刀／タルワール／ツヴァイハンダー／ナイフ／バスタードソード／バゼラード／ファルシオン／フランベルジュ／フルーレ／ブロードソード／マンゴーシュ／ミセリコルデ／レイピア

エペ（仏／epee）
貴族が決闘用に用いた刀剣。19世紀末にはフェンシングの競技用として形状が定められた。エペとはフランス語で剣を意味する。

エストック（英／estoc）
13世紀ごろからヨーロッパで使用された突き刺す用の剣。両刃の細長い刀身で、長さは80cm～1.3mほど。最初は騎兵が使用し、のちに歩兵も使う武器となった。

刀（日／かたな）
日本で平安時代初期から使われた片刃の曲刀。刃を上向きにして腰に差す。

カッツバルゲル（独／katzbalger）
ドイツで17世紀に使われていたブロードソード。S字の鍔が特徴的で、有名な傭兵集団のランツクネヒトが使用し

た。

カットラス（英／cutlass）
18世紀ごろの船乗りが日常用に用いた刀剣。頑丈な片刃の片手剣で、長さは50cmほど、重さは1.3kgほど。

ククリ（ネパール／खुकुरी）
ネパールのグルカ族が使用するナイフ。湾曲した幅広い片刃の刀身をもち、鍔元にくぼみがある。密林で草木を薙ぎ払うのにも便利であり、戦闘においても高い殺傷力がある。

グラディウス（英／gladius）
古代ローマの兵士が用いた刀剣の総称。ラテン語で剣を意味する。刀身が幅広い両刃の片手剣。長さは60cmほど、重さは1kgほど。ケルトタイプやギリシアタイプ、イベリアン・グラディウスなど種類がある。

クリス（インドネシア／keris）
東南アジアのマレー族などで使用される短剣。波打った刀身のものとまっすぐな刀身のものがある。1本1本に独自の意味があり、刀身も柄も装飾され、神事や祭事に使われる。

クレイモア（英／claymore）
スコットランドの精鋭部隊、ハイランダーが使っていた武器。鍔が刃先に向かって斜めについており、先端に輪飾りがある。両刃の両手剣だが、重量でたたき切るより斬ることに向いた武器。長さは1m～2mほどと幅があり、重さも2kg～4kgほど。

サーベル（英／saber）
馬に乗った兵士が使用するために軽く、長くつくられた片刃の片手剣。17世紀ごろからヨーロッパを中心に長期にわたり広く使われた。そのため種類も多く、刀身の長さや形状、重量もさまざま。

シャムシール（亜／شمشیر）
ペルシアの代表的な湾曲した刀剣。英語ではシミター。片刃の片手剣で、刃のついているほうを外輪として反っており、斬るのに適している。長さは90cmほど、重さは2kgほど。

ショーテル（英／shotel）
エチオピアで使用された、湾曲した両刃の片手剣。細い刀身が極端に曲がり、盾を構える相手を横から斬りつける。

ダーク（英／dirk）
スコットランドの精鋭部隊、ハイランダーが使っていた短剣。長さは20cmほど。のちにイギリスの正規軍の武器としても採用され、海軍用の短剣とし

て親しまれている。

ダガー (英／dagger)
短剣、短刀。30cmほどの短い刀の総称。剣を小型化した形状で、鍔や柄頭などの形状は剣と同じ。

太刀 (日／たち)
平安時代以降日本で使われた反りのついた刃物。主に儀礼用で刃を下にして着用する。奈良時代の刀身のまっすぐな両刃の刃物は大刀（たち）として区別される。

タルワール (ウルドゥー／تلوار)
16世紀のインドで登場した刀身の細い湾曲した片刃の片手剣。ダマスカス鋼、ウーツ鋼を使った優れた刀剣としてヨーロッパでも有名になった。

ツヴァイハンダー (独／zweihander)
中世の中ごろにドイツで生まれヨーロッパで歩兵の武器として使われた両刃の両手剣。長さは1.8m～2.5mほど、重さは3kg～7kgほど。両手で使えるように柄が長く、背に背負って移動した。英語ではツーハンドソード。

ナイフ (英／knife)
小刀。刃に柄のついた一般的な刃物で、ものを切ったり削ったりする道具。

バスタードソード
(英／bastard sword)
中世の中ごろからヨーロッパで使われた両刃のまっすぐな剣。長さは1m～1.4mほど、重さは2.5kgほど。片手でも両手でも使えるようになっており、歩兵の武器として使われた。

バゼラード (英／basilard)
13世紀ごろからヨーロッパで使われた短剣。鍔が切っ先に向かって湾曲し、柄頭が逆向きに湾曲しているH型の柄のものが一般的。

ファルシオン (仏／falchion)
中世の中ごろからヨーロッパで使われた片刃の片手剣。刃の部分が湾曲して切っ先に向けて太くなっている曲刀で、短く重くつくられている。

フランベルジュ (仏／flamberge)
波状になった刃をもつ両手剣。長さは1.5mほど。波状の刃はケルトの槍などにもみられたが、17世紀ごろに建築様式から刀剣の刃に取り入れられた。刀剣としては儀礼用の剣として用いられ、実戦では使われなかった。

フルーレ (仏／fleuret)
貴族が練習用に用いた刀剣。切っ先が丸められており、刃は落とされている。19世紀末にはフェンシングの競

技用として形状が定められた。

ブロードソード (英／broadsword)
ヨーロッパで17世紀に使われていた両刃で刃の広い刀剣。70cm〜80cmほどで1.5kgほど。一種のカテゴリー名で各国で特徴的なブロードソードが存在した。

マンゴーシュ (仏／main gauche)
長剣とセットで用いられる短剣。フランス語で左手用短剣の意味。相手の剣を受け止めるための剣で、刀身や鍔にさまざまな工夫がされた。16世紀ごろのヨーロッパで使われた。

ミセリコルデ (仏／misericorde)
14世紀ごろからヨーロッパで使用された短剣。フランス語で慈悲の意味。戦闘で重傷を負ったものにとどめをさす剣として用いられたことから、名づけられた。長さ30cmほどで鎧の隙間から突き刺す用の剣。

レイピア (英／rapier)
16世紀にヨーロッパで流行した刺突用の剣。フランスで生まれてスペインやドイツ、イタリアなどで発展した。長さは90cmほど、幅は2cm〜3cmの細い剣。

槍・矛
グレイブ／コルセスカ／サリッサ／ジャベリン／スピア／トライデント／薙刀／パイク／ハルベルト／ランス

グレイブ (英／glaive)
湾曲した幅広い刀身を持つ矛槍。刀身部は刀剣のファルシオンに類似している。13世紀ごろからヨーロッパの宮廷で近衛用武器として使われた。

コルセスカ (英／corsesca)
穂先の刃の両側に2枚の刃が追加された槍。15世紀ごろからイタリアやフランスを中心としたヨーロッパで使われた。

サリッサ (英／sarissa)
アレクサンドロス大王が覇権を打ち立てた時期のマケドニア軍が使用していた長槍。騎兵用は2m、歩兵用は5mほど。柄の持ち手側の端にもとがった金属部が取りつけられている。歩兵は密集した隊形で規則正しく構え、大きな戦果をあげた。

ジャベリン (英／javelin)
投擲用の槍。手持ちで投げるもののほか、道具を用いて投げられる槍も指す。

ものの名前／武器

スピア （英／spear）
長い木の柄の先に金属の穂先をつけた武器。槍。ショート・スピアは1.2m〜2mほど、ロング・スピアは2m〜3mほど。原始的な狩猟生活のころから使われており、銃が登場するまで軍隊の武器としても世界的に使われていた。

トライデント （英／trident）
柄の先に3本の刃をつけたフォーク状の武器。古代から存在するが、漁の道具や農耕具として使われるほうが多い。ギリシア神話の海神ポセイドンの武器として有名。

薙刀 （日／なぎなた）
長い柄の先に反りのある刀身をつけた武器。日本で使われ、鎌倉時代には歩兵や僧兵の主要武器となった。江戸時代には武家の女子の嗜みとなる。長さは1.2m〜3mほど。

パイク （英／pike）
騎馬突撃に対する防御として15世紀ごろから使用された長槍。柄の長いものは5m以上にもなった。

ハルベルト （独／halbert）
15世紀ごろからヨーロッパで使用された、穂先に斧状の刃と鉤爪をもつ槍。刃の部分は40cmほど、全長は3mほど。重装備の騎士を相手に多彩な戦い方をするために発展した。

ランス （英／lance）
騎士の突撃用の槍。長い木材を基本に穂先や鍔をつけた。全長は4mほど、重さは4kgほど。馬上槍試合でも使われた。

杖・棒・斧

アックス／クラブ／スタッフ／ステッキ／トマホーク／ハンマー／バルディッシュ／フレイル／ポールアックス／メイス／ロッド

アックス （英／axe）
斧。もともとは木を切るための道具。木の柄の先に平たくカーブした刃をつけたもの。

クラブ （英／club）
棍棒。殴打する用の木の棒。最も原始的な武器。ギリシア神話では英雄ヘラクレスも棍棒を武器としていた。

スタッフ （英／staff）
杖。細長い木製の棒。1mほどの木の棒を振り回すクォータースタッフは、農民兵などの経験が浅い兵士に重宝された。

ステッキ （英／stick）
棒。スティックが日本風に読まれたもの。

トマホーク（英／tomahawk）
投擲することもできる斧。北米のネイティブアメリカンが使った武器。長さは40cmほど、重さは1.5kgほど。工具やパイプとしても使われ、生活に密着した道具だった。

ハンマー（英／hammer）
槌。短い柄の先端に鉄の槌をつけたもの。

バルディッシュ（英／berdysh）
スカンジナビアで使われた長い刃渡りの戦斧。刃渡りは60cm～80cmほど。16世紀ごろには、東欧でこの刃を長柄に取りつけた武器が使われた。

フレイル（英／flail）
鎖付き槌矛。メイスの柄ととげのついた頭部の間に鎖をつけ、頭部を振り回せるようにしたもの。

ポールアックス（英／poleaxe）
長柄に斧の刃と尖った刃、切っ先に突き刺す用の穂先、柄と金属部分の間に鍔を持った斧槍。15世紀ごろに歩兵用の武器として広く使われた。

メイス（英／mace）
槌矛。短い柄に金属製の頭部をつけ、殴りつける武器。古代メソポタミアやエジプトでも使われていた。とげのある頭部をつけたものはモーニングスターと呼ばれた。

ロッド（英／rod）
細いまっすぐな棒。

弓・弩・投擲

アルバレート／カタパルト／クロスボウ／手裏剣／ダート／チャクラム／バリスタ／ブーメラン／フランキスカ／ボウ

アルバレート（伊／arbalete）
13世紀にイタリアで発達したクロスボウの一種。ジェノバ人の傭兵が使っていたことで有名。

カタパルト（英／catapult）
古代ギリシアから中世ヨーロッパにかけて使われた攻城兵器。石や槍を乗せたアームをロープのねじれに巻き込み、反発力を用いて投げる。

クロスボウ（英／crossbow）
弓に矢を置く溝と弦を張る装置を固定した個人用の短弓。強い力で弦を張る必要があるため連射はできないが、訓練せずとも威力の高い矢を撃つことができた。

手裏剣（日／しゅりけん）
日本で使われた投擲武器。戦国時代から江戸時代に登場した。各地で諜報活動をしていた忍者が使っていたといわ

れ、十字型、卍型、棒手裏剣などさまざまな形がある。

ダート（英／dart）
投げ矢。

チャクラム（英／chakram）
平たい輪状の金属武器。外輪が刃になっている。インド北部のシーク教徒が使用したとされている。

バリスタ（英／ballista）
古代ギリシア、ローマで用いられた巨大な矢を発射する兵器。直線的で敵兵ひとりひとりを狙うもの。頭蓋骨を貫通するほどの威力があった。

ブーメラン（英／boomerang）
オーストラリア大陸で使用された狩猟用具、武器。くの字型の木製。長さは60cmほど。戦闘用のものは投げても戻ってこないが、狩猟用のものは当たらなければ戻ってくる。

フランキスカ（英／francisca）
投擲用の斧。ローマ帝国末期にヨーロッパにやってきたフランク人が使用した。長さは50mほどで、15mほどの範囲の敵を攻撃することができる。

ボウ（英／bow）
弓。しなる木に弦を張って矢を飛ばす武器。ショート・ボウは100cm以下、ロング・ボウは150cm〜180cmほど。複数の木材と材料を合成した弓がコンポジット・ボウ。石器時代から使われてきた。

鎌
鎖鎌／サイズ／シックル／ファルクス

鎖鎌（日／くさりがま）
鎌の先に重りをつけた鎖を取りつけた武器。鎌の柄部分は1尺8寸（約54cm）が標準で、鎖の長さは3mほど。戦国時代に戦場で使われた。

サイズ（英／scythe）
長柄の大鎌。農耕用具で、両手で持って穀物を刈り取る。絵画の影響で死神の持ち物として定着した。

シックル（英／sickle）
片手に持つ小型の鎌。草などを刈り取る用途の農耕用具。

ファルクス（英／falx）
現代では鎌とも訳されるが、紀元1世紀のローマの叙事詩に登場する部族の武器。2mほどで、全体が金属でつくられ、湾曲した鎌状の刃を持つ。

盾

シールド／スクートゥム／パヴィス／バックラー／ホプロン

シールド（英／shield）
盾。通常左腕に持つ防護具。木製、金属製、革製などがあり、大きさや形も時代や地域によってさまざま。

スクートゥム（英／scutum）
古代ローマの兵士が用いた大型の盾。楕円形と長方形があった。縦が1mほど、横が70cmほど。歩兵の密集隊形で盾の壁として使用された。

パヴィス（英／pavise）
中世ヨーロッパの弓兵や弩兵が使う大盾。大きいものは1.5mほどあり、地面に埋め込んだ杭に立てかけて遮蔽物として利用した。

バックラー（英／buckler）
接近戦で直接攻撃を防ぐための小型の盾。13世紀ごろからヨーロッパで使われた。30cmほどの円形または四角形。

ホプロン（英／hoplon）
都市国家時代の古代ギリシアで使われた全金属製の盾。円形で直径は1mほど、のちに軽量化され60cmほどになった。密集隊形ファランクスで使用された。

罠

アンブッシュ／スネア／トラップ／トラバサミ／ピットフォール／ブービートラップ／マイン

アンブッシュ（英／ambush）
待ち伏せ、伏兵。

スネア（英／snare）
縄で輪をつくり動物や鳥の足を捕らえる罠。輪なわ。

トラップ（英／trap）
罠、計略、策略。広く使われる一般的な表現。

トラバサミ（日／とらばさみ）
狩猟用の罠で、踏むと金属板が跳ね上がって足を挟み込む罠。第一次世界大戦では戦場でも使われた。現在日本では原則的に使用禁止になっている。

ピットフォール（英／pitfall）
落とし穴。

ブービートラップ（英／booby trap）
ブービーはカツオドリ、転じてまぬけを意味する口語。撤退する部隊などが仕掛けていく罠で、ワイヤーや死体などに触れると爆弾などが作動する罠。

ものの名前／乗り物

マイン （英／mine）
地雷、機雷。触れる、踏むと爆発する兵器。

囮

デコイ／ルアー

デコイ （英／decoy）
獲物をおびき寄せるための囮。狩猟で囮に使う鳥の模型のこと。誘惑する、おびき出すという意味にもなる。

ルアー （英／lure）
魚に餌と錯覚させて食いつかせる疑似餌。囮、魅力、魅惑の意味にもなる。

■ 乗り物

馬車／船

馬車

カート／クーペ／コーチ／タンデム／チャリオット／トロイカ／バギー／バルーシュ／フィアクル／ワゴン

カート （英／cart）
荷車。牛や馬にひかせて荷物を載せるための車。手押しの荷車も指す。

クーペ （仏／coupé）
前に御者席のある2人乗りの小型馬車。屋根のある箱型。

コーチ （英／coach）
4頭や6頭だての大型4輪馬車。市民や貴族の移動手段として鉄道以前に使われていた。

タンデム （英／tandem）
縦に2頭の馬をつなげた馬車。

チャリオット （英／chariot）
2頭だて1人乗りの2輪馬車。古代ローマや中央アジアなどで、戦闘、狩猟、競争などに使われた。

トロイカ （露／Тройка）
3頭立ての馬橇（ばぞり）、馬車。

バギー （英／buggy）
御者席のない1頭か2頭だての軽装の馬車。イギリスで用いられるのは2輪、アメリカでは4輪。

バルーシュ （英／barouche）
2頭だてで4輪の4人乗り馬車。御者席は前にあり、客車には幌がついている。

フィアクル （英／fiacre）
辻馬車。

ワゴン （英／wagon）
荷馬車。4輪で馬や牛が引く荷物を運ぶための車。そこから鉄道の貨車や飲

食店で料理を運ぶ道具もワゴンと呼ぶ。

船

カヌー／カヤック／ガレー／ガレオン／コルベット／ゴンドラ／サブマリン／シップ／シップレック／ディンギー／バージ／フェリー／フリゲート／フリート／ベセル／ボート／ヨット／ライナー／ラフト

カヌー（英／canoe）
櫂で操る小舟。人類ははるか昔から丸太をくりぬいたもの、葦を束ねたもの、動物の皮をはったものなど各地でさまざまなカヌーを使ってきた。

カヤック（英／kayak）
北米大陸の先住民が使う、アザラシの皮を張った小舟。

ガレー（英／galley）
古代から使われた、多数の漕ぎ手がオールを漕いで進む船。軍船として多く使用された。

ガレオン（英／galleon）
中世ヨーロッパの大型帆船。多層の甲板を持ち、軍船または貿易船として大航海時代に使われた。

コルベット（英／corvette）
軍艦の一種。時代や地域により定義はさまざま。

ゴンドラ（英／gondola）
イタリアの都市ベネチアで運河用に使われている小舟。5〜6人を乗せ船頭が櫂をこいで進む。

サブマリン（英／submarine）
潜水艦。

シップ（英／ship）
船。人を乗せて運ぶ客船、荷物を載せて運ぶ貨物船など、比較的大型の船。最も一般的な表現。宇宙船、飛行機にも使う。

シップレック（英／shipwreck）
難破船。

ディンギー（英／dinghy）
レジャー用の小船。軍艦に搭載する小艇もディンギーという。

バージ（英／barge）
はしけ。川を渡す平底の荷船。

フェリー（英／ferry）
客船、渡し舟。人を運ぶ定期運送船。

フリゲート（英／frigate）
軍艦の一種。時代や地域により定義はさまざま。

ものの名前／乗り物

フリート（英／fleet）
艦隊、船団。

ベセル（英／vessel）
大型船。シップの中でも大きい船を指す。格式ばった表現。

ボート（英／boat）
屋根なしの小型の船。文脈によっては船全般を指すこともある。

ヨット（英／yacht）
小型帆船。オランダで荷船として使われていた小型艇が由来。競技用のものは1人乗りから10人乗りまである。

ライナー（英／liner）
定期船。特に太平洋や大西洋を定期的に行き来する大型船。

ラフト（英／raft）
いかだ、救命ボート。動力のない浮くだけの船。

自然

- 色
- 地形
- 現象
- 動植物
- 宇宙

■色

赤／青／黒／白／黄・オレンジ／緑／紫／茶／灰

赤

緋／茜／アラサン／臙脂／クリムゾン／カーマイン／コーラル／朱／スカーレット／赭／丹／バーガンディ／バーミリオン／紅／ボルドー／マルーン／ルージュ／ルビー／レッド／ロッソ

緋（日／あけ、ひ）

炎の燃える色。黄色味のある深い赤。古代から貴人の衣装の色味として使われ、浅緋（うすあけ）、深緋（こきひ）、紅緋（べにひ）など種類も多い。

茜（日／あかね）

植物の茜の根を使って染色した濃い赤。夕焼けの色の形容としても一般的。

アラサン（西／alazon）

栗色、赤褐色。馬の毛色としての栗毛。

臙脂（日／えんじ）

カイガラムシの染料で染めた青味のある濃い赤色。

クリムゾン（英／crimson）

濃く明るい赤色。夕日や血の色のイメージとして使われる。

225

自然／色

カーマイン（英／carmine）
わずかに紫がかった赤色。

コーラル（英／coral）
赤い珊瑚で染めた、黄色がかった薄い赤色。

朱（日／しゅ、あか）
硫化水銀の染料で染めた黄色がかった鮮やかな赤色。伝統的に寺社の柱などの大事な建築物に使われる。真朱、銀朱、錆朱など種類も多い。

スカーレット（英／scarlet）
やや黄色がかった明るく鮮やかな赤色。炎の色の表現として使われる。また、不義の象徴の色とされることもある。

赭（日／そほ）
赤土を焼いた染料で染められた、くすんだ黄赤。縄文時代から用いられている。

丹（日／に）
鮮やかで黄色がかった赤。丹は赤土のことで、赤い顔料全般を指すこともある。朱と同じで、古代から使われてきた赤。

バーガンディ（英／burgundy）
ワインの名産地ブルゴーニュの英語読みであり、赤ワインの色である深い紫がかった赤色。

バーミリオン（英／vermilion）
硫化水銀の染料で染めた黄色がかった鮮やかな赤色。日本の朱と同じもの。絵画などに使われた。

紅（日／べに、くれない、こう）
植物の紅花で染められた鮮やかな赤色。衣服や化粧用、食用の着色料として広く使われる。「紅顔」など美しいことの例えにもなる。日本の国旗の日の丸の色。

ボルドー（仏／bordeaux）
代表的な赤ワインの集積地、出荷地であるフランスの地名。赤ワインのごく暗い赤。

マルーン（英／maroon）
黒味の入った茶色から紫がかった赤。フランス語のマロンが語源。臙脂、海老茶、ワインレッドなどと近い色。

ルージュ（仏／rouge）
英語のレッドに対応する一般的な赤。英語では口紅の意。

ルビー（英／ruby）
宝石のルビーのような透き通った赤。

自然／色

レッド（英／red）
血やバラ、ワインなど、薄い赤から茶色に近い赤まで、一般的な赤色全般を指す。

ロッソ（伊／rosso）
英語のレッドに対応する一般的な赤。

青

藍／アクアマリン／浅葱／アジュール／インディゴ／群青／紺／紺碧／サックス／サファイア／シアン／セルリアン／セレスト／ターコイズ／ネイビー／縹／百群／ラピスラズリ／瑠璃

藍（日／あい）
植物の藍と黄檗を用いて染めた色。緑みのある深い青。平安時代から使われている。

アクアマリン（英／aquamarine）
鉱石のアクアマリンの色。わずかに緑みのある薄い青。

浅葱（日／あさぎ）
緑がかった薄い青。江戸時代に庶民に普及した色で、新撰組の羽織の色としても有名。

アジュール（仏／azur）
フランス語の青。また、紋章学での青。

インディゴ（英／indigo）
複数の植物に含まれるインディゴという成分を用いた染め物の色。日本の藍もインディゴ。世界各地で古くからインディゴを含む植物を使った染め物はつくられてきた。

群青（日／ぐんじょう）
紫がかった深い青色。瑠璃や藍銅鉱を砕いてつくった絵の具の色。

紺（日／こん）
濃い藍染の色。暗い紫がかった青。江戸時代は庶民の普段着の代表的な生地に使われた。紫紺、鉄紺、留紺など種類が多くある。

紺碧（日／こんぺき）
紺と碧を合わせたような青。深く濃い青。美しい空や海の形容として使われる。

サックス（英／saxe）
ドイツのザクセン地方の英語読みが由来。この地方の藍染の色。くすんだ淡い青。

サファイア（英／sapphire）
宝石のサファイアの色。深い青。

シアン（英／cyan）
明るい青。マゼンタ、イエローととも

自然／色

に印刷で使われる三原色のひとつ。

セルリアン （英／cerulean）
ラテン語の空に由来する鮮やかな青。

セレスト （英／celeste）
セルリアンと同じラテン語の空に由来する色。神のいる至高の天の空。フランス、イタリア、スペインなどで用いられた少し紫がかった青。

ターコイズ （英／turquoise）
宝石のトルコ石の色。明るい緑がかった青。

ネイビー （英／navy）
イギリス海軍の制服の濃く紫がかった青色。日本の紺に近い。

縹 （日／はなだ）
藍のみを用いて染めた色。藍よりも薄い青になる。

白群 （日／びゃくぐん）
群青をつくる鉱物をさらに細かく砕いてできる色。やわらかい緑みの青。

ラピスラズリ （英／lapis lazuli）
宝石のラピスラズリの色。日本語の瑠璃と同じ。

瑠璃 （日／るり）
宝石の瑠璃の色。濃い紫みの青。英語では同色をウルトラマリンブルーという。

黒

エボニー／オブシディアン／涅／ジェット／漆黒／シュヴァルツ／セーブル／ノワール／リコリス／レイブン

エボニー （英／ebony）
黒檀の木材の色。茶色みのある黒。黒檀は家具や楽器に多く使われ、ピアノの黒鍵も黒檀でつくられてきた。

オブシディアン （英／obsidian）
黒曜石の色。漆黒。

涅 （日／くり）
川底の土で染色した布の色。茶色がかった黒。

ジェット （英／jet）
宝石のジェットの色。ジェットは樹木が水中で化石化した鉱物で、艶のある黒。近世のイギリスで喪服に合わせるジュエリーとして流行した。

漆黒 （日／しっこく）
漆を塗った器のような深く艶のある黒。漆塗りは古代から使われていたが、漆黒が色の名前となったのは現代になってから。

自然／色

シュヴァルツ（独／schwarz）
黒。一般的な表現。白に対して縁起が良くないイメージがある。

セーブル（英／sable）
黒貂（くろてん）の毛皮の黒。紋章学での黒も指す。セーブルは黒貂のこと。

ノワール（仏／noir）
黒。一般的な表現。白に対して縁起が良くないイメージがある。

リコリス（英／licorice）
植物のリコリスの根を煮詰めてつくられるお菓子の色。艶のある真っ黒。リコリスはスペインカンゾウのこと。

レイブン（英／raven）
ワタリガラスの羽の色。青みを帯びた深い黒。

白

アイボリー／アラバスター／イヴォワール／ヴァイス／月白／パール／ビアンカ／ブラン

アイボリー（英／ivory）
象牙の白。黄みのある灰白。

アラバスター（英／alabaster）
雪花石膏（せっかせっこう）というやわらかい鉱石の色。黄みと灰みを帯びた白。古代では方解石という鉱物もアラバスターといった。

イヴォワール（仏／Ivoire）
象牙。アイボリーに同じ。

ヴァイス（独／weiß）
白。一般的な表現。

月白（日／げっぱく）
灰と青を帯びた白。月が昇る際に白む空の色。

パール（英／pearl）
真珠の白。光沢のある少し灰みのある白。真珠は世界各地で昔から珍重されてきた。

ビアンカ（伊／bianca）
女性形の白。男性形だとビアンコになる。

ブラン（仏／blanc）
白。一般的な表現。

黄・オレンジ

アプリコット／鬱金／カナリア／梔子／琥珀／サフラン／縹／トパーズ／朱華／ベージュ／ミモザ／山吹／レモン

アプリコット（英／apricot）
杏の熟した果実の色。やわらかい黄赤。

自然／色

鬱金 （日／うこん）
赤みの黄色。漢方薬にもなるウコンの根で染めた色。江戸時代から普及した。

カナリア （英／canary）
小鳥のカナリアの羽色。明るい黄色。カナリア諸島原産の鳥で、ヨーロッパには15世紀に、日本には江戸時代に伝わった。

梔子 （日／くちなし）
梔子の実の赤みがかった黄色。梔子で染めてから紅花で重ね染めをする。口無しにかかることからいわぬ色とも。

琥珀 （日／こはく）
宝石の琥珀の色。くすんだ赤みの黄、または黄色みの茶色。琥珀は樹液の化石。

サフラン （英／saffron）
サフランのめしべの色で穏やかな赤みの黄色。ヨーロッパでは昔から香料や食品の色づけに用いられてきた。

纁 （日／そひ）
ややくすんだ明るい黄色みのオレンジ。茜で3度染めた色。

トパーズ （英／topaz）
宝石のトパーズの色で透きとおった濃い赤みの黄色。

朱華 （日／はねず）
赤みの強いオレンジ。古くから日本で使われていた歴史ある色名。

ベージュ （英／beige）
染色されていない羊毛の色。明るい灰色みを帯びた黄。

ミモザ （英／mimosa）
ミモザの花の明るい黄色。春に黄色い小花が木いっぱいに咲く。春をイメージさせる黄色。

山吹 （日／やまぶき）
鮮やかな赤みのある黄色。山吹の花の色。通貨である大判小判の色で、暗喩としても使われる。

レモン （英／lemon）
鮮やかな緑みの黄色。レモンの実の色。

緑

鶯／エバーグリーン／エメラルド／オリーブ／オリーブドラブ／コバルト／翠／セラドン／常盤／木賊／翡翠／ピーコック／ビリジアン／碧／萌黄／柳／ローリエ／緑青

鶯 （日／うぐいす）
鶯の羽色。くすんだ黄緑色。江戸時代から色の名前として使われている。

自然／色

エバーグリーン（英／evergreen）
常緑樹の葉の色。日本の常盤と同じ。

エメラルド（英／emerald）
宝石のエメラルドの強く鮮やかな緑。

オリーブ（英／olive）
オリーブの実のような暗い緑みの黄。ギリシア、ローマ時代からオリーブはヨーロッパの重要植物だった。

オリーブドラブ（英／olive drav）
暗くくすんだオリーブ色。ドラブはくすんだ茶色の布地のこと。近代兵装の軍服や軍用機の色。

コバルト（英／cobalt）
明るい緑。酸化コバルトと酸化亜鉛を原料とする顔料の色。

翠（日／すい）
カワセミの羽色。鮮やかな青緑。

セラドン（英／celadon）
セラドンは中国の青磁器のことで、青磁器のぼやけた青緑色を指す。17世紀のフランスの小説『アストレ』の主人公、牧童セラドンに由来する。

常盤（日／ときわ）
常緑樹の松や杉の葉の色。深い緑。常緑樹が冬でも枯れないことから縁起のいい色とされる。

木賊（日／とくさ）
木賊の茎の色。黒みをおびた緑色。渋い色合いで年配者に好まれた。

翡翠（日／ひすい）
宝石の翡翠の色。透きとおった明るい緑。世界各地で宝石として装飾品に用いられ、日本でも縄文時代から知られていた。

ピーコック（英／peacock）
孔雀の羽の青緑。

ビリジアン（英／viridian）
くすんだ青みの緑。色名としては以前からあったが、水酸化クロムを主原料とする顔料の製造方法は19世紀にフランスで特許登録された。

碧（日／へき）
宝石の碧玉の色。碧玉は色のバリエーションが多々あり、そのうちの青緑色のものの色を指す。古くから装飾品として使われた。碧玉は英語でジャスパー。

萌黄（日／もえぎ）
鮮やかな黄緑。春の萌え出る若芽の色。

自然／色

柳 （日／やなぎ）
柳の若葉の明るい黄緑色。春の若々しい緑のイメージ。

ローリエ （仏／laurier）
ローリエ、月桂樹の葉の色。暗い青みの緑。フランスの伝統色。

緑青 （日／ろくしょう）
マカライトからつくられる顔料の色で、くすんだ緑。銅の表面にできる錆のことでもある。

紫

アメジスト／菖蒲／ウィスタリア／桔梗／紫苑／菫／バイオレット／ピアニー／ビオラ／藤／二藍／マルベリー／モーブ／ライラック／ラベンダー／竜胆

アメジスト （英／amethyst）
宝石のアメジストの色。赤めの紫。アメジストは日本語では紫水晶で、水晶のなかで紫色のもの。

菖蒲 （日／あやめ、しょうぶ）
あやめとしょうぶは漢字が混ざってしまったため混同されがちだが別の花。色としてはあやめが明るい赤めの紫、しょうぶが鮮やかな青紫。実際の花色にはいろいろある。湿地で咲くのがしょうぶ、乾地に生えていて小さめなのがあやめ。似ている杜若（かきつばた）もまた別の種。

ウィスタリア （英／wisteria）
藤の英語名。色としては日本の藤色よりやや濃い。

桔梗 （日／ききょう）
桔梗の花の色。濃い青めの紫。平安時代から色の名前として親しまれていた。

紫苑 （日／しおん）
紫苑の花色の灰がかった薄い紫。紫苑はキク科で中秋の名月のころに咲く、秋のイメージの花。

菫 （日／すみれ）
菫の花色の鮮やかな青紫。色名として日本で広まったのは明治時代以降で、バイオレットの訳語として色名になった。

バイオレット （英／violet）
菫の花の色。赤と青の中間であるパープルより青より。

ピアニー （英／peony）
芍薬（しゃくやく）の花を指し、暗い赤紫。芍薬は白からピンク、赤、紫と、さまざまな色の花をつける。

ビオラ （伊／viola）
菫色。フランス語ではヴィオレ。

自然／色

藤 (日／ふじ)
藤の花の色。淡い青よりの紫。藤は古くから日本で親しまれており、藤色もさまざまなバリエーションがある。京藤は赤めで灰みのかかった藤色。

二藍 (日／ふたあい)
藍と紅花を使って染められる紫。植物の紫の根を使った色より安価だったため、広い年齢層に愛好され、二色の配合の分だけバリエーションもある。

マルベリー (英／mulberry)
熟した桑の実の色。暗い赤紫。桑は葉が絹の原料である蚕(かいこ)の餌として使われるが、夏前に熟す実は食用になり栄養豊富。

モーブ (英／mauve)
19世紀につくられた世界初の化学染料につけられた名前。天然染料が高価だった紫だが、この化学染料によって一般にも使われるようになった。強い青みの紫。葵(あおい)の花のこと。

ライラック (英／lilac)
ライラックの花の色。やわらかい赤めの紫。春に密集した細かい花を木全体につける。

ラベンダー (英／lavender)
ラベンダーの花の色。明るい青めの紫。ラベンダーはヨーロッパで古くから香料や鎮静剤として使われてきた。

竜胆 (日／りんどう)
竜胆の花色のくすんだ薄い紫。日本の代表的な野草で根は漢方になる。

茶
ウォルナット／オーカー／カーキ／キャメル／セピア／ヘーゼル／マホガニー

ウォルナット (英／walnut)
胡桃(くるみ)の実の外殻の色。木材の色を指す場合には暗めの赤茶。

オーカー (英／ochre)
黄土色。酸化鉄や水酸化物を含む黄色い土を原料としてつくられた顔料の色。フランス語ではオークル。

カーキ (英／khaki)
くすんだ赤みのある茶色。ヒンディー語の泥土を意味し、植民地時代のインドでイギリス軍が駐留軍の軍服の色名として使用した。

キャメル (英／camel)
駱駝(らくだ)の毛で織った毛織物の色。赤みのある明るい茶色。駱駝は紀元前から中央アジアで利用されていた。

自然／地形

セピア （英／sepia）
暗い赤みのある茶色。イカ墨のインクが色あせた色。セピアはギリシア語でイカの意味。

ヘーゼル （英／hazel）
榛(はしばみ)の実の色。明るい茶色。目の色を指す場合にはブラウンとグリーンの中間。

マホガニー （英／mahogany）
マホガニーの木材の色。濃い赤茶色でマホガニー材は使うほどに色が濃く深みを増していく。

灰

アッシュ／ガンメタル／グレージュ／チャコール／鼠

アッシュ （英／ash）
草木を燃やした灰の色。黄みのあるグレー。

ガンメタル （英／gunmetal）
銅と錫の合金の色。紫を含んだ暗いグレー。ガンメタルは砲身に使われた合金で、日本では砲金色ともいわれた。

グレージュ （仏／grege）
グレーとベージュの中間の色。由来はグレッジアで、イタリア語の羊や山羊の群れを意味する。

チャコール （英／charcoal）
木炭の色。赤みがかった濃いグレー。

鼠 （日／ねずみ）
ドブネズミ、クマネズミ、ハツカネズミなど人の近くに住む鼠の色。鼠は茶褐色から黒っぽいものまで一律ではないが、黒みが多くなるほどグレーの、いわゆる鼠色になる。江戸時代に鼠色系が流行し、利休鼠や深川鼠、銀鼠などさまざまなバリエーションが生まれた。

■ 地形

世界／地球・大地／空・天空／土・石・海／山／川／水・泉・池・沼／森・林／平原／裂け目・谷／穴

世界

コスモス／ユニバース／ワールド

コスモス （英／cosmos）
秩序と調和のある世界。カオスに対する概念。

ユニバース （英／universe）
宇宙と万物。全空間と全存在。

ワールド （英／world）
人間の活動する範囲としての世界。

自然／地形

地球・大地
アース／テラ／ホライゾン／ランド

アース（英／earth）
惑星としての地球。太陽系の第3惑星。大地、地上。

テラ（羅／terra）
地球。土地、陸地、世界。

ホライゾン（英／horizon）
地平線、水平線。

ランド（英／land）
陸地。海に対するものとしての陸。

空・天空
アトモスフィア／アリア／エアロ／シエル／スカイ／ヒンメル

アトモスフィア（英／atmosphere）
大気。惑星の重力圏で保たれている気体の層。

アリア（伊／aria）
空気。

エアロ（英／aero）
空気の、空中の。接頭詞として使われる。

シエル（仏／ciel）
空、天空。抽象的な意味での天や神、天国の意味もある。

スカイ（英／sky）
空。

ヒンメル（独／himmel）
空、天空。天国、天の神。

土・石
巌／クレイ／グレイバル／サンド／シルト／ストーン／ソイル／礫／マッド／レゴリス／ロック

巌（日／いわお）
大きくごつごつとした岩。

クレイ（英／clay）
粘土。粒子が0.002mm以下の土。

グレイバル（英／gravel）
砂利、礫（つぶて）。ストーンより小さな石。

サンド（英／sand）
砂。粒子が0.006mm以下の土。

シルト（英／silt）
粘土と砂の中間の状態。

ストーン（英／stone）
石、石材。ロックのかけらであまり大きくない石。

自然／地形

ソイル （英／soil）
土、土壌。

礫 （日／つぶて）
細かく小さい石。

マッド （英／mud）
泥。水分を含んでドロドロの土。

モノリス （英／monolith）
相当の大きさの一枚岩、一本石の建築、彫刻用の柱、素材。

レゴリス （英／regolith）
地表を覆う砂、岩石片。とくに月など大気のない惑星や衛星の表面を覆う岩石と砂の層を指すことが多い。

ロック （英／rock）
岩、岩石。

海

オーシャン／シー／マーレ／マリン／モアナ

オーシャン （英／ocean）
大洋。太平洋、大西洋、インド洋、南極海、北極海の5つの海を指すときに使うことが多い。

シー （英／sea）
海。地球の表面の海水で覆われた地形。

マーレ （伊／mare）
海。英語では月や火星の海を指す。

マリン （英／marine）
海の、海にかかわる、海軍の。

モアナ （マオリ／moana）
海。

山

アイスバーグ／クリフ／マウンテン／ピーク／ボルケーノ／霊峰

アイスバーグ （英／iceberg）
氷山。氷河から分離して海に浮かんだ巨大な氷塊。

クリフ （英／cliff）
崖。断崖。

マウンテン （英／mountain）
山。

ピーク （英／peak）
峰、山頂。

ボルケーノ （英／volcano）
火山。

霊峰 （日／れいほう）
神仏を祀っている、またはその山そのものが信仰の対象となっている聖なる

自然／地形

山。

川

ストリーム／ブルック／リバー

ストリーム（英／stream）
小川。ブルックより大きくリバーより小さい。

ブルック（英／brook）
小川。水源から本流に合流するまでの細い流れ。文語的な表現。

リバー（英／river）
川。船が航行できるぐらいの比較的大きな川。

水・泉・池・沼

アクア／オアシス／ガイザー／カスケード／カタラクト／瀑布／ファウンテン／プール／ポンド／マーシュ／ラグーン／レイク

アクア（羅／aqua）
水。

オアシス（英／oasis）
砂漠で地下水が湧き出ている水場。

ガイザー（英／geyser）
間欠泉。

カスケード（英／cascade）
小さな滝。階段状になっている滝。

カタラクト（英／cataract）
大きな滝。

瀑布（日／ばくふ）
大きな滝。

ファウンテン（英／fountain）
噴水、泉、湧き水。

プール（英／pool）
水たまり。自然に水のたまった場所。

ポンド（英／pond）
池。陸地に囲まれた狭い水場。人工的につくられた貯水地も指す。

マーシュ（英／marsh）
沼、湿地。雨などで溢れた水が流れ込む低地。

ラグーン（英／lagoon）
潟。海が陸地に長く入り込んだ地形。

レイク（英／lake）
湖。陸地に囲まれた広範囲の水場。

森・林

ヴァルト／ウッド／タイガ／グローブ／ジャングル／ブッシュ／フォレスト

ヴァルト（独／wald）
森、森林。林。

自然／地形

ウッド（英／wood）
林。樹木が密集して生えている地域。フォレストより小さい。

タイガ（露／тайга́）
シベリア、北ヨーロッパ、北アメリカの針葉樹林。

グローブ（英／grove）
木立。樹木が集まって生えている所。ウッドより小さい。

ジャングル（英／jungle）
熱帯地方の密林。ヒンディー語の原生林が語源。

ブッシュ（英／bush）
やぶ。低木の茂み。

フォレスト（英／forest）
森。樹木が広い範囲で密集して生えている地域。

平原

エリミア／グラスランド／サバンナ／ステップ／パンパ／ヒース／プレーリー／プレーン／ムーア

エリミア（希／ερημιά）
荒野。

グラスランド（英／grassland）
草原。草で覆われた平原。

サバンナ（英／savannah）
アフリカの草原。樹木が少なく、広大な草地が広がっている。

ステップ（英／steppe）
北ヨーロッパからシベリアに広がる草原。樹木が少なく広大。

パンパ（英／pampas）
南アメリカ大陸の草原。

ヒース（英／heath）
荒野。ヒースはツツジ科の常緑低木だが、イギリスの荒れ地にヒースが茂っていることから。

プレーリー（英／prairie）
北アメリカ大陸の大草原。

プレーン（英／plain）
平原。平らな広い土地。

ムーア（英／moor）
原野。イギリスやスコットランドの高原地帯。

裂け目・谷

アビス／キャニオン／クラック／クレバス／ティアー／バレー

アビス（英／abyss）
深淵、深海、奥底。『旧約聖書』のひ

とつ『七十人訳聖書』では「原初の混沌」、『新約聖書』では「地獄」の意味でも用いられている。

キャニオン （英／canyon）
渓谷。川のある峡谷。

クラック （英／crack）
ひび割れ、亀裂。ちょっとした割れ目。

クレバス （英／crevice）
狭く深い裂け目。氷河の裂け目はcrevasseとなる。

ティアー （英／tear）
引き裂いた裂け目、破れ目、ほころび。涙のティアーと同じ単語。

バレー （英／valley）
谷。山と山の間の低地。

穴

クレーター／ケイブ／ホール／ホロウ／ピット／マイン

クレーター （英／crater）
火口。爆発、衝突によってできた凹み。

ケイブ （英／cave）
崖や山腹にできた洞穴。

ホール （英／hole）
固体に空いた空間。開口部が1つでも2つでも可。

ホロウ （英／hollow）
うろ。固体の内部に空いた空間、くぼみ。

ピット （英／pit）
穴、くぼみ。人が掘った落とし穴、鉱山の立坑。

マイン （英／mine）
鉱山、坑道。豊かな資源、宝庫という意味にもなる。

■ 現象

火・炎・熱／燃焼・爆発／日の出・日没／風／雨・嵐／雪・氷／霧・霞／雷／虹／波／流れ／泡

火・炎・熱

イグニット／イグニス／インフェルノ／キンドル／紅蓮／劫火／業火／不知火／スチーム／ファイア／フレア／ブレイズ／フレイム／ヒート／烈火

イグニット （英／ignite）
点火する。ガソリンなどの燃料に火花で着火する。

イグニス （羅／ignis）
火。たいまつや電光、情熱や燃焼も意味する。

239

自然／現象

インフェルノ (英／inferno)
激しく広範囲に広がり、手のつけられない炎。文学的な表現。

キンドル (英／kindle)
火を起こす。薪や藁に手間をかけて火をつける。

紅蓮 (日／ぐれん)
猛火の炎の色の例え。紅色の蓮花のこと。また、仏教用語で、紅蓮地獄の略。紅蓮地獄は酷寒で、罪人は寒さで皮膚が避け、紅色の蓮花のようになることから。

劫火 (日／ごうか)
仏教用語で、世界の終末に起こる大火災。世界を焼き尽くす火。

業火 (日／ごうか)
仏教用語で、罪人を焼く地獄の炎。また、自らの罪が身を滅ぼすこと。

不知火 (日／しらぬい)
九州の八代海に旧暦7月ごろに見える海上の火影。船の漁火が冷気で屈折して揺らめいて見える現象。

スチーム (英／steam)
蒸気。

ファイア (英／fire)
火、火炎。広く一般的に使われる表現。

フレア (英／flare)
暗がりに燃え上がる揺らめく光。

ブレイズ (英／blaze)
皓炎。大きく明るい炎。

フレイム (英／flame)
ろうそくのようにチロチロと燃え上がる炎。

ヒート (英／heat)
熱。気温の暑さ、人やものの熱から雰囲気や感情まで広く一般的に使われる表現。

烈火 (日／れっか)
はげしく燃え盛る火。

燃焼・爆発

イラプション／インプロージョン／エクスプロージョン／デトネーション／バースト／バーン

イラプション (英／eruption)
火山の噴火。また、感情が爆発する、戦争が勃発するという意味もある。

インプロージョン (英／implosion)
爆縮。外側からの力で内側に向かって

自然／現象

押しつぶされること。内部破壊。

エクスプロージョン（英／explosion）
爆発、破裂。粉塵爆発はダストエクスプロージョン。

デトネーション（英／detonation）
爆轟。爆薬に衝撃を加えることで起こる激しい爆発。物理用語としては、音速以上で伝わる爆発。

バースト（英／burst）
爆発、破裂。はじける。

バーン（英／burn）
燃える、燃焼。

日の出・日没

暁／曙／アルバ／オーブ／黄昏／ドーン／トワイライト／宵／黎明

暁（日／あかつき）
夜明け前のまだ暗い時間。

曙（日／あけぼの）
明け方、明るくなり始める時間。

アルバ（伊、西／alba）
暁、夜明け。

オーブ（仏／aube）
夜明け。

黄昏（日／たそがれ）
日暮れ。薄暗くなる時間。

ドーン（英／dawn）
暁、夜明け。始まりや兆しといった意味もある。

トワイライト（英／twilight）
黄昏、薄暮、暁闇。夜が明ける前、日が暮れた直後の薄暗がり。

宵（日／よい）
日が沈んで間もないころ。

黎明（日／れいめい）
明け方、夜明け。

風

ヴァン／ウィンド／ウェスタリーズ／嵐／ガスト／グリゲイル／ゲイル／凪／シロッコ／ゼファー／トルネード／疾風／ブラスト／ブリーズ／モンスーン／ミストラル

ヴァン（仏／vent）
風。強くても弱くても使われる一般的な表現。

ウィンド（英／wind）
風。気圧の差で生じる空気の流れ。最も一般的な表現。

ウェスタリーズ（英／westerlies）
偏西風。

自然／現象

颪 (日／おろし)
山など温度の低いところから吹き下ろす冷たくて強い風。

ガスト (英／gust)
突風。突然吹く強い風。突然湧き出る雨、煙、火炎など。

グリゲイル (英／gregale)
地中海の西から中央部で冬に吹く強い北東の風。

ゲイル (英／gale)
疾風、強風。災害をもたらすほどの強い風。

凩 (日／こがらし)
晩秋から初冬の強く冷たい北風。

シロッコ (英／sirocco)
北アフリカから南ヨーロッパに吹きつける南寄りの風。春や秋に多く、砂まじりで熱い空気を運ぶ。リビアではギブリ、エジプトではハムシン、スペインではソラノなど各地で名前がついている。

ゼファー (英／zephyr)
西風。ギリシア神話の西風の神に由来する。詩語としては穏やかな風。

トルネード (英／tornado)
竜巻。積乱雲の底から延びて地面に接し激しく回転する空気柱。ツイスターとも呼ばれる。

疾風 (日／はやて)
急に激しく吹く風。雨や雹を伴うこともある。

ブラスト (英／blast)
突風、爆風。

ブリーズ (英／breeze)
そよ風、微風。弱い風に使われる一般的な表現。

モンスーン (英／monsoon)
アジアの季節風。またはその風がもたらす南アジア、東南アジアの雨季。

ミストラル (仏／mistral)
フランス南東部から地中海に吹く寒冷な強い北西風。ときに時化(しけ)をもたらす。

雨・嵐

クラウドバースト／シュトゥルム／サイクロン／五月雨／時雨／スコール／ストーム／タイフーン／テンペスト／ドラウト／ハリケーン／氷雨／レイン

クラウドバースト (英／cloudburst)
驟(しゅう)雨。にわか雨、土砂降り。

自然／現象

シュトゥルム（独／sturm）
暴風、嵐。

サイクロン（英／cyclone）
インド洋に発生する低気圧。気象学的には中央の気圧の低い領域が閉じ、円状の等圧線に囲まれているシステムの総称。

五月雨（日／さみだれ）
旧暦の5月ごろに降る長雨。今でいう梅雨の雨。途切れながら繰り返すことの例えにも使われる。

時雨（日／しぐれ）
晩秋から冬のはじめに降る、降ったりやんだりする雨。蟬時雨（せみしぐれ）など、ひとしきり続くものの例えにも使われる。

スコール（英／squall）
突然の激しい風とそれに伴う雷、激しい雨。

ストーム（英／storm）
嵐。雷や激しい雨、風を伴う天気の一般的な用語。サンドストーム、ダストストームなど派生語は多数ある。

タイフーン（英／typhoon）
太平洋西部に発生する低気圧。台風。

テンペスト（英／tempest）
大嵐、暴風雨。ストームより激しい。

ドラウト（英／drought）
干ばつ。長期間異常に雨の降らない状態。

ハリケーン（英／hurricane）
大西洋、北太平洋東部、メキシコ湾に発生する熱帯低気圧。

氷雨（日／ひさめ）
凍えるほどの冷たい雨。また、あられ、ひょうの詞的な表現。

レイン（英／rain）
雨。最も一般的な表現。

雪・氷

アイス／アイシクル／アバランチ／オーロラ／グレイシア／シュネー／スノウ／スリート／ダイヤモンドダスト／パルマフロスト／氷河／フィルン／フラジール／フリ　レン／ブリザード／フローズン／フロスト／ヘイル／ネージュ

アイス（英／ice）
氷。

アイシクル（英／Icicle）
つらら。

アバランチ（英／avalanche）
雪崩（なだれ）。山の斜面を突然落下する大量の雪の塊。

自然／現象

オーロラ（英／aurora）
極光。

グレイシア（英／glacier）
氷河。

シュネー（独／schnee）
雪。

スノウ（英／snow）
雪。

スリート（英／sleet）
みぞれ。

ダイヤモンドダスト（英／diamond dust）
マイナス30℃以下の気温で生じる極めて細かい氷が降る現象。肉眼では見えず、日光など光が当たって反射することでわかる。

パルマフロスト（英／permafrost）
永久凍土。

氷河（日／ひょうが）
高山や寒冷地で凝固した万年雪が、降り積もる雪の圧力で氷の塊となり、低地に押し出されていくもの。

フィルン（英／firn）
万年雪。圧縮されて氷河に統合される途中の雪。ネヴェとも呼ばれる。

フラジール（英／frazil）
動いている水の中で形成される小さな氷晶。

フリーレン（独／frieren）
氷結、凍ること。凍える、凍てつく。

ブリザード（英／blizzard）
猛吹雪。一段階激しくないものはスノウストーム。

フローズン（英／frozen）
凍った。

フロスト（英／frost）
霜。

ヘイル（英／hail）
ひょう、あられ。氷が降ること。

ネージュ（仏／neige）
雪。

六花（日／りっか）
雪の別名。雪の結晶は6つの枝が伸びた形や、六角形になりやすいことから。

自然／現象

霧・霞

朧／陽炎／霞／狭霧／スモッグ／フォグ／ヘイズ／ミスト／ミラージュ

朧 (日／おぼろ)
薄く曇ってはっきりしないようす。ぼんやりしているようす。

陽炎 (日／かげろう)
春のあたたかな日に野原などに立ちのぼる揺らめく空気。はかないもの、ほのかなものの例えにも使われる。

霞 (日／かすみ)
微細な水滴が空気中に舞ってぼんやりとしているようす。霧と同じだが、春の現象を霞、秋の現象を霧という。

狭霧 (日／さぎり)
霧のこと。

スモッグ (英／smog)
煙霧。工業などで発生する煙と霧の混合物。

フォグ (英／fog)
濃霧。視界が著しく遮られる濃い霧。

ヘイズ (英／haze)
霞、靄(もや)。何となくぼんやりするくらいの薄い霧。陽炎はヒート・ヘイズ。

ミスト (英／mist)
霧。フォグより薄く、ヘイズより濃い。

ミラージュ (英／mirage)
蜃気楼。空気の屈折で生じる光学的現象。遠くにあるものが浮かんで見える。

雷

サンダー／サンダーボルト／紫電／ブリッツ／ライトニング／霹靂

サンダー (英／thunder)
雷、雷鳴。雷放電によって引き起こされる音。

サンダーボルト (英／thunderbolt)
落雷。雲から地面への雷放電。古くから神の武器とされた。

紫電 (日／しでん)
紫の電光。鋭い光の例え。

ブリッツ (独／blitz)
電光、稲妻。閃光、ひらめきという意味もある。

ライトニング (英／lightning)
稲妻。

自然／現象

霹靂 (日／へきれき)
いきなり起こる雷鳴。また、激しい物音の例え。

虹

アルカンシエル／アルクス／アルコバレーノ／アルコ・イリス／レインボウ

アルカンシエル (仏／arc-en-ciel)
虹。空の弓の意味。

アルクス (羅／arcus)
虹。

アルコバレーノ (伊／arcobaleno)
虹。

アルコ・イリス (西／arcoiris)
虹。

レインボウ (英／rainbow)
虹。

波

ウェーブ／カーム／サーフ／漣／時化／凪／怒涛／凪／リップル／ホワイトキャップ／ローラー

ウェーブ (英／wave)
波。風や潮流で起きる水のうねり。一般的な表現。

カーム (英／calm)
凪。

サーフ (英／surf)
岸に寄せる波。

漣 (日／さざなみ)
細かくたつ小さな波。

時化 (日／しけ)
暴風雨で荒れた海。

怒涛 (日／どとう)
荒れ狂い、激しく打ち寄せる波。

凪 (日／なぎ)
波風のない海面。

リップル (英／ripple)
漣(さざなみ)。風などで水面に起こる小さな波。

ホワイトキャップ (英／whitecap)
白波、波濤。波の砕ける先端の白い部分。

ローラー (英／roller)
大波、怒濤。激しい嵐などで起きる大きなうねり。

自然／現象

流れ

ガッシュ／飛沫／ストリーム／スプラッシュ／ドレイン／フラッシュ／フラッド／フロウ／ボルテックス

ガッシュ（英／gush）
噴出する。勢いよくどっと流れ出る。

飛沫（日／しぶき）
雨や波が風などで飛び散った細かい水滴。

ストリーム（英／stream）
絶え間なく流れる。時の流れや思想の傾向などにも使われる。

スプラッシュ（英／splash）
跳ね散らかせる。飛沫を上げる。

ドレイン（英／drain）
排水する、水を流して乾かす。干拓や流出、グラスを飲み干す際の表現。

フラッシュ（英／flush）
ほとばしる。勢いよく流す。

フラッド（英／flood）
洪水、氾濫。

フロウ（英／flow）
液体が流れる。最も一般的な表現。

ボルテックス（英／vortex）
渦。

泡

泡沫／スプーム／フォーム／フロス／バブル

泡沫（日／うたかた）
泡。はかないものの例え。

スプーム（英／spume）
液体の表面、特に海の泡。

フォーム（英／foam）
液体の表面にできる小さな泡、その塊。あぶく。

フロス（英／froth）
ビールの表面にできる泡のような小さな白い泡の塊。

バブル（英／bubble）
泡。泡のひとつひとつを指す。

247

自然／動植物

動植物

動物／殻／皮／歯・牙／角／爪／針・棘／毒／翼／枝／花／犬／狼／猫・猫科／蛇／鷲・鷹／鴉／鰐／虫／蝶／蜂

動物

アニマル／クリーチャー／畜生／ビースト／ベスティア

アニマル（英／animal）
動物、けだもの。植物に対しての動物、人間以外の四つ足動物を指す。人間性の欠けた人のたとえでも使われる。

クリーチャー（英／creature）
生き物。とくに創作上の生物。また家畜、隷属者という意味合いもある。

畜生（日／ちくしょう）
人にやしなわれて生きている家禽、虫や魚などの総称。人に対して使うと罵りになる。

ビースト（英／beast）
獣、けだもの。邪悪で、よくないもの。ザ・ビーストはキリスト教の『ヨハネの黙示録』で世界の終末にやってくる怪物を指す。

ベスティア（伊、西／bestia）
動物、獣。一般的な表現。人の形容で使うと、人でなし、ろくでなしという意味になる。

殻

コクーン／キャラペス／クラスト／シェル／スケイル／チャフ／ハスク

コクーン（英／cocoon）
繭、保護被膜。

キャラペス（英／carapace）
亀の甲羅、甲殻類の外皮。

クラスト（英／crust）
ものの硬い表面、外皮。パンの硬くなった皮。

シェル（英／shell）
貝殻、甲羅、外皮。生物の硬い外側。広く使われる。

スケイル（英／scale）
魚類や爬虫類の鱗。

チャフ（英／chaff）
もみ殻、切り藁。ガラクタ、くずの意味もある。

ハスク（英／husk）
植物の殻、さや。食べられないので、無用のもの、かすという意味もある。

自然／動植物

皮

キューティクル／スキン／バーク／ハイド／ピール／ファー／ペルト／リンド／レザー

キューティクル（英／cuticle）
表皮、上皮。爪の甘皮。

スキン（英／skin）
人や動物の皮膚。一般的な表現。

バーク（英／bark）
樹皮。木の皮。

ハイド（英／hide）
馬や牛など丈夫で革に加工される動物の生皮。

ピール（英／peel）
オレンジやレモンなどの剥いた皮。

ファー（英／fur）
ウサギやビーバーなどの柔らかい毛のついた動物の毛皮。

ペルト（英／pelt）
短い毛のついた動物の生皮。

リンド（英／rind）
硬い食べ物の皮。メロンなどの果実やチーズ、ベーコンなどの外側。

レザー（英／leather）
なめし革。動物の皮を加工したもの。

歯・牙

アイボリー／トゥース／タスク／ファング

アイボリー（英／ivory）
象牙。さまざまな加工品に使われる。

トゥース（英／tooth）
動物、人間の歯。一般的な表現。

タスク（英／tusk）
象、猪などの牙。

ファング（英／fang）
狼や犬の犬歯、毒蛇の毒牙。鋭く突き刺さる牙。

角

アントラー／ホーン

アントラー（英／antler）
鹿の角。毎年とれて生え変わる。

ホーン（英／horn）
牛、鹿、山羊などの角。

爪

クロー／タロン／ネイル／フーフ

クロー（英／claw）
猫科などの動物のかぎづめ。

自然／動植物

タロン（英／talon）
鷲など猛禽類の爪。

ネイル（英／nail）
人間、動物の爪。一般的な表現。

フーフ（英／hoof）
馬などの蹄。

針・棘
スティング／ソーン／ニードル

スティング（英／sting）
蜂などの昆虫の針、植物の棘。

ソーン（英／thorn）
薔薇など植物の棘。

ニードル（英／needle）
針。縫い針や注射針、針状のものなどに使われる一般的な用語。

毒
アシッド／トキシン／ベノム／ポイズン

アシッド（英／acid）
酸。水素を含み、水に溶けて水素イオンをつくる化合物の総称。

トキシン（英／toxin）
生物、特に細菌によってつくられる毒物。毒素。

ベノム（英／venom）
ハチやサソリなどの生物由来の毒。

ポイズン（英／poison）
植物由来の毒。または精製された毒。

翼
ウイング／比翼／フェザー／フリューゲル

ウイング（英／wing）
翼。

比翼（日／ひよく）
翼を並べて飛ぶ鳥。深い契りを交わした男女の例え。雌雄でひとつずつの翼とひとつずつの目をもつという伝説上の鳥に由来する。連理と合わせて使われることも多い。

フェザー（英／feather）
羽毛。

フリューゲル（独／Flügel）
翼、羽。

枝
スプレー／ツイッグ／バウ／ブランチ／リム／連理

スプレー（英／spray）
小枝。細枝。花や葉のついたものを指す。

自然／動植物

ツイッグ（英／twig）
小枝。細枝。葉のついていないものを指すことが多い。

バウ（英／bough）
大きな木の枝。花や果実がついたものを指すことが多い。

ブランチ（英／branch）
木の枝。一般的な用語で、大きさは問わない。そのほか、支流や分家、部門など枝分かれするものを指す。

リム（英／limb）
木の大枝。手足の1本や、建物の増築部分や十字架の腕木など突出した部分、手先や子分といった意味もある。

連理（日／れんり）
幹や枝が他の木と重なって同化していること。深い契りを交わした男女の例え。比翼と合わせて使われることも多い。

花

バッド／フラワー／ブーケ／ブルーム／ブロッサム

バッド（英／bud）
蕾。子供や未成熟のものという意味もある。

フラワー（英／flower）
花。ブルームとブロッサムを両方ひっくるめた上位語。

ブーケ（英／bouquet）
花束。お世辞、誉め言葉という意味もある。

ブルーム（英／bloom）
薔薇など主に鑑賞用の種の花。全盛期という意味もある。

ブロッサム（英／blossom）
林檎などの果樹の花。

犬・狼

ウルフ／餓狼／ジャッカル／コヨーテ／ドッグ／ドギー／ハイエナ／ハウンド／パピー／リカオン

ウルフ（英／wolf）
狼。大型のイヌ科の動物。ユーラシア大陸、北アメリカ大陸に生息する。

餓狼（日／がろう）
飢えた狼。

ジャッカル（英／jackal）
アフリカ北部からヨーロッパ南東部、アジア、インドの草原に生息するイヌ科の動物。悪党、卑劣漢のイメージもある。

自然／動植物

コヨーテ（英／coyote）
北米の草原に生息するイヌ科の動物。ネイティブアメリカンの神話ではペテン師と英雄という面を持つ。

ドッグ（英／dog）
犬。

ドギー（英／doggie）
わんわん。幼児語で犬。

ハイエナ（英／hyena）
アフリカ、インドに生息するイヌ科の動物。夜行性。群れで狩りをし、死んだ動物の肉も食べることから、欲にたかる人の例えにも使われる。

ハウンド（英／hound）
猟犬。

パピー（英／puppy）
子犬。

リカオン（英／lycaon）
ギリシア神話で、ゼウスの怒りにふれて狼にされた王リュカオンから、狼と結びついた名前。アフリカに生息するイヌ科の動物でもある。

猫・猫科

アスラン／オセロット／カッツェ／キティ／クーガー／サーバル／ジャガー／ティガー／パンサー／ピューマ／リオン／リンクス／レーヴェ／レオ／レオン／レオパルト／レパード

アスラン（亜／اسلان）
ライオン。

オセロット（英／ocelot）
中南米の熱帯雨林を中心に生息する豹のような斑紋を持つ山猫。

カッツェ（独／katze）
猫、雌猫。

キティ（英／kitty）
子猫。幼児語で猫。

クーガー（ポルトガル／cougar）
ピューマ。

サーバル（英／serval）
アフリカ大陸のサバンナや森林に生息する猫科動物。耳が大きく、黒い斑点、筋状の模様がある。

ジャガー（英／jaguar）
北米、南米大陸の温帯、熱帯域に生息する大型猫科動物。斑紋があり、猫科では虎とライオンに次いで大型。密林から草原までさまざまな環境に生息する。インカ、アステカ、ネイティブア

メリカンの神話に頻繁に登場する。

ティガー（独／tiger）
虎。

パンサー（英／panther）
イギリスでは豹を、アメリカではジャガーを指す。

ピューマ（英／puma）
北米、南米大陸の温帯、熱帯域に生息する大型猫科動物。茶褐色で斑紋はなく、ライオンの雌に似ている。

リオン（仏／lion）
ライオン。勇猛な人、王者の例えでもある。古語では花形、売れっ子。

リンクス（英／lynx）
スカンジナビア半島からロシアにかけて森林部などに生息する山猫。山猫のなかでは大型。

レーヴェ（独／löwe）
ライオン。

レオ（羅／leo）
ライオン。

レオン（西／león）
ライオン。雄ライオン。

レオパルト（独、西／leopard）
豹。

レパード（英／leopard）
アフリカ大陸、アラビア半島、東南アジアに生息する大型猫科動物。豹。いわゆるヒョウ柄といわれる斑紋がある。

蛇

アスプ／ヴァイパー／コブラ／サーペント／スネイク／パイソン

アスプ（英／asp）
北アフリカの毒蛇の総称。代表種はエジプトコブラ。エジプトの女王クレオパトラはアスプに噛ませて自害したと伝えられている。

ヴァイパー（英／viper）
毒蛇。厳密にはクサリヘビを指すが、毒蛇全般を指すこともある。

コブラ（英／cobra）
世界に広く分布する著名な毒蛇。

サーペント（英／serpent）
大蛇。『旧約聖書』で最初の女性イブを誘惑したのがサーペント。

スネイク（英／snake）
蛇。一般的な表現。

自然／動植物

パイソン（英／python）
ニシキヘビ。最大で10m近くにもなる爬虫類最長種。

鷲・鷹

イーグル／ヴァルチャー／オスプレイ／カイト／コンドル／ファルコン／ハリアー／ホーク／ミラン

イーグル（英／eagle）
鷲。タカ目の鳥のうち、大型の鳥の総称。

ヴァルチャー（英／vulture）
禿鷲。タカ科のハゲワシ属の鳥。ユーラシア大陸南部に生息する。死体を食べ、各地の神話に登場する。

オスプレイ（英／osprey）
鶚。広く世界中に分布する。体長60cmほど。海、湖、川辺に住み、魚類が主食。

カイト（英／kite）
鳶。広く世界中に分布するタカ目トビ類の鳥の総称。人里の近くにも住む身近な種。

コンドル（英／condor）
カナダ南部から南アメリカに生息するタカ目コンドル科の鳥。大きいものは翼を広げると3mにもなる。ペルーやチリなど南米では霊鳥とされた。

ファルコン（英／falcon）
隼。広く世界中に分布するタカ目ハヤブサ科の鳥。比較的小型で敏捷に飛ぶ。

ハリアー（英／harrier）
タカ目のチュウヒ類の鳥の総称。広く世界中に分布し、小型。

ホーク（英／hawk）
鷹。タカ目の鳥のうち鷲をのぞいた鳥の総称。

ミラン（仏／milan）
鳶。

鴉

クロウ／レイブン

クロウ（英／crow）
烏。カラス属の鳥の総称。カラスに似た他の種類の鳥も含め、広く使われる表現。

レイブン（英／raven）
ワタリガラス。大型のカラス。

鰐

アリゲーター／カイマン／ガビアル／クロコダイル

アリゲーター（英／alligator）
ワニの科のうちのひとつ、アリゲー

ター科のワニ。体が幅広く、顎も幅があり丸い。中国のヨウスコウワニ以外はアメリカ大陸に生息している。

カイマン（英／caiman）
アリゲーター科のワニの一種。

ガビアル（英／gavial）
ワニの科、または属名のひとつ。ヒンディー語のワニを指すガリヤルに由来する。極端に細長い鼻を持つ。東南アジアに生息している。

クロコダイル（英／crocodile）
ワニのふたつの科のうちのひとつ、クロコダイル科のワニ。体が細長く、鼻の部分が突き出ている。アフリカや東南アジアなど各地に生息する。

虫

インセクト／キャタピラー／クリサリス／バグ／ビートル／ラーヴァ／ワーム

インセクト（英／insect）
体に節のある虫。昆虫類の一般的な名称。

キャタピラー（英／caterpillar）
毛虫、芋虫。

クリサリス（英／chrysalis）
蛹（さなぎ）。

バグ（英／bug）
羽虫。小さい虫。

ビートル（英／beetle）
甲虫。カブトムシやカナブンなど前の翅が硬い虫。

ラーヴァ（英／larva）
幼虫、幼生。

ワーム（英／worm）
足のない虫。

蝶

バタフライ／パピヨン／ファルファッラ

バタフライ（英／butterfly）
蝶。

パピヨン（仏／papillon）
蝶、蛾。軽薄な人、移り気な人の例えでもある。

ファルファッラ（伊／farfalla）
蝶。

蜂

クイーンビー／ドローン／ハイブ／ハニカム／ビー／ワスプ

クイーンビー（英／queen bee）
女王蜂。

自然／宇宙

ドローン（英／drone）
雄蜂。ミツバチなどの社会性の蜂で繁殖力のある蜂。女王蜂と交尾するために生まれ、交尾後は死ぬ。居候の意味もある。近年は無線操縦の無人機のことを指す場合も多い。

ハイブ（英／hive）
ミツバチの巣箱。人が盛んに行き来している活気のある場所。

ハニカム（英／honeycomb）
ミツバチの巣。ミツバチの巣のような八角形構造。

ビー（英／bee）
ミツバチ。

ワスプ（英／wasp）
スズメバチ、ジガバチ。腰部分が細くくびれていて針を持つ蜂。

■ 宇宙

宇宙／現象／太陽／月／星／暦

宇宙

アストロ／コスモス／スペース

アストロ（英／astro）
連結形として宇宙、天体を表す語。宇宙飛行士をアストロノーツなど。

コスモス（英／cosmos）
秩序としての宇宙。コスモで宇宙を表す連結語、コズミックで宇宙の。

スペース（英／space）
地球の大気圏の外の宇宙。

現象

エクリプス／オーロラ／グラビティ／スーパーノヴァ／ダークマター／ブラックホール／ワープ

エクリプス（英／eclipse）
太陽や月の光がほかの天体に遮られて欠けて見える天体現象。蝕。

オーロラ（英／aurora）
緯度の高い地域でみられる上層大気中の発光現象。ラテン語で暁の意味。

グラビティ（英／gravity）
重力、万有引力。質量をもつすべての物資が引き合う力。質量が大きければ引力も大きくなる。

スーパーノヴァ（英／supernova）
質量の大きな恒星が終末に大爆発を起こす現象。最大で太陽の100億倍ほど明るくなる。ノヴァとは別の現象。

ダークマター（英／dark matter）
力学的なつり合いを考えると質量としてあるはずだが観測されていない物

質。宇宙の構成物質の90パーセントを占める。

ブラックホール（英／black hole）
事象の地平線に囲まれた時空の特異点。光が出てこないために内部の事象が決して外部に伝わらない天体のこと。

ワープ（英／warp）
銀河円盤の回転面のたわみ。ワープ航法はこのたわみを利用した星間移動のショートカット。

太陽

オーリオール／コロナ／サン／ソーラー／ソル／ソレイユ／プロミネンス

オーリオール（英／aureole）
コロナの内側の部分。

コロナ（英／corona）
光冠、光環。太陽の外側にひろがるガス体。ラテン語の冠が語源。

サン（英／sun）
太陽。地球に最も近い恒星。

ソーラー（英／solar）
太陽の、太陽光線。太陽系はソーラー・システム。

ソル（羅／sol）
太陽。

ソレイユ（仏／soleil）
太陽、日光。

プロミネンス（英／prominence）
太陽から噴き出す比較的低温のガス。日本語では紅炎と訳される。

日輪（日／にちりん）
太陽。

月

十六夜／クレセント／下弦／上弦／氷輪／ムーン／ルナ

十六夜（日／いざよい）
新月から16日の月。ためらうという意味の古語からきている。

クレセント（英／crescent）
弦月、三日月。オスマン帝国の象徴とされるほか、西洋の紋章では先が上を向いた三日月が入ると次男を表す。

下弦（日／かげん）
満月から次の新月までの中間の、左半分が光る半月。月の入りに弦が下に見える。

自然／宇宙

上弦 （日／じょうげん）
新月から満月までの中間の、右半分が光る半月。月の入りに弦が上に見える。

氷輪 （日／ひょうりん）
月。

ムーン （英／moon）
月。地球の唯一の天然衛星。

ルナ （羅／luna）
月。派生したスペイン、イタリア、フランス、ロシアの各国でもこれに準じる。

星

エトワール／魁星／ギャラクシー／九曜／コメット／七曜／シュテルン／ステラ／昴／星辰／天狼／プラネット／ポラリス／北辰／ネビュラ／ノヴァ／メテオ／メテオライト

エトワール （仏／etoile）
星。運命や花形といった意味もある。

魁星 （日／かいせい）
北斗七星の四角部分側の先端の星。

ギャラクシー （英／galaxy）
銀河。膨大な数の恒星と星間物質、ダークマターからなる巨大な体系。宇宙には無数に存在する。

九曜 （日／くよう）
インド占星術の概念。七曜に架空の2つの天体、羅睺（らごう）と計都（けいと）を加えたもの。

コメット （英／comet）
彗星。太陽に近づいた際に成分が蒸発して尾を引いているように見える天体。古代から凶兆とされた。

七曜 （日／しちよう）
インド占星術の概念。太陽と月と火星、水星、木星、金星、土星の5つの惑星。

シュテルン （独／stern）
星。運命や花形といった意味もある。

ステラ （羅／stella）
星、星座、天体。

昴 （日／すばる）
おうし座のプレアデス星団の和名。

星辰 （日／せいしん）
星の漢語的表現。

天狼 （日／てんろう）
おおいぬ座の一等星シリウスの中国名。

プラネット （英／planet）
惑星。

ポラリス (英／polaris)
北極星。地軸の延長上にあり、地球が自転しても動いていないように見える星。

北辰 (日／ほくしん)
北極星の和名のひとつ。中国から北極星を祀る信仰が伝わり、日本でさまざまな要素を取り込んで北辰信仰となった。

ネビュラ (英／nebula)
星雲。主にガスからなる雲のように広がって見える天体。以前星雲とされていたが、遠くにある銀河の集合で雲のように見えるとわかったものは銀河と呼ばれるようになっている。

ノヴァ (英／nova)
新星。暗い恒星だったものが突然輝きだした星。数年かけて元の明るさに戻る。

メテオ (英／meteor)
流星。夜空に流れる光る星。地球の引力で落下してくる岩石などの破片が大気中で燃え尽きることで光る。流星雨はメテオ・シャワー、流星群はメテオ・ストリーム。

メテオライト (英／meteorite)
隕石。宇宙を漂う岩石などが地球の引力にひかれて落下した物体。

暦
イクイノックス／ゾディアック／ソルスティス

イクイノックス (英／equinox)
分点。春分、秋分。黄道が天球の赤道と交わる日で、昼と夜の長さが同じになる。

ゾディアック (英／zodiac)
天球の太陽の通り道である黄道の周囲を12の宮に区切ったものの総称。日本語では黄道帯、獣帯と訳される。占星術では黄道12宮のこと。

ソルスティス (英／solstice)
至。太陽が赤道から北か南に最も離れた時を指す。夏至はsummer solstice、冬至はwinter solstice。最高点、極点の意味もある。

索　引

※【大】【中】【小】はカテゴリを表す。

ア

- ア・カペラ　204
- アーカイブ　200
- アーキタイプ　176
- アーキテクチャ　183
- アーク　159
- アーク → 聖櫃（せいひつ）　73
- アークエンジェル　28
- アーサー　34
- アース　235
- アースガルズ　84
- アータル　17
- アーチ　159
- アーティクル　200
- アート　92
- アーバン　207
- アーミー　121
- アーム　93
- アーメン　66
- アーリマン → アンラ・マンユ　23
- アールヴ　39
- アールマティ　15
- アイ　94
- 藍（あい）　227
- 【小】愛　101
- アイオーン　28
- アイシー　164
- アイシクル　243
- 【小】愛神　22
- アイス　243
- アイスバーグ　236
- アイソレーション　124
- アイディール　176
- アイテール → エレボス　24
- アイテール → ニュクス　24
- 【大】アイテム　63
- アイボリー　229, 249
- アイラ　104
- アイロニー　106
- アイン　173
- アヴァロン　80
- アウェサム　178
- アヴェスター　63
- アヴェンジ　150
- アヴォイド　135
- アウトバーン　186
- アウトランダー　123
- アウトランド　207
- 【小】青　227
- 【小】赤　225
- 朱（あか）　226
- 暁（あかつき）　241
- アカデミア　187
- アカデミー　187
- アガニー　97
- 茜（あかね）　225
- アガペ　101
- 【小】あかり　194
- アガルタ　80
- アクア　237
- アクア・ウィタエ → パナケイア　72
- アクアマリン　227
- 【小】悪意　105
- アクシス　154
- 【小】悪神　23
- アクセル　198
- アクチュアル　175

260

【小】悪党	116
アグニ	17
【小】悪魔	31
【小】悪魔族	30
悪魔（あくま）	30
緋（あけ）	225
曙（あけぼの）	241
アコード	130
アゴラ	186
アサイン	143
浅葱（あさぎ）	227
アサシネイト	139
アサルト	135
【小】脚・足	93
アジ・ダハーカ	48
アジール	163
アシスト	137
アシッド	250
アジト	188
アジュール	227
阿修羅（あしゅら）	30
【中】亜人	43
アシンメトリー → シンメトリー	160
アスタルテ	20
アスタロト	32
アストライア	14
アストラル体	90
アストラン	80
アストロ	256
アストロラーベ	195
アスプ	253
アスポデロス	85
アスモデウス	31
アスラ	30
アズラーイール	29
アスラン	252

アセンブル	130
【小】与える	130
アダジュ	199
アタック	135
アダマス → アダマント	70
アダマント	70
【小】新しい	173
【小】あつい	164
アックス	218
アッシュ	234
【小】集める	130
アッラー	8
アテナ	20
アドバンス	144
アドベンチャー	147
アドミラル	113
アトモスフィア	235
アトラクト	149
アトラス	44, 195
アドラメレク	31
アトランティス	80
アドリヴン	85
アトリエ	188
アトローシャス	166
アトロポス → モイラ	25
【小】穴	239
アナーキー	171
アナーヒター	18
アナサマタイズ	179
アナンタ	48
アニマ	90
アニマル	248
アヌビス	26
アネックス	188
アネモイ	18
アノニマス	202

261

索 引

アパート	188
アバドン	32
アバランチ	243
アパレル	190
アバンギャルド	121
アバンチュール	148
アビー	184
アビス	238
アビリティ	92
アプサラス	41
アブストラクト	203
アブソリュート	172
アプニーア	95
アフラ・マズダ	9, 10
アブラカダブラ	66
アブラクサス	9
アプリコット	229
アフロディテ	21
アベック	122
アベニュー	186
安倍晴明（あべのせいめい）	36
アベレージ	176
アベンジャー	118
アポイント	143
アポイントメント	149
アポカリプス	63
アポクリファ	63
アポトーシス	98
アポピス	48
アポリオン	32
アポロン	11
アマテラス	9, 11
アマルディア → コルヌコピア	74
アミーゴ	119
アミール	106
アミューズ	102
アミュレット	65
アムール	101
アムシャ・スプンタ	28
アムネシア	141
アムリタ	71
【小】雨・嵐	242
アメイジング	178
アメジスト	232
アメノウズメ	22
天鳥船（あめのとりふね）	76
天羽々斬（あめのはばきり）→ 十握剣（とつかのつるぎ）	68
天叢雲剣（あめのむらくものつるぎ）	67
アメミット	55
アモーレ	101
菖蒲（あやめ）	232
アラー → アッラー	8
アライメント	122
アラサン	225
アラバスター	229
アリア	205, 235
アリーナ	190
アリゲーター	254
アル・クドス → エルサレム	87
アルア	149
アルカイック	172
アルカディア	83
アルカトラズ	187
アルカンシエル	246
アルクス	246
アルケミー	180
アルコ・イリス	246
アルゴ号	76
アルゴス → エキドナ	49
アルコバレーノ	246
アルティメット	174, 177

262

アルテミス	13	アントラー	249
アルバ	241	アンドロイド	75
アルバレート	219	アンドロメダ → ペルセウス	36
アルファ	173	行灯（あんどん）	194
アルラウネ	58	アンニュイ	103
アレイ	186	アンヌヴン	81
アレイスター・クロウリー	36	アンビシャス	143
アレクサンドリア	87	アンビバレンス	171
アレクサンドロス	34	アンフィスバエナ	46
アレクト → エリニュス	24	アンブッシュ	221
アレグリア	101	アンブロシア	73
アレス	20	アンヘル	28
アレスト	140	アンラ・マンユ	23
アローン	124		
アロハ	101	**イ**	
アロマ	95		
アロンダイト	68	イーグル	254
【小】泡	247	イージー	167
アワード	130, 197	イース	86
【小】合わせる	132	イースター	209
【小】憐れみ	103	イーハトーブ	83
アンガー	104	イヴァルブ	144
アンク	65	イヴォワール	229
アンクル	93	【小】家	188
アンコール	206	イェニチェリ	121
アンサンブル	204	イェホヴァ → YHVH	9
【小】暗神	24	イェル	126
アンセム	204	【小】怒り	104
【小】安全	171	【小】息	95
アンソロジー	203	【小】異教徒	181
アンダー	156	イクイノックス	259
アンチテーゼ	199	イグニス	239
アンチドート	196	イグニッション	198
アンチノミー	171	イグニット	239
アンティーク	172	イグルー	188
【小】アンデッド	58	イザナギ	10

イザナミ	10	イリーガル	142
十六夜（いざよい）	257	イリス → ハルピュイア	53
イシス	25	イル	97
イシュタル	20, 21	イルミナティ	78
イシュチェル	13	イルミネイト	160
イシュバランケー → ヴクブ・カキシュ	45	イルルヤンカシュ	27, 48
【小】椅子	195	イレイズ	145
イズラーイール	29	【中】色	225
イスラーフィール	29	巌（いわお）	235
イタコ	111	イン	189
【小】痛み	97	インキュバス	60
【小】一族	119	インストラクター	117
【小】一部・部分	157	インセクト	255
【小】一対	122	インタールード	206
以津真天（いつまで）	53	インダストリアル	211
イデア	90	インタレスト	102
イディオット	165	インティ	12
イディオム	199	インディゴ	227
イド	90	インデックス	203
【小】田舎	207	インテリジェント	165
イニシエイト	143	インドラ	19
イニシエーション	208	インバネス	191
【小】犬・狼	251	インプ	43
イノセント	166	インフィニット	172
イビル	179	インフェクション	97
【小】衣服	190	インフェルノ	85, 240
イブリース	32	インプリズン	140
イフリート	42	インプレッション	100
【小】異邦人	123	インプロージョン	240
イマーム	110	インペリアル	206
イマジナリー	175	インポスター	118
イミグラント	123		
イミテイト	175		
イモータル	172	**ウ**	
イラ	208	ヴァーユ	18
イラプション	240	ヴァイオレント	166

ヴァイキング	116
ヴァイス	179, 229
ヴァイパー	253
ヴァジュラ	70
ヴァスト	152
ヴァルチャー	254
ヴァルト	237
ヴァルナ	18
ヴァルハラ	84
ヴァン	241
ヴァンキッシュ	133
ヴァンパイア	61
ヴァンピール	61
ヴァンプ	99, 149
ウィアード	169
ヴィーヴル	49
ウィーク	162
ヴィーナス	22
ウィザード	109
ウィザードリー	180
ヴィシャス	105, 166
ヴィジャヤ	69
ヴィシュヌ	9
ウィスタリア	232
ウィスパー	95
ヴィゾフニル	51
ウィッシュ	143
ウィッチ	109
ウィッチクラフト	180
ウィット	92
ウィドウ	99
ヴィラ	189
ヴィラン	116
ウィル・オ・ザ・ウィスプ	59
ウィン	133
ウイング	250
ウィンド	241
ウーマン	99
ウーンド	96
ヴェーダ	63
ウェーブ	246
ウェスタ → ヘスティア	17
ウェスタリーズ	241
ウェディング	208
ヴェラム → 羊皮紙（ようひし）	200
ヴェンジャンス	150
ウェンディゴ	60
ヴォイド	168
ウォー	132
ウォーム	164
ウォーロック	109
ウォッシュ	150
ウォッチ	125
ウォリアー	114
ヴォルヴァ	112
ウォルナット	233
鶯（うぐいす）	230
ヴクブ・カキシュ	45
鬱金（うこん）	230
ウシャス	20
ウジャト	65
【小】歌う	125
【小】疑う	141
泡沫（うたかた）	247
【中】宇宙	256
【小】宇宙	256
【小】打つ・叩く	136
【小】美しい	153
ウッド	238
【小】腕・手	93
ウトゥ	12
姑獲鳥（うぶめ）	53

ウペルリ → ウルリクムミ	45
【小】馬	53
【小】海	236
【小】裏切る	140
ウラニア → ムーサ	23
ウラヌス	14
ウリエル	29
ヴリトラ	49
ウルカヌス	17
ウルズ → ノルン	25
ウルトラ	177
ウルフ	251
ウルリクムミ	45
ウロボロス	47
ウンディーネ	41
【小】運命	148
【小】運命神	25

エ

エア	18
エアリアル	42
エアロ	235
【小】永遠・無限	172
エイク	97
永劫（えいごう）	172
エイジ	208
詠唱（えいしょう）	125
エイド	138
エイペックス	156
【小】英雄	35
エイリアン	123
エイルメント	97
エヴァンジェリオン	179
エウテルペ → ムーサ	23
エウロス	19

エーギル	16
エース	173
エーテル	181
エール	197
エオス → ヘリオス	12
エオス → セレネ	13
エキサイト	102
エキス	196
エキセントリック	169
エキゾチック	123
エキドナ	49
エグザイル	123
エクササイズ	134
エクスカリバー	67
エクスチェンジ	131
エクストラ	177
エクスプロージョン	241
エクスペンシブ	178
エクセキュート	139
エグゼクティブ	178
エクセレント	178
エクソシスト	110
エクソシズム	180
エクソダス	135
エクリプス	256
エゴ	91
SOS	138
エスケープ	135
エストック	214
エスプリ	90
【小】枝	250
エターナル	172
エチュード	204
エッジ	155
エッセイ	200
エッダ	64

エデン	82
エトランゼ	123
エトワール	258
エナジー	92
エニグマ	167
エヌマ・エリシュ	64
エバーグリーン	231
エピグラム	199
エピタフ	185
エピック	201
エピデミック	97
エピメテウス → パンドラの箱	73
エピローグ	203
エブリシング	157
エペ	214
烏帽子	193
エポック	208
エボニー	228
エマージェンシー	169
エメラルド	231
エメラルド・タブレット	73
エモーション	100
エラー	141
エラト → ムーサ	23
エリア	158
エリート	117
エリクサー	71
エリザベート・バートリ	61
エリス	24
エリニュス	24
エリミア	238
エリュシオン	82
エル・シド	35
エルード	135
エルサレム	87
エルダー	172
エルドラド	82
エルフ	39
エルボー	93
エレガント	153
エレシュキガル	26
エレボス	24
エレメンタル	41
エロイムエッサイム	67
エロス	22, 101
エロヒム	8
エンヴィ	105
エンゲージ	149
エンサイクロペディア	202
臙脂（えんじ）	225
エンジェル	28
エンシェント	173
エンターテイン	102
エンタープライズ	211
円卓の騎士	38
エンチャント	149
円柱のイラム	86
エンデバー	134
エント	57
エンド	145, 155, 174
エンドレス	172
エンパイア	206
エンファシス	154
エンプーサ	60
エンプティ	168
エンブレム	211
エンペラー	106
閻魔大王（えんまだいおう）	24, 26
エンリル	14

オ

- オアシス … 237
- 【小】王 … 34
- 【小】王・帝 … 106
- 【小】黄金の地 … 82
- 黄金の夜明け団（おうごんのよあけだん） … 78
- オウス … 150
- オウン … 130
- オーカー … 233
- 【小】狼・犬 … 54
- 【小】大きい … 152
- 大きなつづらと小さなつづら … 73
- オークル → オーカー … 233
- オーケストラ … 204
- オーシャン … 236
- オーダー … 95, 143, 171
- オーディエンス … 212
- オーディナリー … 176
- オーディン … 9, 10, 25
- オーデコロン … 96
- オードトワレ … 96
- オートマタ … 75
- オーバル … 159
- オーブ … 159, 192, 241
- オーファン … 124
- オープン … 144
- オーベルジュ … 189
- オーム … 67
- オーラ … 91
- オーリオール … 257
- オール … 157
- オールド … 173
- オーロラ … 244, 256
- オキュラス … 94

- 奥津城（おくつき）… 185
- 【小】おくりもの … 196
- オケアノス … 16, 18
- オシリス … 24, 26
- オズ … 81
- オスプレイ … 254
- オセロット … 252
- 【小】おそい … 163
- オッド … 169
- オッドアイ … 94
- オデッセイ … 147
- オデュッセウス → キルケー … 36
- オデュッセウス → モーリュ … 72
- 【小】音 … 203
- オド … 182
- 【小】囮 … 222
- オナー … 197
- 首（おびと）… 107
- オファニム … 28
- オフィス … 211
- オフェンス … 135
- オブザーブ … 125
- オブシディアン … 228
- オブリビオン … 141
- オペラ … 204
- オベリスク … 77
- オベロン … 39
- 朧（おぼろ）… 245
- オメガ … 174
- オメテオトル … 11
- オラクル … 180
- オラシオン … 180
- オリーブ … 231
- オリーブドラブ … 231
- オリジナル … 173
- オリジン … 173

オリハルコン	70
オリンポス	84
オルギア	209
オルクス → ハデス	26
【小】愚か	165
颪（おろし）	242
【小】終わる	145
【小】音楽	113
【中】音楽	203
オンブル	161
陰陽師（おんみょうじ）	109

カ

カーキ	233
ガーゴイル	75
カーサ	189
カース	179
カースト	158
ガーター騎士団	38
カーディナル	110
カート	222
ガード	137
カートゥーン	202
カーニバル	209
カーネル	113
カーブ	129
ガーブ	191
ガーベージ	214
カーマ	22
カーマイン	226
カーム	167, 246
ガーメント	191
カーリー	11
ガール	99
ガーンデーヴァ	70
ガイ	98
ガイア	15
【小】外衣	191
カイザー	107
ガイザー	237
【小】会社	211
【小】海神	16
魁星（かいせい）	258
カイト	254
カイマン	255
ガヴァネス	117
カウチ	195
ガウン	191
カウント	140
カエサル	35
【小】かえる・かわる	131
ガオケレナ	58
カオス	171
【小】輝く・光	160
【中】架空	80
【小】架空	175
【小】隠す	146
カグツチ	17
神楽（かぐら）	208
陽炎（かげろう）	245
下弦（かげん）	257
ガジェット	198
【小】かしこい	165
がしゃどくろ	58
カジュアル	167
牙城（がじょう）	188
【小】火神	17
カスケード	237
カスタマー	212
ガスト	242
カストラート	113

霞（かすみ）	245
【小】風	241
【小】火精	42
【小】かたい	163
カタコンベ	185
カタストロフィ	170
刀	214
カタパルト	219
カタラクト	237
【小】価値	213
閣下（かっか）	108
【小】楽器	74
【小】かっこいい	154
【小】学校	187
ガッシュ	96, 247
カッツェ	252
カッツバルゲル	214
カット	129
カットラス	215
カップ	195, 197
カップル	122
カテゴリー	158
カテドラル	184
【小】悲しみ	103
カナリア	230
カナン	88
カヌー	223
カノン	64, 204
花魄（かはく）	57
ガビアル	255
ガブリエル	29
【小】鎌	220
【中】神	8
【小】神	8
【小】雷	245
カムイ	8

【小】仮面	194
カモフラージュ	142
カヤック	223
【小】殻	248
ガラ	209
カラヴィンカ → 迦陵頻伽（かりょうびんが）	51
【小】鴉	254
【小】からっぽ	168
ガラハッド	37
カラミティ	170
伽藍（がらん）	184
ガリア	88
カリオペ → ムーサ	23
カリカチュア	202
カリフ	107
迦陵頻伽（かりょうびんが）	51
ガルーダ	51
カルカス	99
カルテル	122
カルマ	148
ガルム	54
迦楼羅（かるら）	51
カレイジャス	166
ガレー	223
ガレオン	223
カレッジ	187
餓狼（がろう）	251
【小】川	237
【小】皮	249
【小】かわいい	154
【中】関係	119
【小】監獄・牢獄	187
【中】感情	100
【小】感情・感覚	100
【小】完全	172

カンターレ	125	キティ	252
ガンダルヴァ	51	キニチ・アハウ	12
カンタレラ	72	ギブ	130
【小】簡単	167	ギブアップ	145
カントリー	206	ギフト	92, 196
カントリーサイド	207	ギブリ → シロッコ	242
カンパニー	121, 211	キマイラ	55
【小】冠	193	【小】奇妙	169
ガンメタル	234	ギムナジウム	187

キ

気	182	【小】客	212
【小】黄・オレンジ	229	ギャザー	130
ギア	198	キャダバー	100
キープ	130	キャタピラー	255
キール	94	キャッシュ	146
【小】消える・消す	145	キャッスル	188
【小】記憶	91	キャッチ	140
ギガース	45	キャップ	193
【小】構成	203	キャニオン	239
ギガンテック	152	キャパシティ	93
ギガントマキア	78	キャバリー	114
【小】機器	198	キャプチャー	140
桔梗（ききょう）	232	キャプテン	113
ギグル	126	キャメル	233
【小】危険	169	キャメロット	81
【小】起源・始まり	173	ギャラクシー	258
【小】記号	65	【大】キャラクター	8
【小】騎士	37, 114	キャラバン	120
【小】儀式	208	キャラベス	248
【小】騎士団	38	ギャラルホルン	74
キジムナー	57	ギャラン	98
【小】傷	96	ギャラント	166
【小】犠牲・贄	181	キャリア	212
鬼籍（きせき）	98	ギャルソン	108
		キャロル	180, 204
		ギャング	116, 120
		ギャングスター	116

キャンセル	145
キャンドル	194
キュア	138
【小】吸血鬼	61
キューティクル	249
キュート	154
【小】救難信号	138
キューピッド	22
キューブ	159
旧約聖書（きゅうやくせいしょ）	64
キュクロプス → サイクロプス	45
キュベレ	15
キュリオス	169
卿（きょう）	108
教皇（きょうこう）	110
【小】狂信者	181
【小】競争	133
【小】恐怖	104
【小】興味・おもしろい	102
【小】協力する	142
【小】巨人	44
キョンシー	58
【小】霧・霞	245
麒麟（きりん）	56
キル	139
【小】切る	129
ギルガメッシュ	35
キルケー	36
ギルティ	210
ギルト	105
ギルド	122
【小】記録・記事	200
【小】禁忌	210
キング	107
キングダム	206
金翅鳥（きんしちょう）	51
【小】金属	70
キンドル	240
【小】吟遊詩人	112

ク

クイーンビー	255
クイック	163
クー・シー	54
クーガー	252
クーデター	141
クーフーリン	35
クーペ	222
クール	154, 164
グール	60
クエスチョン	141, 168
クエスト	146, 148
久遠（くおん）	172
傀儡（くぐつ）	75
ククリ	215
草薙剣 → 天叢雲剣（あめのむらくものつるぎ）	67
鎖鎌	220
九字（くじ）	67
【小】薬	196
九頭竜（くずりゅう）	49
梔子（くちなし）	230
【小】国	206
クピド → キューピッド	22
九曜（くよう）	258
クライ	126
【小】暗い・闇	161
クライアント	212
クライシス	169
クライマックス	156
クライム	210

クラウドバースト	242
クラウン	112, 193
クラシック	173
クラス	158
グラス	195
クラスター	120
クラスト	248
グラスランド	238
クラック	96, 239
クラッシュ	128
グラッド	101
クラップ	136
グラディウス	215
グラディエーター	114
グラビティ	256
クラブ	218
クラフト	93
グラマー	149
グラム	67
クラン	119
グランス	125
涅(くり)	228
クリーチャー	248
グリード	143
グリーム	160
クリーン	150
グリーンアイド・モンスター	105
グリーンマン	57
クリエイト	128
グリゲイル	242
クリサリス	255
クリシュナ	35
クリス	215
グリッター	160
グリッド	159
クリニック	186

クリフ	236
グリフォン	56
クリプト	184
クリプトグラフィ	168
クリミナル	116
グリム	166
クリムゾン	225
グリモワール	66
グリル	129
グリン	126
グリント	160
グル	117
クルー	120
クルーエル	166
クルーズ	147
グループ	120, 158
グルーム	162
クルセイダー	115
クルセイド	132
クレイ	235
クレイオ → ムーサ	23
グレイシア	244
グレイス	153
グレイバル	235
グレイブ	185, 217
グレイプニル → フェンリル	55
グレイベアード	110
クレイモア	215
グレージュ	234
クレーター	239
グレート	152, 178
グレード	159
クレーム	143
クレオパトラ	34
クレスト	156, 211
クレセント	257

索引

紅（くれない） ... 226
クレバー ... 165
クレバス ... 239
グレムリン ... 43
クレメンシー ... 103
クレリック ... 110
紅蓮（ぐれん） ... 240
【小】黒 ... 228
クロイスター ... 184
クロウ ... 254
グロウ ... 144, 161
クロー ... 249
クローズ ... 145
グローブ ... 160, 238
クローン ... 175
クロコダイル ... 255
クロス ... 191
グロス ... 157
クロスボウ ... 219
グロッサリー ... 202
グロテスク ... 169
クロト→モイラ ... 25
クロニクル ... 201
クワイエット ... 167
【小】区分け ... 158
グングニル ... 69
群青（ぐんじょう） ... 227
【小】軍隊 ... 121

ケ

羿（げい）→嫦娥（じょうが） ... 13
猊下（げいか） ... 108
慧眼（けいがん） ... 94
【小】形式 ... 204
【小】芸術神 ... 22
【中】形状 ... 152
ゲイズ ... 125
ケイブ ... 239
ゲイボルグ ... 70
契約の箱→聖櫃（せいひつ） ... 73
【大】形容 ... 152
ゲイル ... 242
ケイロン→ケンタウロス ... 53
ケージ ... 187
ゲーティア ... 66
ケープ ... 191
ゲーム ... 133
ゲオルギウス ... 35
ゲスト ... 212
ケツァルコアトル ... 19, 27
ゲッシュ ... 210
【小】月神 ... 12
ケット・シー ... 55
月白（げっぱく） ... 229
ケテン→オベリスク ... 77
ゲブ ... 15
ゲヘナ ... 85
ケリュケイオン→ヘルメス ... 26
ゲリラ ... 115
ゲル ... 189
ケルピー ... 53
ケルビム ... 28
ケルベロス ... 54
ケレス ... 15
ケロイド ... 96
【小】原因 ... 174
原罪 ... 210
【小】賢者 ... 110
賢者の石 ... 71
【大】幻獣 ... 39
【中】現象 ... 239

【小】現象	256
玄象（げんじょう）	75
ゲンス	119
元帥（げんすい）	113
ケンタウロス	53
【中】建築物	183

コ

コア	155
コアトリクエ	15
紅（こう）	226
業（ごう）	148
コヴェナント	150
紅炎（こうえん）→ プロミネンス	257
劫火（ごうか）	240
業火（ごうか）	240
【小】後悔	105
【小】高級	178
【小】攻撃	135
【小】光神	20
【小】構成	205
【小】合成獣	55
皇帝	107
黄龍（こうりゅう）	48
【小】声	95
ゴージャス	153
コーズ	174
ゴースト	59
コーチ	117, 222
コート	191
コープス	100, 120, 121
コーポレーション	211
コーポレート	142
コーラス	204
コーラル	226
コーラン	64
ゴールデンドーン	78
コールド	165
ゴーレム	75
コカトリス	56
凩（こがらし）	242
コキュートス	85
哭（こく）	126
コクーン	248
ゴグとマゴグ	31
ゴグマゴグ	45
コスチューム	191
コスト	213
ゴスペル	180
コズミック→ コスモス	256
コスモス	234, 256
木霊（こだま）	57
コテージ	189
コデックス	200
【小】古都	87
蟲毒（こどく）	72
【小】孤独	124
言霊（ことだま）	182
【小】言葉	199
近衛（このえ）	108
琥珀（こはく）	230
コバルト	231
コピー	175
【小】小人	43
【小】護符	65
コブラ	253
ゴブリン	43
ゴブレット	195
コボルト	43
【小】ごまかし・不正	142
コマンド	143

索引

【小】ごみ・ちり	214
コミカル	102
コミューン	207
コムラーデ	119
コメット	258
ゴモラ	86
コモン	176
コヨーテ	252
【小】暦	259
コラボレイト	142
コラム	201
ゴリアテ → ダビデ	35
ゴリアテ	45
ゴルゴタ	87
コルセスカ	217
コルヌコピア	74
コルベット	223
コレクト	130
コロシアム	190
【小】殺す	139
コロッセウム → コロシアム	190
コロナ	193, 257
コロニー	120
コロネット	193
コロボックル	43
【小】壊す	128
紺（こん）	227
コンクール	133
コンクエスト	134
コンクラーベ → 教皇（きょうこう）	110
コングロマリット	212
金剛杵（こんごうしょ） → ヴァジュラ	70
コンシール	146
金翅鳥（こんじちょう）	51
コンジュラー	109
コンチェルト	204
コンツェルン	212
コンテスト	133
コンドミニアム	189
ゴンドラ	223
コントラクト	150
コントリビュート	142
コンドル	254
コンバート	131
コンバイン	132
コンパクト	153
コンパス	159, 195
コンバット	132
コンパニオン	119
コンビ	122
金毘羅（こんぴら）	16
コンプリート	145, 172
紺碧（こんぺき）	227
コンペティション	133
コンポジット・ボウ → ボウ	220
【小】混乱	171
崑崙（こんろん）	84

サ

サー	98
サークル	120, 160
サーコート	191
サージェント	113
サーチ	146
サーバル	252
サーバント	108
サーフ	246
サーベイ	125
サーベル	215
サーペント	253

サーマル	164
サーム	181
サイ	94
【小】災害	170
サイクロプス	45
サイクロペディア	202
サイクロン	243
サイコ	91
【小】最後・終わり	174
【小】裁神	24
サイズ	220
サイト	94
財閥	212
サイボーグ	76
サイレント	167
サイン	95, 211
サウダージ	103
サウンド	203
サガ	201
【小】探す・追う	146
【小】盃	195
【小】杯	74
サキュバス	60
狭霧（さぎり）	245
サクセス	134
サクラメント	208
サクリファイス	181
【小】酒	197
【小】叫ぶ・泣く	126
【小】裂け目・谷	238
漣（さざなみ）	246
サタイア	202
サタン	33
ザックーム	58
サックス	227
サッド	103

ザッハーク	33, 49
サティスファクション	101
サテュロス	42
里神楽（さとかぐら）→ 神楽（かぐら）	208
ザナドゥ	83
サナトリウム	186
サバト	208
サバンナ	238
【小】寂しさ	104
サファイア	227
サブマリン	223
サフラン	230
サポート	138
サマエル	29
【小】さまよう	148
五月雨（さみだれ）	243
サミット	156
サライ	190
サラスヴァティ	18, 23
サラディン	34
サラマンダー	42
サリッサ	217
サレンダー	134
サロン	120
サン	257
サンクチュアリ	82
【小】残酷な・ひどい	166
サンスクリット	199
サンダー	245
サンダーバード	52
サンダーボルト	245
サンダルフォン	29
サンド	235
ザントマン	60
【小】讃美歌	180

シ

見出し	ページ
サンプル	176
【小】死	98
シアー	167
シアター	190
シアン	227
シー	125, 236
シーク	147
ジーク	134
ジークフリート → ファブニール	50
ジークフリート → バルムンク	50
シーザー	35
シーサーペント	47
シーズン	208
シーフ	116
シーブ・イッサヒル・アメル	71
シームルグ	52
シーリー	165
シール	137, 211
シールド	137, 221
ジーロット	181
シヴァ	11
シェイド	162
ジェイル	187
シェーナ	206
シエスタ	213
ジェスター	113
ジェット	228
ジェニュイン	167
ジェネシス	173
ジェネラル	114, 176
ジェム	192
ジェラシー	105
シェル	248
シエル	235
ジェンタイル	181
ジェントル	164
ジェントルマン	98
シオン	88
紫苑（しおん）	232
四海龍王（しかいりゅうおう）	48
屍（しかばね）	100
シグルズ → ファブニール	50
時雨（しぐれ）	243
時化（しけ）	246
【小】地獄	85
【小】仕事	212
ジゴロ	98
静寂（しじま）	167
死者の書（ししゃのしょ）	64
【小】辞書・事典	202
シジル	211
【小】しずか	167
死線（しせん）	169
【大】自然	225
【小】死体	99
【小】時代	208
シタデル	188
七支刀（しちしとう）	68
七星剣（しちせいけん）	67
七曜（しちよう）	258
十戒（じっかい）	74
シック	97
シックザール	148
ジッグラト	77, 184
シックル	220
漆黒（しっこく）	228
【中】実在	87
【小】嫉妬	105
シップ	223

シップレック	223	ジャベリン	217
シティ	207	シャマシュ	12
紫電（しでん）	245	シャム	106, 142
使徒（しと）	110	ジャムシード	34
【小】指導者	117	シャムシール	215
シナゴーグ	184	【小】邪龍	48
【小】死神	27	シャルルマーニュ	34
シニカル	106	しゃれこうべ	94
【小】死の妖精	43	ジャンキー	118
ジハード	132	ジャンク	214
シバルバー	86	シャングリラ	83
ジパング	82	ジャングル	238
【小】慈悲	103	シャンデリア	194
シビュレ	112	ジャンヌ・ダルク	35
飛沫（しぶき）	247	シャンバラ	81
ジプシー	123	シャンパン	197
ジブラーイール	29	ジャンプ	127
シミター → シャムシール	215	朱（しゅ）	226
シミュレート	175	シュウ → ゲブ	15
シャー	107	【小】自由	170
【小】邪悪	179	シュヴァルツ	229
ジャーニー	147	【中】宗教	179
シャーマン	112	【小】宗教書	63
シャイターン	30, 33	【小】従者	108
シャイン	161	【小】集団	120
シャウト	126	シュート	136
ジャガー	252	ジュエリー	192
ジャガーノート	92	ジュエル	192
邪眼（じゃがん）	94	【小】主義	106
ジャグラー	113	【小】宿泊施設	189
ジャスパー → 碧（へき）	231	【小】祝福・神託	179
ジャターユ	52	【小】主神	9
ジャッカル	251	【小】樹精	57
シャドウ	162	呪詛	179
シャトー	188	シュテルン	258
ジャハンナム	86	シュトゥルム	243

シュネー	244
シュバリエ	114
ジュピター	10, 14
須弥山（しゅみせん）	84
【小】呪文・祈祷	66
手裏剣	219
シュリンクス	75
【小】純粋	166
ジョイ	101
ジョイン	132
【小】将	113
【小】賞	197
嫦娥（じょうが）	13
上弦（じょうげん）	258
浄土（じょうど）	82
菖蒲（しょうぶ）	232
【小】勝利	133
ジョーカー	113
ショーテル	215
ショート	153
ショール	191
女媧（じょか）	27
ジョグ	127
【中】職業	106
【小】食人鬼	60
【中】植物	57
【小】食物	73
【小】女性	99
ジョッキ	195
ジョブ	212
ショルダー	93
ジョン・ディー	36
不知火（しらぬい）	240
シリーン	167
シリウス → 天狼（てんろう）	55
シルクハット	193
シルト	235
シルフ	42
ジレンマ	171
【小】白	229
【小】城・砦・宮殿	188
シロッコ	242
シン	13, 210
ジン	41
【小】人界	84
シング	125
ジンクス	148
シングル	124
真言 → マントラ	67
シンジケート	212
【小】真実	175
神呪 → マントラ	67
【小】信じる	140
【小】神聖	179
【中】人体	90
【小】神殿・寺院	184
シンドリ → ミョルニル	70
シンパシー	103
シンフォニー	204
シンプル	167
シンボル	211
【小】新米	118
シンメトリー	160
新約聖書（しんやくせいしょ）	64
【小】神龍	48
【小】人狼	61
人狼（じんろう）	61

ス

翠（すい）	231
スイート	154

スイープ	150	朱雀（すざく）	52
【小】水神	18	朱雀門（すざくもん）	88
【小】水精	41	スサノオ	11
スイフト	163	【小】進む	144
スーサイド	139	スタート	144
スーツ	191	スタイリッシュ	154
スーパー	177	スタッフ	218
スーパーノヴァ	256	スタブ	96
スーリヤ	12	スタミナ	92
スカー	96	スタリオン	53
スカーレット	226	スタンス	106
スカイ	235	スタンダード	176
スカラベ	65	スタンプ	136
スカル	95	スチーム	240
スキップ	127	スチュワード	109
スキュラ	56	スツール	195
スキル	93	ステア	125
スキン	249	スティール	139
スクートゥム	221	スティグマ	96
スクエア	186	スティル	167
スクラッチ	96	スティンク	96
スクラップ	214	スティング	250
スクラブ	150	ステート	206
スクリーム	126	ステッキ	218
スクルド → ノルン	25	ステップ	238
スクロール	200	ステューピッド	165
スクワッド	121	ステラ	258
【小】図形	159	【小】捨てる	146
スケイル	248	ストーム	243
スケルツォ	204	ストーリー	201
スケルトン	59, 95	ストーン	235
スコードロン	121	ストップ	145
スコープ	159	ストライク	136
スコール	243	ストラクチャー	183
スコラ	187	ストリート	186
スコル	54	ストリーム	237, 247

281

索 引

ストレイ	148
ストレス	92
ストレングス	92
ストレンジ	169
ストレンジャー	123
ストロング	162, 163
スナッチ	140
スナッフ	145
スニア	126
スネア	221
スネイク	253
スノウ	244
スパーク	161
スパート	127
スパイ	147
スパイト	105
スパイラル	160
【小】すばらしい	178
昴（すばる）	258
スパルナ	52
スピア	218
スピリット	41, 59, 91
スフィア	158, 160
スフィーダ	134
スフィンクス	56
スプーム	247
スプライト	40
スプラッシュ	247
スプリガン	43
スプリング	127
スプリント	127
スプレー	250
スペース	256
スペクター	59
スペシャル	177
スマート	154, 165
スマイル	126
スマッシュ	136
住吉三神（すみよしさんじん）	16
菫（すみれ）	232
スムース	164, 167
天皇（すめらぎ）	107
スメル	96
スモール	153
スモッグ	245
スライス	129
スラオシャ	29
スラッグ	136
スラッシュ	136
スラップ	136
スラム	207
スリート	244
スリップ	141
スリル	102
スルタン	107
スルト	33
スレイ	139
スレイプニル	53
スレイマン → ソロモン	34
スレイヤー	118
スロウ	163
スローガン	200
スローン	195

セ

【小】聖弓	70
セイクリッド	179
【小】聖剣	67
聖痕 → スティグマ	96
セイジ	110, 165
【中】性質	160

【小】聖職者	110
【小】星神	14
星辰（せいしん）	258
【小】精神・心・魂	90
【小】聖槍	69
【小】清掃	150
【小】聖地	87
【小】聖槌	70
聖堂騎士団 → テンプル騎士団	38
聖杯（せいはい）	74
聖櫃（せいひつ）	73
セイブ	138
晴明紋（せいめいもん）	65
星幽体 → アストラル体	90
青龍（せいりゅう）	48
【小】精霊	41
セイレーン	53
セイント	110
ゼウス	10, 14
セーバー	129
セーフ	171
セーブル	229
ゼーレ	91
【小】世界	235
【小】世界樹	58
赤兎馬（せきとば）	53
【小】石板	73
セキュア	171
セクション	157
セクスタント	196
セクター	158
セグメント	157
セット	120
セト	23
セドナ	16
ゼニス	156

セニョール	98
セニョリータ	99
セネタフ	185
ゼノビア → パルミラ	87
セパレート	130
セピア	234
ゼピュロス	19
ゼファー → ゼピュロス	19
ゼファー	242
セフト	140
セメタリー	185
セラー	189
セラドン	231
セラピー	138
セラフィム	28
セルキー	41
セルリアン	228
セレスタル	153
セレスト	228
セレナーデ	205
セレネ	13
セレブレーション	209
セレモニー	209
【小】戦士	114
【小】戦神	20
センス	100
センセーション	100
センター	154
センチメント	100
センチュリー	208
センテンス	200
仙桃 → 蟠桃（ばんとう）	73
セントラル	154
千年王国 → ミレニアム	83
【小】全部	157
千里眼（せんりがん）	94

ソ

- ソイル ………………………… 236
- ソウ …………………………… 129
- 【小】創造神 ………………… 10
- ソウル ………………………… 91
- ソーサラー …………………… 109
- ソーサリー …………………… 180
- ソース ………………………… 174
- ソーナンス …………………… 203
- ソーマ ………………………… 72
- ソーラー ……………………… 257
- ソーン ………………………… 250
- ゾーン ………………………… 158
- 【小】賊 ……………………… 116
- ゾディアック ………………… 259
- ソドム ………………………… 86
- ソナタ ………………………… 205
- ソニック ……………………… 163
- 【中】その他 ………………… 71
- 繻（そひ）…………………… 230
- ソファ ………………………… 195
- ソフィア ……………………… 165
- ソフト ………………………… 164
- 赭（そほ）…………………… 226
- 【小】空・天空 ……………… 235
- ソラノ→シロッコ …………… 242
- ソリスト ……………………… 113
- ソリッド ……………………… 163
- ソリテュード ………………… 124
- ソル ……………………… 12, 257
- ソルジャー …………………… 115
- ソルスティス ………………… 259
- ソレイユ ……………………… 257
- ソロ …………………………… 204
- ソロウ ………………………… 103
- ソロネ ………………………… 28
- ソロモン …………………… 34, 36
- ソロモンの秘宝 → 聖櫃（せいひつ）…73
- ソワレ ………………………… 209
- 【小】尊称・敬称 …………… 108
- ゾンビ ………………………… 59
- ソンブレロ …………………… 193

タ

- ダーインスレイヴ …………… 68
- ダーク …………………… 162, 215
- ダークマター ………………… 257
- ターコイズ …………………… 228
- ダート ………………………… 220
- ターバン ……………………… 192
- ダービー ……………………… 133
- ターボ ………………………… 198
- ターミナル …………………… 174
- ターミネーター ……………… 118
- ターン ………………………… 131
- ダイアナ ……………………… 13
- タイガ ………………………… 238
- 【小】大戦 …………………… 78
- だいだらぼっち ……………… 45
- タイト ………………………… 163
- タイトル ……………………… 197
- ダイナスティ ………………… 119
- ダイナモ ……………………… 198
- タイニー ……………………… 153
- タイプ ………………………… 159
- タイフーン …………………… 243
- 松明（たいまつ）…………… 194
- ダイヤモンドダスト ………… 244
- 【小】太陽 …………………… 257
- 【小】太陽神 ………………… 11

太陽の船（たいようのふね）⋯⋯⋯77
第六天魔王（だいろくてんまおう）⋯33
ダウト⋯⋯⋯⋯⋯⋯⋯⋯⋯⋯⋯⋯⋯141
タウン⋯⋯⋯⋯⋯⋯⋯⋯⋯⋯⋯⋯⋯207
ダウンタウン⋯⋯⋯⋯⋯⋯⋯⋯⋯207
ダエーワ⋯⋯⋯⋯⋯⋯⋯⋯⋯⋯⋯⋯30
ダガー⋯⋯⋯⋯⋯⋯⋯⋯⋯⋯⋯⋯⋯216
高天原（たかまがはら）⋯⋯⋯⋯84
宝船（たからぶね）⋯⋯⋯⋯⋯⋯77
タケミカヅチ⋯⋯⋯⋯⋯⋯⋯⋯⋯⋯19
ダゴン⋯⋯⋯⋯⋯⋯⋯⋯⋯⋯⋯⋯⋯16
タスク⋯⋯⋯⋯⋯⋯⋯⋯⋯212, 249
ダスク⋯⋯⋯⋯⋯⋯⋯⋯⋯⋯⋯⋯⋯162
【小】助ける⋯⋯⋯⋯⋯⋯⋯⋯⋯137
ダスト⋯⋯⋯⋯⋯⋯⋯⋯⋯150, 214
ダズル⋯⋯⋯⋯⋯⋯⋯⋯⋯⋯⋯⋯⋯161
黄昏（たそがれ）⋯⋯⋯⋯⋯⋯⋯241
【小】たたかい⋯⋯⋯⋯⋯⋯⋯132
太刀⋯⋯⋯⋯⋯⋯⋯⋯⋯⋯⋯⋯⋯216
ダッシュ⋯⋯⋯⋯⋯⋯⋯⋯⋯⋯⋯127
タップ⋯⋯⋯⋯⋯⋯⋯⋯⋯⋯⋯⋯136
【小】盾⋯⋯⋯⋯⋯⋯⋯⋯⋯⋯⋯221
【小】たてもの⋯⋯⋯⋯⋯⋯⋯183
タナトス⋯⋯⋯⋯⋯⋯⋯⋯⋯27, 98
【小】旅⋯⋯⋯⋯⋯⋯⋯⋯⋯⋯⋯147
ダビデ⋯⋯⋯⋯⋯⋯⋯⋯⋯⋯⋯⋯⋯35
タフ⋯⋯⋯⋯⋯⋯⋯⋯⋯⋯162, 163
タブー⋯⋯⋯⋯⋯⋯⋯⋯⋯⋯⋯⋯210
ダブル⋯⋯⋯⋯⋯⋯⋯⋯⋯⋯⋯⋯122
ダブルクロス⋯⋯⋯⋯⋯⋯⋯⋯⋯140
タブレット⋯⋯⋯⋯⋯⋯⋯⋯⋯⋯200
ダマスカス鋼⋯⋯⋯⋯⋯⋯⋯⋯⋯71
玉手箱（たまてばこ）⋯⋯⋯⋯⋯73
ダミー⋯⋯⋯⋯⋯⋯⋯⋯⋯⋯⋯⋯175
ダメージ⋯⋯⋯⋯⋯⋯⋯⋯⋯⋯⋯97
タラスク⋯⋯⋯⋯⋯⋯⋯⋯⋯⋯⋯⋯49

タリスマン⋯⋯⋯⋯⋯⋯⋯⋯⋯⋯⋯65
ダル⋯⋯⋯⋯⋯⋯⋯⋯⋯⋯⋯⋯⋯163
タルタロス⋯⋯⋯⋯⋯⋯⋯⋯⋯⋯⋯86
タルワール⋯⋯⋯⋯⋯⋯⋯⋯⋯⋯216
タレイア→ ムーサ⋯⋯⋯⋯⋯⋯23
タレント⋯⋯⋯⋯⋯⋯⋯⋯⋯⋯⋯⋯93
タロス⋯⋯⋯⋯⋯⋯⋯⋯⋯⋯⋯⋯⋯76
タロン⋯⋯⋯⋯⋯⋯⋯⋯⋯⋯⋯⋯250
タン⋯⋯⋯⋯⋯⋯⋯⋯⋯⋯⋯⋯⋯129
タンガロア⋯⋯⋯⋯⋯⋯⋯⋯⋯⋯⋯16
ダンジョン⋯⋯⋯⋯⋯⋯187, 190
【小】男性⋯⋯⋯⋯⋯⋯⋯⋯⋯⋯98
ダンディー⋯⋯⋯⋯⋯⋯⋯⋯⋯⋯154
タンデム⋯⋯⋯⋯⋯⋯⋯⋯⋯⋯⋯222
ダンプ⋯⋯⋯⋯⋯⋯⋯⋯⋯⋯⋯⋯146

チ

【小】小さい⋯⋯⋯⋯⋯⋯⋯⋯⋯153
チート⋯⋯⋯⋯⋯⋯⋯⋯⋯⋯⋯⋯142
チーフ⋯⋯⋯⋯⋯⋯⋯⋯⋯⋯⋯⋯118
チーム⋯⋯⋯⋯⋯⋯⋯⋯⋯⋯⋯⋯120
チェア⋯⋯⋯⋯⋯⋯⋯⋯⋯⋯⋯⋯195
チェイス⋯⋯⋯⋯⋯⋯⋯⋯⋯⋯⋯147
チェンジ⋯⋯⋯⋯⋯⋯⋯⋯⋯⋯⋯131
【小】力⋯⋯⋯⋯⋯⋯⋯⋯⋯⋯⋯⋯92
【小】地球・大地⋯⋯⋯⋯⋯⋯235
畜生⋯⋯⋯⋯⋯⋯⋯⋯⋯⋯⋯⋯⋯248
【中】地形⋯⋯⋯⋯⋯⋯⋯⋯⋯⋯235
【小】地祇⋯⋯⋯⋯⋯⋯⋯⋯⋯⋯15
【小】地図⋯⋯⋯⋯⋯⋯⋯⋯⋯⋯195
【小】地精⋯⋯⋯⋯⋯⋯⋯⋯⋯⋯42
【小】地方⋯⋯⋯⋯⋯⋯⋯⋯⋯⋯88
【小】致命的⋯⋯⋯⋯⋯⋯⋯⋯170
【小】茶⋯⋯⋯⋯⋯⋯⋯⋯⋯⋯⋯233
チャージ⋯⋯⋯⋯⋯⋯⋯⋯⋯⋯⋯136

チャーチ	184
チャーチヤード	185
チャート	196
チャーミング	154
チャーム	149
チャクラ	182
チャクラム	220
チャクル	126
チャコール	234
チャフ	248
チャプター	203
チャペル	184
チャリオット	222
チャリティー	103
チャレンジ	134
チャント	125
【小】中心	154
チューター	118
【小】超	177
【小】蝶	255
【小】挑戦	134
提灯（ちょうちん）	194
【小】頂点	156
チョップ	129
チリィ	165
【小】治療する	138

ツ

ツアー	147
ツァーリ	107
ツイスター → トルネード	242
ツイッグ	251
ツイン	122
ツヴァイハンダー	216
ツーリスト	213
ツール	198
【小】杖・棒・斧	218
番（つがい）	122
【小】つかまえる	140
【小】月	257
ツクヨミ	13
【小】つくる	128
【小】土・石	235
【小】角	249
【小】翼	250
礫（つぶて）	236
【小】罪	210
【小】爪	249
【小】つめたい	164
【小】強い	162

テ

ティアー	96, 239
ディアデム	193
ディアナ → ダイアナ	13
ディアボロス	31
ティアマト	49
ティアラ	193
ディーヴァ	113
ディヴァイン	179
ティガー	253
ディクショナリー	202
ディザート	135
ディザスター	170
ディサピア	145
ディジーズ	97
ティシポネ → エリニュス	24
ディス・パテル → ハデス	26
ディスコード	146
ディスティニー	148

ディスピア	103	デストロイ	128
ディスポーズ	146	デスパレート	170
ティターニア	40	テセウス → ミノタウロス	57
ティターン	45	デッドリー	170
ティタノマキア	79	デトックス	138
提督（ていとく）	114	デトネーション	241
ディバイド	130	テトラグラマトン → YHVH	9
ティピカル	176	デバイス	198
ディビジョン	121, 158	デビル	30
ディフィート	134, 134	デブリ	214
ディフェンス	137	デミウルゴス	11, 23
ディベロップ	144	テミス	24
【小】底辺	156	デメテル	15
ディム	162	デュアル	122
ディヤウス	14	デュエル	132
ディライト	101	テュポン	49
テイル	201	デュラハン	43
ティル・ナ・ノーグ	81	デュランダル	68
ディルムン	82	テュルフィング	68
ディレクト	143	テラ	235
ティンカー・ベル	40	テラー	104
ディンギー	223	デラシネ	123
ディンギル	8	デリート	145
デウス・エクス・マキナ	9	デリケート	163
デーヴァ	9	デルフォイ	88
テーゼ	106	テレプシコーラ → ムーサ	23
デーモン	30	テロリスト	115
テオティワカン	87	殿下（でんか）	108
テクニック	93	【小】天界	84
デコイ	222	【小】天空神	14
デザイア	143	【小】天使族	28
テシュプ → イルルヤンカシュ	27	【小】天使	29
デス	98	デンジャー	170
テスカトリポカ	11, 20	テンダー	164
デストラクション	128	テンプル	184
デストリア	54	テンプル騎士団	38

索　引

テンペスト	243
天狼（てんろう）	55, 258

ト

【小】塔・柱	77
ドヴァリン → テュルフィング	68
【小】頭衣	192
トゥインクル	161
トゥース	249
ドゥーチェ	107
トゥーム	185
ドゥーム	148
トゥーレ	83
ドヴェルグ	44
ドゥオーモ	184
【小】道化師	112
【小】刀剣	214
桃源郷（とうげんきょう）	83
【中】動作	125
【中】動植物	248
トゥプシマティ	74
【中】動物	51
【小】動物	248
ドゥリン → テュルフィング	68
トゥルー	175
ドゥルヴァ	14
ドゥルガー	21
灯篭（とうろう）	194
トークン	211
トータル	157
トーチ	194
トーテムポール	78
トート	13, 25
トーナメント	133
トール	19, 21

トーン	203
ドーン	241
トガ	192
【小】都会・町	207
鬨（とき）	95
ドギー	252
トキシン	250
ドキュメント	201
常盤（ときわ）	231
【小】毒	250
木賊（とくさ）	231
ドクトリン	106
【小】特別	177
ドグマ	106
【小】毒薬	72
【大】土地	80
十握剣（とつかのつるぎ）	68
ドッグ	252
トップ	156
ドッペルゲンガー	59
怒涛（どとう）	246
ドネーション	196
トパーズ	230
【小】飛ぶ・浮く	128
トマホーク	219
ドミトリー	187
ドミナント	162
ドミニオン	28
ドメイン	158
豊葦原中国（とよあしはらのなかつくに）	84
トライ	134
ドライアド	57
トライデント	69, 218
トライブ	119
ドラウト	243

トラウマ	97	泥の船（どろのふね）	77
ドラキュラ	61	トロフィー	197
ドラグーン	114	ドワーフ	44
ドラゴン	47	トワイライト	241
トラスト	140	ドン・キホーテ	37
ドラッグ	196		
トラッシュ	214	ナ	
トラップ	140, 221		
トラバサミ	221	ナーヴ	91
トラブル	168	ナーガ	47
トラベル	147	ナーガローカ → ナーガ	47
トラロック	18	ナイアデス	41
トランスフォーム	131	ナイト	114
トリート	138	ナイトメア	60
トリガー	174	ナイフ	216
トリスタン	37	【小】仲間	119
トリック	142	【小】流れ	247
トリップ	147	凪（なぎ）	246
ドリル	135	薙刀	218
トリンプ	134	ナグルファク	77
ドルイド	111	【小】謎	167
トルーパー	115	ナックル	93
トルネード	242	ナディア	156
トルバドール	112	ナハト	162
ドルメン	78	ナハトムジーク	205
トレイター	140	【小】波	246
ドレイン	247	【小】涙	96
トレード	131	奈落（ならく）	86
トレーニング	135	ナンナ	13
ドレス	191		
ドレッド	104	ニ	
トレビヤン	178		
トロイ	87	丹（に）	226
トロイカ	222	ニー	94
トロール	45	ニーズヘッグ	49
ドローン	256	ニードル	250

【小】匂い	95
【小】逃げる	135
【小】虹	246
【中】日用品	194
日輪（にちりん）	257
ニブルヘイム	85
ニュクス	24
ニライカナイ	83
【小】人形	75
ニンフ	40

ヌ

鵺（ぬえ）	56
【小】盗む・奪う	139
ヌト	14

ネ

ネイヴ	117
ネイション	206
ネイト	21
ネイビー	121, 228
ネイル	250
ネヴェ → フィルン	244
ネージュ	244
ネーム	143
ネクタル	72
ネグレクト	141
ネクローシス	98
ネクロノミコン	66
ネクロポリス	185
ネクロマンサー	109
ネクロマンシー	180
【小】猫	55
【小】猫・猫科	252

猫又（ねこまた）	55
鼠（ねずみ）	234
ネビュラ	259
ネフィリム	45
ネプチューン	16
ネメシス	25
ネルガル	21, 26
ネルフ → ナーヴ	91
ネレイデス → ニンフ	40
ネレウス	16
【小】燃焼・爆発	240

ノ

ノアの箱舟（のあのはこぶね）	77
ノイズ	203
ノヴァ	259
【小】能力・才能・技術	92
ノエル	209
ノート	201, 203
ノービス	118
ノーブル	178
ノーマッド	123
ノーマル	176
ノーム	42, 44
ノクス	162
ノクターン	205
ノスタルジア	104
ノスフェラトゥ	62
【小】望む	143
ノック	136
ノトス	19
祝詞（のりと）	180
【中】乗り物	222
ノルニル → ノルン	25
ノルン	25

【小】呪い	179	【小】灰	234
ノワール	162, 229	ハイウェイ	186
		ハイエナ	252
ハ		ハイエロファント	111
		パイオニア	118
【小】歯・牙	249	バイオレット	232
バーガンディ	226	パイク	218
バーク	249	パイソン	254
バーグラー	116	【小】媒体	200
バージ	223	バイタリティ	92
パーシヴァル	37	ハイド	146, 249
バース	144	バイト・アル・マクディス → エルサレム	
バースト	241		87
バター	131	ハイパー	177
バーチャル	175	ハイパープニーア	95
パーティ	120	ハイパーボリア	81
ハート	91, 97, 155	ハイブ	256
ハード	164	バイブル	64
バード	112	【小】敗北	134
パート	157	ハイランダー	115
パートナー	119	パイレーツ	116
ハードル	168	バウ	251
ハーピー	53	パヴィス	221
ハーブ	196	ハヴォック	128
パーフェクト	172	ハウス	189
パーマネント	172	ハウル	126
バーミリオン	226	ハウンド	252
バーム	196	バウンド	127
パーム	93	ハオマ	72
ハーラーハラ	72	【小】破壊神	11
バアル	10	バガボンド	124
パール	229	バカンス	213
バーレスク	202	バギー	222
ハーン	107	バグ	255
バーン	129, 241	瀑布（ばくふ）	237
パーン → シュリンクス	75	バケーション	213

291

【小】箱	73
ハザード	170
【小】端	155
【小】はじまる	143
【小】馬車	222
バジリスク	56
【小】走る	127
ハスク	248
パズズ	33
バスター	115
バスタード	117
バスタードソード	216
パズル	168
バゼラード	216
パターン	176
バタフライ	255
バタリオン	121
【小】蜂	255
八大龍王（はちだいりゅうおう）	48
【小】罰	210
バッカニア	116
ハック	129
パック	40, 120
バックラー	221
ハッシュ	129
パッション	100
パッセンジャー	213
ハット	193
バッド	251
パット	136
ハティ	55
バディ	119
ハデス	26, 85
ハトホル	22
バトラー	109
バトル	133

【小】花	251
パナケイア	72
縹（はなだ）	228
ハニカム	256
パニック	105
バニッシュ	145
パニッシュメント	210
ハヌマーン → ヴァーユ	18
朱華（はねず）	230
【小】はねる	127
バハムート	50
パピー	252
ハピネス	101
パピヨン	255
パピルス	200
バビロン	87
ハブ	155
バフォメット	31
葉二（はふたつ）	75
パフューム	96
バブル	247
バベルの塔	78
ハムシン → シロッコ	242
ハムレット	207
【小】はやい	163
疾風（はやて）	242
パラグラフ	203
パラケルスス	36
薔薇十字団（ばらじゅうじだん）	78
ハラショー	178
パラダイス	83
バラック	189
バラッド	205
パラディン	114
パラドックス	171
パラトルーパー	115

パラノイア	105
バラモン	111
【小】針・棘	250
バリア	137
ハリアー	254
ハリーファ → カリフ	107
バリケード	137
ハリケーン	243
バリスタ	220
バリトン	95
バリュー	213
パリュール	192
バルーシュ	222
バルカロール	205
バルカン	17
パルチザン	115
バルディッシュ	219
パルテノン	185
バルドル	20
ハルピュイア	53
ハルベルト	218
ハルマゲドン	79
パルマフロスト	244
パルミラ	87
バルムンク	68
バレー	239
パレス	188
ハレルヤ	67
バロウ	126
バロール	33, 46
パロディ	202
パワー	28, 92
パワフル	162
バン	136
【小】範囲	159
バンガロー	189
盤古（ばんこ）	46
反魂香（はんごんこう）	72
パンサー	253
ハンサム	154
バンシー	43
パンチ	136
バンディット	116
パンテオン	185
パンデミック	97
ハント	147
ハンド	93
バンド	120
ハンドアウト	196
蟠桃（ばんとう）	73
パンドラの箱	73
パンパ	238
ハンマー	219
ハンムラビ	34
ハンムラビ法典	74
【小】反乱	141

ヒ

緋（ひ）	225
【小】火・炎・熱	239
ピアニー	232
ビアンカ	229
ビー	256
ビーウィッチ	149
ピーク	156, 236
ピーコック	231
ヒーザン	181
ヒース	238
ピース	157
ビースト	248
ヒート	240

293

ビート	137	ビトレイ	141
ヒート・ヘイズ → ヘイズ	245	ピナカ	69
ビートル	255	ピナクル	156
ビーム	161	【小】皮肉	106
ヒール	94, 117, 138	ピノキオ	76
ビール	197	【小】日の出・日没	241
ピール	249	ヒヒイロカネ	71
ピエタ	103	ビフレスト → ギャラルホルン	74
ピエロ	113	ビフレスト → アースガルズ	84
ヒエログリフ	199	ヒポグリフ	56
ビオラ	232	ピボット	155
ビギナー	118	【小】秘密結社	78
ビギン	144	ヒム	181, 205
ピクシー	40	白群（びゃくぐん）	228
ビクトリー	134	ピュア	167
ピグミー	44	ヒュージ	152
ビザール	169	ビューティフル	153
氷雨（ひさめ）	243	ピューマ	253
ビジター	213	ピュグマイオイ → ピグミー	44
ビジネス	212	ヒュドラ	50
ヒジャブ	192	ピュトン	50
ヒジュラ	135	ヒュプノス → タナトス	27
ビショップ	111	【小】病院・医院	186
ビジョン	94	氷河（ひょうが）	244
【小】美神	21	【小】病気	97
翡翠（ひすい）	231	【小】標章・印	211
ヒストリー	201	氷輪（ひょうりん）	258
ビッグ	152	比翼（ひよく）	250
ヒット	137	ビリーブ	140
ビット	157	ピリオド	203, 208
ピット	239	ビリジアン	231
ピットフォール	221	ピル	196
ピティ	103	ピルグリミッジ	147
【中】人	34	ピルグリム	124
【大】人	90	ビルディング	183
人身御供（ひとみごくう）	181	ビルド	128

ビレッジ	207
ヒロイック	166
【小】広場	186
ピンチ	170
ヒンメル	235

フ

【小】巫	111
ファー	249
ファースト	173
ファーティマの手	65
ファーマシー	187
ファイア	240
ファイター	115
ファイト	133
ファイナル	174
ファウスト	37
ファウンテン	237
ファクター	174
ファサネイト	149
ファタル	148
ファナティック	181
ファニイ	102
ファブニール	50
ファミリー	119
ファラオ	107
ファルクス	220
ファルコン	254
ファルシオン	216
ファルファッラ	255
ファン	102
ファング	249
ファンシー	175
ファンタジー	175
ファンタスティック	178

ファントム	60
ファンファーレ	205
フィアー	105
フィアクル	222
フィアナ騎士団	38
フィアレス	166
フィーバー	100
フィーリング	100
フィールド	158
フィクション	175
フィスト	93
フィナーレ	206
フィニッシュ	145
フィメール	99
フィリ	112
フィリア	101
フィルン	244
フィン・マックール	36
フィンガー	93
フーガ	204
ブーケ	251
【小】風刺	202
【小】風神	18
風神（ふうじん）	19
【小】風精	42
ブービートラップ	221
フーフ	250
ブーメラン	220
フーリガン	117
フール	165
プール	237
フェアリー	40
フェイク	142
フェイタル	170
フェイト	149
フェイド	146

295

フェイブル	201
フェイル	134
フェザー	250
フェスタ	209
フェスティバル	210
フェチ	101
フェデレーション	207
フェニックス	52
フェリー	223
フェリーチェ	102
フェリシティ	102
フェリス	102
フェルゲルミル → ニーズヘッグ	49
フェルゲルミル→ ユグドラシル	58
フェロン	117
フェンリル	55
フォーエバー	172
フォーカス	155
フォークロア	201
フォーゲット	141
フォース	92, 121
フォーチュン	149
フォート	188
フォートレス	188
フォーム	128, 247
フォーラム	186
フォーリナー	123
フォールト	141
フォーローン	104
フォグ	245
フォビア	105
フォルセティ	25
フォレスト	238
不帰（ふき）	98
【中】武器	67, 214
フギンとムニン	52
【小】復響	150
【中】服飾品	190
藤（ふじ）	233
扶桑（ふそう）	58
符（ふ）	65
二藍（ふたあい）	233
【小】普通	176
ブック	200
ブッシュ	238
ブッチャー	139
フット	94
【小】船	76, 223
フューネラル	209
フューリー	104
ブラーク	54
フライ	128
プライス	213
プライズ	197
ブライト	161, 165
プライム	178
フラウ	99
ブラウニー	44
プラクティス	135
フラグメント	157
プラザ	186
フラジール	163, 244
ブラスト	242
ブラックガード	117
ブラックホール	257
フラッシュ	161, 247
ブラッシュ	150
フラッター	128
フラッド	247
ブラッドライン	119
フラッフィ	164
プラトーン	121

プラネット	258
ブラフマー	11
ブラボー	179
フラワー	251
ブラン	229
フランキスカ	220
ブランク	168
フランケンシュタイン	76
ブランチ	251
フランベルジュ	216
フリアエ	24
フリーズ	165
ブリーズ	242
プリースト	111
フリーダム	170
フリート	224
ブリーフ	167
フリーメイソン	78
フリーレン	244
ブリガンド	116
ブリゲイド	121
フリゲート	223
ブリザード	244
ブリス	102
プリズン	187
ブリッツ	245
プリティ	154
プリテンダー	118
ブリトル	163
プリマ・ドンナ	113
プリモ	173
フリューゲル	250
ブリューナク	69
ブリリアント	179
プリンシパリティ	29
プリンシパル	106, 178

【小】古い	172
ブルータル	166
プルーデント	165
プルート	27
ブルーム	251
フルーレ	216
プルシャ	46
ブルック	237
フレア	161, 240
プレアデス	14
フレイア	22
ブレイク	129, 213
ブレイクアウト	135, 144
ブレイス	122
ブレイズ	240
ブレイブ	166
フレイム	240
フレイル	163, 219
フレーズ	200
プレーリー	238
プレーン	177, 238
フレキシブル	164
フレグランス	96
プレジャー	102
ブレス	95, 180
フレスヴェルグ	52
プレゼント	130, 196
フレッシュ	173
プレミアム	177
プレリュード	206
フレンド	120
ブレンド	132
フロイライン	99
ブロイル	129
フロウ	247
ブロー	137

索 引

フローズン	244
フロート	128
ブロードウェイ	190
ブロードソード	217
プログレス	144
プロシード	144
フロス	247
フロスト	244
ブロック	137
ブロッグ → ミョルニル	70
ブロッサム	251
プロテクト	137
プロデュース	128
プロブレム	168
プロミス	150
プロミネンス	257
プロメテウス → パンドラの箱	73
プロローグ	203
フロンティア	155
フンアフプー → ヴクブ・カキシュ	45
【中】文化	206
【中】文学	199
【小】文字・言語	199

へ

ペア	122
陛下（へいか）	108
ペイガン	181
ベイカント	168
ベイク	129
ベイグラント	124
【小】平原	238
【小】兵士	115
ヘイズ	245
ヘイズルーン → ギャラルホルン	74
ヘイル	244
ペイン	97
ベージュ	230
ベース	156
ヘーゼル	234
ベール	192
ペガサス	54
ヘカテ	24, 25
ヘカトンケイル	46
碧（へき）	231
ヘキサグラム	66
霹靂（へきれき）	246
ヘクトル	117
ペシミスト	106
ヘスティア	17
ベスティア	248
ベゼル	224
ペディグリー	119
ベテラン	115
ペナルティ	210
紅（べに）	226
ベノム	250
ヘパイストス	18
【小】蛇	253
【小】蛇神	27
ヘブライ語	199
ヘブン	83
ヘメラ → エレボス	24
ヘラクレス	36
ペラル	170
ヘラルド	114
ベリアル	32
ベリィ	146
ヘリオス	12
ヘル	27, 86
ペルセウス	36

ベルゼブブ	33
ペルセポネ → デメテル	15
ペルセポネ → ハデス	26
ベルセルク	115
ペルソナ	194
ベルダンディ → ノルン	25
ベルト	158
ベルト	249
ヘルハウンド	55
ヘルプ	138
ヘルメス	26
ヘルメス・トリスメギストス	26, 37
ベレ	18
ベレー	193
ベレロフォン → キマイラ	56
弁財天（べんざいてん）	23
ペンタグラム	66
ペンタクル	66
ベンチ	195
ペントハウス	189

ホ

ボイス	95
ポイズン	250
ボウ	220
鳳凰（ほうおう）	52
【小】防御	137
【小】冒険	147
【小】帽子	193
【小】宝飾品	192
蓬莱（ほうらい）	84
【小】放浪者	123
ボーイ	98
ホーク	254
ポーション	157

ボーダー	155
ボート	224
ホープ	143
ホーリー	179
ホール	157, 190, 239
【小】ホール・劇場	190
ポールアックス	219
ホールド	130
ボールド	166
ホーン	249
ボーン	95
牧師（ぼくし）	111
北辰（ほくしん）	259
ボコール	109
【小】星	258
ホスピタル	187
ポセイドン	16
【小】墓地	185
ホット	164, 173
ホップ	127
ポテンシャル	92
仏（ほとけ）	100
ボトム	157
【小】骨	94
ホバー	128
ホビット	44
ポピュラー	177
ホプロン	221
ホミサイド	139
ホムンクルス	76
ボヤージュ	147
ホラー	105
ホライゾン	235
ポラリス	259
ホリック	97
ポリッシュ	151

索 引

ホリデー	213
ポリュムニア → ムーサ	23
ボルケーノ	236
ホルス	14
ボルテックス	156, 247
ボルドー	226
ボレアス	19
ホロウ	168, 239
ホロコースト	139
【小】滅びた地	86
ホワイトキャップ	246
梵字	199
ポンド	137, 237
ポントス	17
ボンネット	193

マ

【中】魔	30
マーク	211
マーサカー	139
マージ	132
マーシー	103
マーシナリー	115
マーシャル	114, 130
マーシュ	237
マージン	156
マーダー	139, 181
マーチ	205
マアト	25
マーベラス	179
マーメイド	41
マーラ	32
マーリン	37
マーレ	236
マイティ	162

マイト	92
マイニュート	153
マイルド	164
マイン	222, 239
マインド	91
マウンテン	236
マエストロ	113
【小】魔王	32
マカブル	169
マギ	109, 111
マギア	180
マキシマム	177
マキシム	200
マキナ	198
マグ	195
【小】魔剣	68
マジェスティ	178
マジック	180
【小】魔術師	36, 109
【小】魔術神	25
マシン	198
マスカレード	210
マスク	194
マスジド → モスク	184
マスタバ	185
マステマ	32
【小】魔槍	70
マダム	99
【小】間違い	141
マッシブ	152
マッチ	133
マッド	236
マップ	196
【小】祭り	209
摩天楼	183
【小】魔道書	66

マドモワゼル	99
マドンナ	99
マナ	73, 182
マナナン・マクリル	17
マニュアル	201
マハーバーラタ	64
マハラジャ	107
マブ	40
マフィア	116
【小】魔法	180
【中】魔法・宗教	63
マホガニー	234
【小】幻の地	80
マヤ・コデックス	64
マリオネット	76
マリク	108
マリス	105
マリン	236
マルーン	226
マルス	21
マルドゥーク	10, 11
マルベリー	233
マレフィック	149
マン	98
マンゴーシュ	217
マンション	189
マンティコア	56
マント	192
マントラ	67
マンドラゴラ	58

ミ

ミード	197
ミイラ	59
ミカエル	29
御神楽（みかぐら）→ 神楽（かぐら）	208
帝（みかど）	108
ミクトランテクトリ	27
ミサ	209
陵（みささぎ）	185
ミザリー	104
ミス	202
【小】水・泉・池・沼	237
湖の貴婦人	41
ミズガルズ	85
蛟（みずち）	47
ミステイク	141
ミステリアス	169
ミステリー	168
ミスト	245
ミストラル	242
ミストルティン	70
ミスリード	142
ミスリル	71
ミセリコルデ	217
ミゼリコルド	103
禊（みそぎ）	209
ミソロジー → ミス	202
【小】道・街路	186
ミックス	132
密呪 → マントラ	67
ミドガルズオルム	50
ミトラ	12, 20, 193
【小】緑	230
ミドル	155
ミニスター	111
ミニチュア	153
ミネジンガー	112
ミネルヴァ	21
ミノタウロス	57

【小】見本	176	【小】冥界神	26
ミミック	176	【小】迷宮	190
ミモザ	230	メイク	128
ミューズ	23	メイジ	109
ミュータント	131	メイス	219
ミョルニル	70	メイズ	190
ミラージュ	245	メイト	119
ミラン	254	【小】命令	143
【小】魅了	149	メイン	155
【小】見る	125	メーデー	139
ミルメコレオ	57	メール	99
ミレニアム	83	メガ	177
ミンスター	184	メガイラ → エリニュス	24
ミンストレル	112	メガロポリス	207
		メゾン	189
		メダイヨン → メダル	197

ム

		メタトロン	30
ムー	81	メタモルフォーゼ	131
ムーア	238	メダル	197
ムーサ	23	メッカ	88
ムーン	258	メディア	37
骸(むくろ)	100	メディスン	196
【小】虫	255	メテオ	259
ムジカ	203	メテオライト	259
【小】矛盾	171	メデューサ → ペルセウス	36
ムスペル	46	メデューサ → ペガサス	54
ムッシュ	99	メトロポリス	207
【小】夢魔	60	メヌエット	205
【小】紫	232	メフィストフェレス	32
村雨(むらさめ)	68	メモリー	91
村正(むらまさ)	69	メランコリー	104
		メリット	213
		メリュジーヌ	50

メ

		メルカバ	77
【小】目	94	メルクリウス	26
【小】冥界	85	メルポメネ → ムーサ	23

メロウ	42
メンター	118
メンタル	91

モ

モアナ	236
モイラ	25
萌黄（もえぎ）	231
モーソリアム	185
モータル	170
モーティブ	174
モーテル	190
モードレッド	38
モーニングスター → メイス	219
モーブ	233
モーリュ	72
黙示録（もくしろく）	65
モスク	184
モダン	173
【小】もつ	130
モットー	200
モデル	176
モト	27
モナーク	108
【小】物語	201
【大】ものの名前	183
モノリス	236
【小】模倣	175
【小】森・林	237
モリガン	21
モルガン	37, 42
モルテ	98
モロク	32
【小】門	88
モンク	111

モンスーン	242
【中】モンスター	58
【小】問題	168

ヤ

【小】焼く	129
ヤクシャ	31
【小】約束	149
夜叉（やしゃ）	31
【小】休み	213
八咫烏（やたがらす）	52
柳（やなぎ）	232
ヤマ	27
【小】山	236
八岐大蛇（やまたのおろち）	50
山吹（やまぶき）	230
【小】槍・矛	217
ヤルダバオト → デミウルゴス	23
【小】やわらかい	164

ユ

【小】勇敢	166
ユースティティア	25
ユーズド	173
ユートピア	84
ユーフォリア	102
ユーモア	103
【小】幽霊	59
【小】雪・氷	243
ユグドラシル	58
ユナイト	132
ユニーク	177
ユニオン	123, 207
ユニコーン	54

ユニゾン	203
ユニット	121
ユニバーサル	177
ユニバーシティ	187
ユニバース	234
ユニフォーム	191
ユピテル → ジュピター	10
ユピテル	15
【小】弓・弩・投擲	219
ユミル	46

ヨ

宵（よい）	241
【小】様式	204
【中】妖精	39
【小】妖精	39
【小】妖草	58
【小】妖鳥	53
羊皮紙	200
寿詞（よごと）→ 祝詞（のりと）	180
ヨット	224
ヨトゥン	46
【小】呼び名	118
黄泉（よみ）	85
黄泉大神（よもつおおかみ）	27
ヨルムンガンド	50
【小】喜び・幸せ	101
【小】弱い	162

ラ

ラー	10, 12
ラーヴァ	255
ラーヴァナ	33
ラークシャサ	31, 61

ラージ	153
ラージェス	197
ラース	104
ラードーン → エキドナ	49
ラートリー	24
ライ	142
ライカントロープ	61
雷上動（らいしょうどう）	70
【小】雷神	19
雷神（らいじん）	19
ライズ	144
ライト	161, 194, 209
ライトニング	245
ライナー	224
ライラック	233
ラグーン	237
【小】楽園	82
ラグジュアリー	178
ラクシュミー	22
ラグナロク	79
ラクリマ	96
ラケシス → モイラ	25
羅生門（らしょうもん）	88
ラスカル	117
ラスト	174
羅刹（らせつ）	31
ラッキー	149
ラッシュ	136
ラップ	137
ラバー	116
ラビ	111
ラピスラズリ	228
ラピッド	163
ラピュタ	81
ラビュリントス → ラビリンス	190
ラビリンス	190

ラフ················126
ラブ················101
ラファエル············30
ラプス···············146
ラプソディー··········205
ラプチャー············102
ラフト···············224
ラブリー··············154
ラベンダー············233
ラミア················62
ララバイ··············205
ラン·················127
ランク···············159
ランゲージ············200
ランス···············218
ランスロット···········38
ランタン··············194
ランデブー············150
ランド···············235
ランナウェイ··········135
ランプ···············195
ランブル··············148

リ

リアル···············175
リーサル··············170
リージョン············158
リーズン··············174
リーチ············93, 159
リープ················127
リヴァイアサン··········51
リヴェンジ············150
リオン···············253
リカオン··············252
リカバリー············138

リクエスト············143
リグレット············106
リコール··············91
リコリス··············229
リコレクト············91
リサーチ··············147
リサイト··············91
リサイン··············146
リジェクト············146
リジッド··············164
リスク···············170
リスト················93
【小】理想郷············83
リタイア··············145
リチュアル············209
六花（りっか）·········244
リッター··············114
リッチ················59
リップル··············246
リトリート············135
リトル················153
リドル················168
リネージュ············119
リノベイト············131
リバー···············237
リバティ··············171
リパブリック··········207
リヒト················161
リビドー··············100
リフォーム············131
リプレイス············131
リフレイン············145
リベリオン············142
リベレーション········171
リベロ···············171
リベント··············106

索引

リボルト	142
リマインド	91
リミット	156
リミテッド	177
リム	251
リメンバー	91
リモデル	132
【中】龍	46
龍（りゅう）	47
【小】龍・竜・蛇	46
竜騎兵 → ドラグーン	114
リュミエール	161
リュングヴィ → フェンリル	55
【小】領域・地帯	158
梁山泊（りょうざんぱく）	188
竜馬（りょうま）	54
リリース	171
リリーフ	138
リリック	202
リワード	197
リンク	132
リング	121
リンクス	253
リンチ	210
リンド	249
竜胆（りんどう）	233
リンドブルム	47

ル

ルアー	222
ルー・ガルー	61
ルーキー	118
ルーグ	20
ルージュ	226
ルーズ	134
ルート	140, 174, 186
ルーン	199
ルクス	161
ルシファー	33
ルック	125
ルナ	13, 258
ルビー	226
ルミナス	161
瑠璃（るり）	228

レ

レア	15, 177
レイ	161
レイク	237
レイジ	104
レイス	60
レイズ	129
【小】霊鳥	51
レイド	136
レイピア	217
レイブン	229, 254
霊峰（れいほう）	236
黎明（れいめい）	241
【小】霊薬	71
【小】霊力	181
レイン	243
レインボウ	246
レヴナント	60
レーヴァテイン	69
レーヴェ	253
レーザー	161
レース	127, 133
レーン	186
レオ	253
レオパルト	253

レオン	253
レガシー	197
レギオン	121
レキシコン	202
レギュラー	177
レクイエム	205
レクター	111
レクラス	166
レコード	201
レゴリス	236
レザー	249
レジェンド	202
レジスタンス	142
レジメント	121
レスキュー	138
レスト	213
烈火（れっか）	240
レッグ	94
レッド	227
レディ	99
レニティ	103
レパード	253
レプラホーン	44
レプリカ	176
レベル	115, 159
レポート	201
レボリューション	142
レムリア	81
レメゲトン	66
『レメゲトン』の悪魔	31
レメディ	138
レモン	230
【小】連合	122
煉獄（れんごく）	86
レンジ	148, 159
レンジャー	115
【小】練習	134
連理（れんり）	251

ロ

ロア	41
ロアー	95
ロウ	153
ロウム	148
ローカル	156
ローグ	117
ロースト	129
ローゼンクロイツ	78
ロード	108, 186
ローブ	192
ローラー	246
ローラン	38
ローリエ	232
ローンチ	144
ロキ	23
ログ	201
緑青（ろくしょう）	232
ロゴス	9
ロスト・アーク → 聖櫃（せいひつ）	73
ロゼッタ・ストーン	74
ロック	236
ロッジ	189
ロッソ	227
ロッド	219
ロブ	140
ロボット	76
ロマニー	124
ロンギヌスの槍	69
ロンサム	104
ロンリー	104, 124

307

索引

ワ

ワーウルフ……………………61
ワーク………………………212
ワープ………………………257
ワーム………………………255
ワールド……………………234
YHVH…………………………9
ワイズ………………………165
ワイズマン…………………110
ワイト…………………………59
ワイバーン……………………48
ワイプ………………………151
ワイン………………………198
【小】分ける…………………130
ワゴン………………………222
【小】鷲・鷹…………………254
ワスプ………………………256
【小】忘れる…………………141
ワタツミ………………………17
【小】罠………………………221
【小】鰐………………………254
【小】笑う……………………126
ワルツ………………………205
ワルプルギスの夜 → サバト……208
ワンダー…………………141, 148
ワンダーランド………………82
ワンダフル…………………179
ワンダラー…………………124

308

主な参考文献

『大百科事典』平凡社
『広辞苑 第7版』新村出 編／岩波書店
『広辞苑 第5版』新村出 編／岩波書店
『新明解 国語辞典』三省堂
『三省堂 ポケットカタカナ語辞典 第2版 プレミアム版』三省堂
『新版 日本語使いさばき辞典』東京書籍
『当て字・当て読み漢字表現辞典』笹原宏之 編／三省堂
『小学館オックスフォード英語類語辞典』小学館
『ジーニアス 英和大辞典』大修館
『英語ことば選び辞典』学研プラス
『研究社 英語類義語使い分け辞典』研究者辞書編集部 編／研究社
『微妙な違いがスーッとわかる 英単語使い分け図鑑』田畑あや子 著／ナツメ社
『読まずにわかる こあら式英語のニュアンス図鑑』こあらの学校 著／KADOKAWA
『研究社 プエルタ新スペイン語辞典』上田博人、カルロス・ルビオ 編／研究社
『クラウン仏和辞典 第6版』天羽仁ほか 編／三省堂
『独和大辞典』国松 孝二ほか 編／小学館
『ギリシャ語辞典』古川晴風 編／大学書林
『天文学大事典』地人書館
『オックスフォード気象辞典』山岸米二郎 監訳／朝倉書店
『星の文化史事典』出雲晶子 編著／白水社
『航海の歴史 探検・海戦・貿易の四千年史』ブライアン・レイヴァリ 著／創元社
『岩波生物学辞典』巌佐庸ほか 編／岩波書店
『オックスフォード生物学辞典』大島泰郎 監訳／朝倉書店
『新装版 世界大博物図鑑第3巻 両生・爬虫類』荒俣宏 著／平凡社
『新装版 世界大博物図鑑第4巻 鳥類』荒俣宏 著／平凡社
『改定新版 世界文化生物大図鑑 鳥類』世界文化社
『吹奏楽のための音楽用語・記号辞典』シンコーミュージック・エンタテイメント
『オカルティズム事典』アンドレ・ナタフ 著／三交社
『岩波哲学・思想事典』廣松渉ほか 著／岩波書店
『現代精神医学事典』加藤敏ほか 編／弘文堂
『新版 精神医学事典』弘文堂
『最新 医学大辞典 第3版』医歯薬出版株式会社
『南山堂医学大辞典』南山堂
『歴史人物怪異談事典』朝里樹／幻冬舎
『知りたいこと図鑑』みっけ 著／KADOKAWA
『見て楽しむ ことば図鑑』みっけ、天野慶／KADOKAWA
『ファッション辞典』文化出版局
『底本 和の色辞典 増補特装版』内田広由紀 著／視覚デザイン研究所
『新版 音楽辞典』小泉治 著／東京堂出版
『「知の再発見」双書01 文字の歴史』ジョルジュ・ジャン 著／創元社
『アラブ・イスラム・中東用語辞典』松岡信弘 著／成甲書房
『世界神話大事典』イヴ・ボンヌフォワ 編／大修館書店

『なんでもわかるキリスト教大事典』八木谷涼子 著／朝日新聞出版
『気になる仏教語辞典』麻田弘潤 著／誠文堂新光社
『インド神話　マハーバーラタの神々』上村勝彦 著／筑摩書房
『インド神話入門』長谷川明 著／新潮社
『世界の神様　解剖図鑑』平藤喜久子 著／エクスナレッジ
『図説　妖精百科事典』アンナ・フランクリン 著／東洋書林
『妖精事典』キャサリン・ブリッグズ 編著／冨山房
『妖精の教科書　神話と伝説と物語』スカイ・アレクサンダー 著／原書房
『ヴィジュアル版　世界幻想動物百科』トニー・アラン 著／原書房
『図説　世界の神獣・幻想動物　ファンタジーの誕生』ボリア・サックス 著／原書房
『図説　世界の神話伝説怪物百科』テリー・ブレヴァートン 著／原書房
『西洋異形大全』エドゥアール・ブラゼー 著／グラフィック社
『シリーズ・ファンタジー百科　世界の怪物・神獣事典』キャロル・ローズ 著／原書房
『ドラゴンの教科書　神話と伝説と物語』ダグラス・ナイルズ 著／原書房
『Fantasy World①　幻獣ドラゴン』苑崎透 著／新紀元社
『ヴァンパイアの教科書』オーブリー・シャーマン 著／元村まゆ 訳／原書房
『図説　ヨーロッパから見た狼の文化史』ミシェル・パストゥロー 著／原書房
『中国妖怪・鬼神図譜』相田洋 著／集広舎
『地獄の辞典』コラン・ド・プランシー 著／講談社

■ 新紀元社　事典シリーズ
『武器事典』市川定春 著／新紀元社
『幻想動物事典』草野巧 著／新紀元社
『魔法事典』山北篤 監修／新紀元社
『西洋神名事典』山北篤 監修／新紀元社
『悪魔事典』山北篤 監修／新紀元社
『魔導具事典』山北篤 監修／新紀元社
『英雄事典』山北篤 監修／新紀元社

■ 新紀元社　Truth In Fantasyシリーズ
『No.1　幻想世界の住人たち』健部伸明と怪兵隊 著／新紀元社
『No.4　幻想世界の住人たちⅡ』健部伸明と怪兵隊 著／新紀元社
『No.7　幻想世界の住人たちⅢ〈中国編〉』篠田耕一 著／新紀元社
『No.11　インド曼荼羅大陸　神々／魔族／半神／精霊』蔡丈夫 著／新紀元社
『No.12　英雄列伝』鏡たか子 著／新紀元社
『No.20　武器と防具〈西洋編〉』市川定春 著／新紀元社
『No.21　地獄』草野巧 著／新紀元社
『No.22　楽園　追憶の彼方へ』真野隆也 著／新紀元社
『No.24　召喚師　陰陽師からデビルサマナーまで』高平鳴海 監修／新紀元社
『No.26　黙示録』真野隆也 著／新紀元社
『No.28　中世騎士物語』須田武郎 著／新紀元社
『No.30　聖剣伝説』佐藤俊之とF.E.A.R. 著／新紀元社
『No.34　モンスター退治』司史生、伊豆平成 著／新紀元社

『No.35　女神』高平鳴海ほか 著／新紀元社
『No.37　イスラム幻想世界　怪物・英雄・魔術の物語』高平鳴海ほか 著／新紀元社
『No.39　聖剣伝説Ⅱ』佐藤俊之とF.E.A.R. 著／新紀元社
『No.48　妖精』草野巧 著／新紀元社
『No.53　コスチューム　中世衣装カタログ』田中天＆F.E.A.R. 著／新紀元社
『No.56　ドラゴン』久保田悠羅とF.E.A.R. 著／新紀元社
『No.57　魔法の薬』秦野啓 著／新紀元社
『No.58　アーサー王』佐藤俊之とF.E.A.R. 著／新紀元社
『No.64　エジプト神話』池上正太 著／新紀元社
『No.67　100人の魔法使い』久保田悠羅とF.E.A.R. 著／新紀元社
『No.68　秘密結社』秦野啓 著／新紀元社
『No.69　マヤ・アステカの神々』土方美雄 著／新紀元社
『No.72　吟遊詩人』上尾信也 著／新紀元社
『No.73　海の神話』朱鷺田祐介 著／新紀元社
『No.74　オリエントの神々』池上正太 著／新紀元社
『No.75　アンデッド』久保田悠羅とF.E.A.R. 著／新紀元社
『No.83　太陽と月の伝説』森村宗冬 著／新紀元社
『No.85　ケルト神話』池上正太 著／新紀元社

▌新紀元社　F-Filesシリーズ

『No.001　図解 近代魔術』羽仁礼 著／新紀元社
『No.004　図解 錬金術』草野巧 著／新紀元社
『No.006　図解 吸血鬼』森瀬繚、静川龍宗 著／新紀元社
『No.007　図解 近接武器』大波篤司 著／新紀元社
『No.009　図解 天国と地獄』草野巧 著／新紀元社
『No.010　図解 北欧神話』池上良太 著／新紀元社
『No.011　図解 陰陽師』高平鳴海 著／新紀元社
『No.027　図解 悪魔学』草野巧 著／新紀元社
『No.032　図解 魔導書』草野巧 著／新紀元社
『No.033　図解 日本神話』山北篤 著／新紀元社
『No.043　図解 組織・結社』山北篤 著／新紀元社
『No.044　図解 ケルト神話』池上良太 著／新紀元社
『No.048　図解 魔術の歴史』草野巧 著／新紀元社
『No.051　図解 旧約聖書』池上良太 著／新紀元社
『No.053　図解 城塞都市』開発社 著／新紀元社
『No.054　図解 中世の生活』池上良太 著／新紀元社

▌新紀元社　辞典シリーズ

『幻想ネーミング辞典』新紀元社
『和の幻想ネーミング辞典』新紀元社
『幻想由来辞典』新紀元社
『幻想用語辞典』新紀元社

クリエイターのための
幻想類語辞典

2024 年 11 月 14 日　初版発行

編集	川口妙子
	株式会社新紀元社編集部
デザイン・DTP	株式会社明昌堂
発行者	青柳昌行
発行所	株式会社新紀元社
	〒 101-0054 東京都千代田区神田錦町 1-7
	錦町一丁目ビル 2F
	TEL：03-3219-0921
	FAX：03-3219-0922
	http://www.shinkigensha.co.jp/
	郵便振替　00110-4-27618
印刷・製本	中央精版印刷株式会社

ISBN978-4-7753-2139-3
定価はカバーに表示してあります。
Printed in Japan